"十四五"职业教育国家规划教材

"十四五"职业教育辽宁省规划教材

建筑企业会计实务

第二版

黄雅平　李爱华　主编
满　莉　副主编

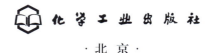
·北京·

内 容 简 介

本书以我国颁布实施的《企业会计准则》为依据，以建筑企业经营活动的全过程为写作背景，以建筑企业实际发生的业务为编写体例，将建筑企业会计岗位的工作内容作会计课程的教学内容，将全书划分为十四个教学项目，在每个教学项目下赋予不同的教学任务，详细介绍了建筑企业会计各个岗位必备的知识和实务，突出职业技能的训练，强化岗位能力的培养，针对性和可操作性强。

本书针对职业能力的培养，书后配有相关的复习思考和项目实训题，有助于提高岗位操作能力。

本书贯彻法制思想，践行节约意识、风险意识、质量意识和创新意识，注重学生专业素质、素养的形成，培养学生正确的财务管理价值观。规范建筑企业财务管理全过程，增强社会责任感，坚持用最严格制度、最严密法治履行建筑工程财务管理，充分体现了党的二十大精神进教材。

本书可作为高等职业教育建筑经济管理、建筑会计、工程造价与评估、工程项目管理等专业的教材，也可作为建筑企业会计人员和其他管理人员的学习参考书。

图书在版编目（CIP）数据

建筑企业会计实务/黄雅平，李爱华主编. —2版. —北京：化学工业出版社，2020.8（2023.8重印）
"十二五"职业教育国家规划教材　经全国职业教育教材审定委员会审定
ISBN 978-7-122-36988-8

Ⅰ.①建… Ⅱ.①黄…②李… Ⅲ.①建筑企业-工业会计-高等职业教育-教材 Ⅳ.①F407.967.2

中国版本图书馆CIP数据核字（2020）第081891号

责任编辑：王文峡　　　　　　　　　　　装帧设计：史利平
责任校对：杜杏然

出版发行：化学工业出版社（北京市东城区青年湖南街13号　邮政编码100011）
印　　装：大厂聚鑫印刷有限责任公司
787mm×1092mm　1/16　印张18½　字数459千字　　2023年8月北京第2版第2次印刷

购书咨询：010-64518888　　　　　　　　售后服务：010-64518899
网　　址：http://www.cip.com.cn
凡购买本书，如有缺损质量问题，本社销售中心负责调换。

定　　价：49.00元　　　　　　　　　　　　　　　　　版权所有　违者必究

前 言

本教材结合国家增值税的最新政策及《企业会计准则》进行了修订，对教材的内容进行了更新。教材的内容划分为十四个教学项目，在每个教学项目下设若干任务，介绍建筑企业资金流动过程所涉及的常用经济业务的核算方法。

在第一版的基础上，本书增加了二维码，通过扫描二维码，可以在每个教学项目学习结束后完成项目测试，测试的内容包括单项选择题、多项选择题、判断题等，有利于对所学习的教学内容的巩固，也方便教师开展线上与线下的混合教学。

教材模仿实际工作中的结算凭证和各种账、表，制作了大量的仿真原始凭证，制作效果精良，印章采用的彩色印刷，使凭证的仿真性更强。重新制作了符合教学需求的配套的教学课件。本教材结构清晰、内容新颖、具有针对性、实用性、理论联系实际的特点。

教材贯彻法制思想，践行节约意识、风险意识、质量意识和创新意识，注重学生专业素质、素养的形成，培养学生正确的财务管理价值观。规范建筑企业财务管理全过程，增强社会责任感，坚持用最严格制度、最严密法治履行建筑工程财务管理，充分体现了党的二十大精神进教材。

本书由黄雅平、李爱华任主编，满莉任副主编，编写分工如下：项目1、2、4、5、7由黄雅平编写，项目3由李东编写，项目6由张俭编写，项目8由赵兴军编写，项目9、10由满莉编写，项目11由刘倩编写，项目12、13、14由李爱华、宋振庭编写，全书由黄雅平进行总体撰写和修改。

由于水平有限，书中不足之处在所难免，敬请广大读者提出宝贵意见。

编者

2020年4月

第一版前言

建筑业是整个国民经济的支柱产业之一，建筑企业会计岗位是建筑业众多岗位群中非常重要的工作岗位，会计工作是建筑企业经营管理的重要组成部分。因此在建筑类院校管理类各专业中开设建筑企业会计课程是非常必要的。

本教材以国家 2006 年颁布的《企业会计准则》为依据，以培养学生的职业能力为核心，结合职业教育的特点，将全部内容划分为 14 个教学情境，在教学情境下划分不同的教学任务，主要介绍应知应会的知识和具体的核算实务，教学体例完全取自于建筑企业，模仿实际工作中的结算凭证和各种账、表，制作了大量的仿真原始凭证（仅供教学参考），并配有配套的教学课件。本教材力求具备结构清晰、内容新颖，具有针对性、实用性、理论联系实际的特点。

本书的编写人员多数是教学一线的专职教师，且具有参与建筑企业会计实际工作的经历，编写内容力求与建筑企业会计实际岗位工作的具体内容相结合，注重对学生职业能力的培养，在课堂上为学生建立一个模拟工作环境。

本书由黄雅平、李爱华任主编，柴峥辉任副主编，编写分工如下：教学情境 1、2、4、5、7 由黄雅平编写，教学情境 3 由毕德武编写，教学情境 6 由张俭编写，教学情境 8 由赵兴军编写，教学情境 9、10 由柴峥辉编写，教学情境 11 由刘倩编写，教学情境 12、13、14 由李爱华、宋振庭编写，全书由黄雅平统稿和修改。

由于时间及水平所限，书中不当之处在所难免，敬请广大读者提出宝贵意见。

编者

2012 年 3 月

目 录

项目 1　建筑企业会计核算基础知识　1

任务 1.1　建筑企业会计的对象 / 1
　一、建筑企业会计的概念 / 1
　二、建筑企业会计的对象 / 1
　三、建筑企业会计要素 / 2
　四、建筑企业会计核算的特点 / 4
任务 1.2　建筑企业会计工作组织 / 4
　一、设置会计机构 / 4
　二、配备会计人员 / 5
　三、会计法规的制定与执行 / 6
　四、会计档案的保管 / 7
知识梳理 / 7
复习思考题 / 8

项目 2　货币资金核算实务　9

任务 2.1　货币资金的基本知识 / 9
　一、货币资金的概念 / 9
　二、货币资金管理和控制的原则 / 9
　三、货币资金管理和控制的目标 / 10
任务 2.2　库存现金的核算 / 11
　一、库存现金的管理办法 / 11
　二、库存现金的核算 / 13
任务 2.3　银行存款的核算 / 18
　一、银行存款的管理 / 18
　二、银行支付结算方式 / 19
　三、银行存款的核算 / 30
任务 2.4　其他货币资金的核算 / 33
　一、外埠存款 / 33
　二、银行汇票存款 / 33
　三、银行本票存款 / 33
　四、信用卡存款 / 34
　五、信用证保证金存款 / 34
　六、存出投资款 / 34
　七、在途货币资金 / 34
知识梳理 / 35
复习思考题 / 35
项目实训 / 36

项目 3　交易性金融资产核算实务　37

任务 3.1　金融资产的基本知识 / 37
　一、金融资产的概念 / 37
　二、金融资产的分类 / 37
任务 3.2　交易性金融资产的核算 / 38
　一、交易性金融资产的基本知识 / 38
　二、交易性金融资产的核算 / 39
知识梳理 / 41
复习思考题 / 41
项目实训 / 42

项目 4　应收款项核算实务　　43

任务 4.1　应收账款的核算 / 43
　　一、应收账款的基本知识 / 43
　　二、应收账款的核算 / 44
任务 4.2　应收票据的核算 / 46
　　一、应收票据的基本知识 / 46
　　二、应收票据的核算 / 47
任务 4.3　预付账款的核算 / 50
　　一、预付账款的基本知识 / 50
　　二、预付账款的核算 / 50
任务 4.4　其他应收款项的核算 / 52
　　一、其他应收款项的基本知识 / 52
　　二、其他应收款的核算 / 53
　　三、备用金 / 53
　　四、应收利息和应收股息 / 55
任务 4.5　坏账的核算 / 55
　　一、坏账的基本知识 / 55
　　二、坏账的核算 / 58
知识梳理 / 59
复习思考题 / 60
项目实训 / 60

项目 5　存货核算实务　　62

任务 5.1　存货的基本知识 / 62
　　一、存货的概念与确认 / 62
　　二、存货的分类 / 62
任务 5.2　存货的计量 / 63
　　一、存货的初始计量 / 64
　　二、发出存货的计量 / 65
　　三、存货的期末计量 / 68
任务 5.3　存货收发的手续办理 / 70
　　一、收入存货填制的原始凭证 / 70
　　二、发出存货填制的原始凭证 / 71
任务 5.4　实际成本计价下外购原材料收发的核算 / 73
　　一、账户的设置 / 73
　　二、外购材料的核算 / 74
　　三、发出材料的核算 / 77
　　四、原材料明细核算 / 78
任务 5.5　计划成本计价下外购原材料收发的核算 / 79
　　一、账户的设置 / 79
　　二、外购原材料的核算 / 79
　　三、发出原材料的核算 / 82
　　四、原材料明细核算 / 82
任务 5.6　委托加工物资的核算 / 83
　　一、委托加工物资的基本知识 / 83
　　二、委托加工物资的核算 / 84
任务 5.7　自制材料的核算 / 84
　　一、自制材料的基本知识 / 85
　　二、自制材料的核算 / 85
任务 5.8　周转材料的核算 / 85
　　一、周转材料的基本知识 / 86
　　二、周转材料的核算 / 86
　　三、周转材料的明细核算 / 88
任务 5.9　存货清查的核算 / 89
　　一、存货清查的基本知识 / 89
　　二、存货清查的账务处理 / 90
知识梳理 / 90
复习思考题 / 91
项目实训 / 91

项目 6　长期股权投资核算实务 / 94

任务 6.1　长期股权投资的基础知识 / 94
一、长期股权投资的核算范围 / 94
二、长期股权投资核算账户的设置 / 95
三、长期股权投资的核算方法 / 95

任务 6.2　长期股权投资的成本法 / 95
一、成本法的适用范围 / 96
二、成本法核算的要点 / 96
三、成本法的核算 / 97

任务 6.3　长期股权投资的权益法 / 98
一、权益法的概念及其适用范围 / 99
二、权益法核算的要点 / 99
三、权益法的核算 / 100

任务 6.4　长期股权投资减值与披露 / 103
一、长期股权投资减值的判断标准 / 103
二、长期股权投资减值的核算 / 103
三、长期股权投资的披露内容 / 104

知识梳理 / 104
复习思考题 / 105
项目实训 / 105

项目 7　固定资产核算实务 / 107

任务 7.1　固定资产的基本知识 / 107
一、固定资产的概述 / 107
二、固定资产的分类 / 108
三、固定资产的初始计量 / 109

任务 7.2　固定资产增加的核算 / 110
一、固定资产核算设置的账户 / 110
二、固定资产增加的核算 / 112

任务 7.3　固定资产的后续计量核算 / 119
一、固定资产折旧 / 120
二、固定资产后续支出 / 124

任务 7.4　固定资产处置的核算 / 126
一、固定资产终止确认的条件 / 126
二、固定资产处置的核算 / 126

任务 7.5　固定资产的清查与期末计价的核算 / 129
一、固定资产的清查 / 129
二、固定资产期末计价 / 131

知识梳理 / 132
复习思考题 / 132
项目实训 / 132

项目 8　无形资产及其他资产核算实务 / 134

任务 8.1　无形资产的核算 / 134
一、无形资产的基本知识 / 134
二、无形资产的初始计量与核算 / 136
三、无形资产的后续计量及核算 / 139
四、无形资产的处置和报废 / 141
五、无形资产的减值 / 143
六、无形资产的披露 / 143

任务 8.2　其他资产的核算 / 143
一、临时设施 / 144
二、长期待摊费用 / 145
三、其他长期资产 / 146

知识梳理 / 146
复习思考题 / 147
项目实训 / 147

项目 9　流动负债核算实务 / 149

任务 9.1　流动负债的基本知识 / 149
　　一、流动负债的概念及内容 / 149
　　二、流动负债分类 / 149
　　三、流动负债的计价 / 150
任务 9.2　短期借款的核算 / 150
　　一、短期借款的基本知识 / 151
　　二、短期借款的核算 / 151
任务 9.3　应付账款的核算 / 153
　　一、应付账款的基本知识 / 153
　　二、应付账款的核算 / 154
任务 9.4　应付票据的核算 / 156
　　一、应付票据的基本知识 / 156
　　二、应付票据的核算 / 157
任务 9.5　预收账款的核算 / 158
　　一、预收账款的基本知识 / 158
　　二、预收账款的核算 / 158
任务 9.6　应付职工薪酬的核算 / 160
　　一、职工薪酬的基本知识 / 160
　　二、工资费用的核算 / 164
　　三、福利费的核算 / 166
　　四、"五险一金"的核算 / 167
　　五、工会经费和职工教育经费的核算 / 169
任务 9.7　应缴税费的核算 / 171
　　一、增值税的核算 / 171
　　二、城市维护建设税的核算 / 172
　　三、教育费附加的核算 / 173
　　四、房产税、土地使用税和车船使用税的
　　　　核算 / 174
　　五、印花税的核算 / 174
　　六、企业所得税的核算 / 175
任务 9.8　其他流动负债的核算 / 176
　　一、应付股利的核算 / 176
　　二、其他应付款的核算 / 176
知识梳理 / 177
复习思考题 / 178
项目实训 / 178

项目 10　非流动负债核算实务 / 180

任务 10.1　非流动负债的基本知识 / 180
　　一、非流动负债的概念及特点 / 180
　　二、非流动负债的优缺点 / 180
　　三、非流动负债的分类 / 181
任务 10.2　长期借款的核算 / 181
　　一、长期借款的基本知识 / 181
　　二、长期借款的核算 / 181
任务 10.3　应付债券的核算 / 183
　　一、应付债券的基本知识 / 183
　　二、应付债券的核算 / 185
任务 10.4　长期应付款的核算 / 187
　　一、长期应付款的基本知识 / 188
　　二、长期应付款的核算 / 188
知识梳理 / 189
复习思考题 / 190
项目实训 / 190

项目 11　所有者权益核算实务 / —— 192

任务 11.1　所有者权益基本知识 / 192
一、所有者权益的概念及特征 / 192
二、所有者权益与负债的区别 / 192
三、所有者权益的构成内容 / 193

任务 11.2　实收资本的核算 / 193
一、实收资本基本知识 / 194
二、实收资本的核算 / 194

任务 11.3　资本公积的核算 / 197
一、资本公积的基本知识 / 197
二、资本公积的核算 / 198

任务 11.4　留存收益的核算 / 199
一、留存收益的基本知识 / 199
二、未分配利润的核算 / 200

知识梳理 / 201
复习思考题 / 202
项目实训 / 202

项目 12　工程成本核算实务 / —— 204

任务 12.1　工程成本核算的基本知识 / 204
一、费用与成本概述 / 204
二、工程成本核算对象 / 206
三、设置的账户 / 206
四、工程成本核算的程序 / 207

任务 12.2　辅助生产费用的核算 / 208
一、辅助生产费用的归集 / 208
二、辅助生产费用的分配 / 209
三、辅助生产产品或劳务验收入库或对外销售的核算 / 211

任务 12.3　工程成本的核算 / 212
一、人工费的核算 / 212
二、材料费的核算 / 214
三、机械使用费的核算 / 216
四、其他直接费的核算 / 220
五、间接费用的核算 / 221

任务 12.4　工程成本结算 / 226
一、已完工程实际成本的计算与结转 / 226
二、竣工工程成本决算 / 229

任务 12.5　期间费用的核算 / 230
一、管理费用的核算 / 230
二、财务费用的核算 / 233
三、销售费用的核算 / 234

知识梳理 / 234
复习思考题 / 235
项目实训 / 235

项目 13　收入和利润核算实务 / —— 237

任务 13.1　建造合同收入的核算 / 237
一、建造合同的基本知识 / 237
二、建造合同收入和合同费用的确认 / 239
三、建造合同收入的核算 / 241

任务 13.2　其他业务收入的核算 / 243
一、其他业务收入的基本知识 / 243
二、其他业务收入核算 / 244

任务 13.3　政府补助的核算 / 247

一、政府补助的基本知识 / 247
　　二、政府补助的会计处理 / 248
任务 13.4　所得税的核算 / 250
　　一、当期所得税的计算与会计处理 / 250
　　二、资产和负债的计税基础和
　　　　暂时性差异 / 251
　　三、递延所得税资产与递延所得税负债的
　　　　确认与会计处理 / 251

任务 13.5　利润及其分配的核算 / 255
　　一、利润的基本知识 / 255
　　二、利润形成的核算 / 256
　　三、利润分配的分配顺序 / 257
　　四、利润分配的核算 / 258
知识梳理 / 259
复习思考题 / 259
项目实训 / 259

项目 14　财务报表编制实务 /

任务 14.1　财务报表的基本知识 / 262
　　一、财务报表的概念及组成 / 262
　　二、财务报表的分类 / 262
任务 14.2　资产负债表的编制 / 263
　　一、资产负债表的基本知识 / 263
　　二、资产负债表的编制方法 / 265
任务 14.3　利润表的编制 / 269
　　一、利润表的基本知识 / 269
　　二、利润表的编制 / 270
任务 14.4　现金流量表的编制 / 271
　　一、现金流量表的基本知识 / 272

　　二、现金流量表的编制 / 275
**任务 14.5　所有者权益变动表的
　　　　　　编制** / 277
任务 14.6　会计报表附注的编制 / 279
　　一、会计报表附注的概述 / 279
　　二、会计报表附注应当编制的内容 / 279
知识梳理 / 280
复习思考题 / 280
项目实训 / 281

参考文献 /

二维码一览表

序号	名称	类型	页码
1	项目 1 课程思政阅读材料	PDF	1
2	知识拓展　会计智能化	PDF	7
3	项目 2 课程思政阅读材料	PDF	9
4	现金存入的核算	MP4	16
5	票据的对比	MP4	19
6	转账支票的签发与存入	MP4	20
7	项目 3 课程思政阅读材料	PDF	37
8	项目 4 课程思政阅读材料	PDF	43
9	预付账款的核算	MP4	50
10	项目 5 课程思政阅读材料	PDF	62
11	原材料采购业务	MP4	73
12	计划成本法下外购原材料的核算	MP4	79
13	项目 6 课程思政阅读材料	PDF	94
14	项目 7 课程思政阅读材料	PDF	107
15	固定资产购进业务的核算	MP4	112
16	固定资产折旧的计算方法	MP4	120
17	固定资产折旧的核算	MP4	124
18	项目 8 课程思政阅读材料	PDF	134
19	项目 9 课程思政阅读材料	PDF	149
20	应付账款的形成与归还的核算	MP4	154
21	预收账款发生于抵扣业务核算	MP4	158
22	附加费的计算与计提业务	MP4	166
23	项目 10 课程思政阅读材料	PDF	180
24	长期借款业务	MP4	181
25	项目 11 课程思政阅读材料	PDF	192
26	项目 12 课程思政阅读材料	PDF	204
27	人工费的归集与分配方法	MP4	212
28	材料费的归集与分配方法	MP4	214
29	自有机械费的归集与分配方法	MP4	217
30	管理费用的内容及核算方法	MP4	230
31	项目 13 课程思政阅读材料	PDF	237
32	利润形成业务	MP4	256
33	利润分配	MP4	257
34	项目 14 课程思政阅读材料	PDF	262
35	《碳排放权交易有关会计处理暂行规定》	PDF	266
36	利润表编制业务	MP4	269

项目 1

建筑企业会计核算基础知识

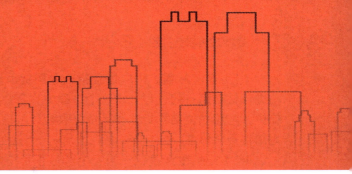

任务 1.1 建筑企业会计的对象

知识目标

1. 掌握建筑企业会计的概念、对象。
2. 掌握会计要素的概念、主要特征、分类。
3. 明确建筑企业会计核算的特点。

能力目标

能从不同的经济事项中找出涉及的会计要素。

项目 1 课程思政阅读材料

一、建筑企业会计的概念

建筑企业是从事建筑工程、设备安装工程和其他专门工程的生产企业,在经济上实行自主经营、独立核算、自负盈亏,具有法人资格的经济实体。

建筑企业会计是运用于建筑企业的一门专业会计,它是以货币为主要对象,采用专门的方法,对建筑企业的经济活动进行全面、连续、系统的核算和监督的一种管理活动。

二、建筑企业会计的对象

建筑企业会计对象是指会计核算和监督的内容,即建筑企业的资金及其运动。资金运动过程一般分为资金的取得、资金的循环与周转、资金的退出三个部分。

1. 资金的取得

建筑企业主要的经营活动是从事建筑安装工程的施工,必须拥有一定数量的财产物资,这些财产物资的货币表现就是企业的资金。资金取得的途径包括投资人投入的资金及向债权人借入的资金,前者叫所有者权益,《中华人民共和国公司法》规定,投资人将资金投入企业,除清算外不得随意抽逃资金,因此这部分资金可以供企业长期使用,不需偿还,称自有资金;后者是债权人权益即负债,债务到期时企业要向债权人支付本金和利息。从这两个途径取得的资金构成了企业生产经营的物资基础,是企业资金运动的起点。

2. 资金的循环与周转

企业取得资金后,要将其投入经营过程,参与企业资金运动全过程,形成资金的循环与周转。包括供应过程、施工生产过程、工程结算过程。

（1）供应过程。供应过程指企业用货币资金购买施工用各种材料物资，为施工生产活动进行材料储备的过程。在这个过程中，企业要根据购货合同或协议组织材料采购，与供应单位、运输单位结算货款和运费，收到材料物资要及时组织入库，资金从货币资金形态转化为储备资金形态。

（2）施工生产过程。施工生产过程是物化劳动和活劳动消耗的过程。是企业将购入的各种材料物资投入施工生产过程，通过建安工人将劳动资料作用于劳动对象上，形成建筑产品，是工程的建造阶段。这一阶段，资金形态由原来的储备资金形态转化为生产资金形态，同时还要用货币支付职工的工资、奖金、社会保险等职工薪酬及其他生产费用，这部分资金由货币资金形态转化为生产资金。此外，在施工生产过程中还要购置一些机械设备等固定资产，由于使用而磨损的价值以折旧费的形式转移到工程成本，成为生产资金，随着施工生产活动的结束形成了建筑产品，这三部分资金一同转化为成品资金。

（3）工程结算过程。工程结算过程指建筑企业将建筑产品点交给建设单位，收回货币资金的过程。在这个阶段，占用在建筑产品上的成品资金随着已完工程的点交，办理工程价款的结算，收回工程价款，最终转化为货币资金。

资金从货币形态开始，依次经过上述三个阶段，资金的形态由最初的货币资金转化为生产资金、成品资金，最终又回到货币资金形态，不断地发生变化。从资金投入的数量看，初始投入和最终收回的货币资金在量上是不等的，这一过程称之为资金的循环，多次的循环称之为周转。

3. 资金的退出

在施工生产过程中，投入的货币量应该小于收回的货币量，其增加的价值就是企业的利润。实现的利润按规定要以税金的形势上缴国家，之后可以清偿债务，按公司章程的规定提取盈余公积，向投资者分配股利或利润。上缴国家的税金、偿还的债务、向投资者分配的股利或利润不再参与企业的生产经营过程，退出了资金的循环与周转，而提留的盈余公积仍留存在企业，参与企业的再生产。

三、建筑企业会计要素

企业的资金运动过程的具体内容可用资产、负债、所有者权益、收入、费用、利润六个要素来表述。其中资产、负债、所有者权益是静态指标，从静态角度反映企业财务状况，称反映财务状况的会计要素；收入、费用、利润是动态指标，从动态角度反映企业生产经营成果，称反映财务成果的会计要素。

1. 资产

资产是过去的交易或者事项形成的、由企业拥有或者控制的、预期会给企业带来经济利益的资源。其主要特征是：资产是由企业过去的交易或事项形成的；资产是为企业拥有或者控制的资源；资产能够直接或间接地给企业带来经济利益。

资产按流动性分类，可分为流动资产和非流动资产。

流动资产指预计在一个正常营业周期中变现、出售或耗用，或者主要为交易目的而持有，或者预计在资产负债表日起一年内变现的资产，以及自资产负债表日起一年内交换其他资产或清偿负债的能力不受限制的现金或现金等价物。流动资产包括库存现金、银行存款、交易性金融资产、应收及预付款项、存货等。非流动资产指流动资产以外的资产，包括长期股权投资、投资性房地产、长期应收款、固定资产、无形资产等。

2. 负债

负债是过去的交易或事项形成的、预期会导致经济利益流出企业的现时义务。其主要特征是：负债是企业过去的交易或事项形成的现时义务；负债的清偿预期会导致经济利益流出企业。

负债按流动性可分为流动负债和非流动负债。

（1）流动负债指预计在一个正常营业周期中清偿，或者主要为交易目的而持有，或者自资产负债表日起一年内到期应予以清偿，或者企业无权自主地将清偿推迟至资产负债表日后一年以上的负债。流动负债包括短期借款、应付票据、应付账款、应付职工薪酬、应缴税费、应付利息、其他应付款等。

（2）非流动负债指流动负债以外的债务，包括长期借款、应付债券等。

3. 所有者权益

所有者权益是企业资产扣除负债后由所有者享有的剩余权益，其金额为资产减去负债后的余额。其主要特征是：所有者权益是与投资人的投资行为相伴而生的，在投资人的投资行为结束后，其权益就完全取决于企业的经营情况，所有者权益将随着企业经营的盈亏而增减；所有者权益是一种"剩余权益"，其要求权的顺序在满足债权人的要求之后；所有者凭借所有权参与企业利润的分配；在持续经营的前提下，投资者不得提前收回投资。

所有者权益包括所有者投入的资本、直接计入所有者权益的利得和损失及留存收益。

4. 收入

收入是企业在日常活动中形成的、会导致所有者权益增加的、与所有者投入资本无关的经济利益的总流入。其主要特征是：收入是企业日常活动中产生的，而不是偶发的交易或事项中产生的；收入可能表现为企业资产的增加、负债的减少，或二者兼而有之；收入可能导致企业所有者权益的增加；收入只包括本企业经济利益的流入。

收入按经营业务的主次可分为主营业务收入和其他业务收入。

主营业务收入指企业主要的经营活动所取得的收入，如建造合同收入。其他业务收入指除主营业务以外的其他日常业务活动所取得的收入。

5. 费用

费用是企业在日常活动中形成的、会导致所有者权益减少的、与向所有者分配利润无关的经济利益的总流出。其主要特征是：费用最终能导致企业资产的减少，具体表现为库存现金的支出或资产的耗费；费用最终会减少企业的所有者权益。

费用由工程成本和期间费用两部分构成，工程成本由材料费、人工费、机械使用费、其他直接费和间接费用构成。期间费用包括管理费用、财务费用和销售费用。

6. 利润

利润是企业在一定会计期间的经营成果。利润包括收入减去费用后的净额、直接计入当期利润的利得和损失等。利润分营业利润、利润总额和净利润三个层次。营业利润是营业收入减去营业成本、营业税费、期间费用、资产减值损失，加上公允价值变动净收益、投资净收益后的金额。利润总额是指营业利润加上营业外收入、减去营业外支出后的金额。净利润指利润总额减去所得税费用后的金额。

四、建筑企业会计核算的特点

1. 成本核算的单件性

建筑产品是单件性生产，即便是按同一标准设计施工的同类型、同规模的工程，也会因自然条件、交通条件、材料要求和物价水平的不同，造成工料不同，因此建筑产品必须按承建的建筑安装工程分别进行成本核算，确定工程成本。

2. 工程价款结算方式独特

建筑安装工程的施工周期较长，一个工程从开工到完成，少则几个月，多则数年，资金占用量大，如果等到工程全部完成后进行价款结算，建筑企业就要垫支大量的资金，资金周转困难。因此，除工期短、造价低的工程采用竣工后一次结算工程之外，要进行中间结算，即按月或分段结算，向发包方预收工程款和备料款，月末按完工工程办理价款结算，工程完工后再进行价款清算。对于跨年度的工程，按完工百分比法确认各年度的收入、费用和利润。

3. 分级核算

建筑产品露天施工和固定性，决定了施工人员、机具、材料等生产要素的流动性，施工企业在组织会计核算时，要适应施工分散、流动性大的特点，分级核算，即公司、工程处、项目部三级核算。公司实行独立核算，是总核算单位，工程处实行内部独立核算，单独计算工程成本和盈亏，项目部是基层核算单位，核算实物工程量及直接成本等指标，并检查这些指标计划的执行情况。这种核算形式有助于调动施工单位的积极性，重视材料、机具和设备的管理。

4. 成本对比的基础是预算成本

建筑产品的固定性和单件性，决定了企业不能按照产品实物计量单位与上期同类工程成本进行对比，只能将实际成本与预算成本进行对比，以此来考核成本是否节约或超支。

任务 1.2　建筑企业会计工作组织

知识目标
1. 掌握会计机构与会计岗位设置的原则。
2. 掌握会计人员应具备的职业道德。
3. 掌握会计人员的主要职责。

能力目标
1. 能严格执行会计法律与会计规范性文件。
2. 能严格执行会计档案保管的规定。

建筑企业会计工作组织指如何安排、协调和管理好企业的会计工作。包括会计机构的设置、会计人员的配备、会计法规的制定与执行和会计档案的保管。科学地组织会计工作对于完成会计职能，实现会计的目标，发挥其作用意义很大。

一、设置会计机构

会计机构是直接从事和组织会计工作的职能部门，建立和健全会计机构是保证会计工作正常进行，充分发挥会计管理作用的重要条件。在我国，会计机构往往行使会计工作和财务工作的全部职权,所以又称为财务会计机构。

《中华人民共和国会计法》(以下简称《会计法》)对会计机构的设置作了如下规定:"各单位应当根据会计业务的需要,设置会计机构,或者在有关机构中设置会计人员并指定会计主管人员,不具备设置条件的,应当委托经批准设立从事会计代理记账业务的中介机构代理记账。"

会计机构的设置,既要符合《会计法》的要求,又要与企业的管理要求和组织形式相适应。建筑企业实行的是公司、工程处(分公司)、项目部三级管理,应设置单独的会计机构,并配备机构负责人和专职会计人员,大型建筑企业要设置总会计师,建立总会计师的经济责任制。

会计工作岗位,指一个单位会计机构内部根据业务分工而设置的职能岗位,一般可分为:会计机构负责人或者会计主管人员、出纳、财产物资核算、工资核算、成本费用核算、财务成果核算、资金核算、往来结算、总账报表、稽核、档案管理等。可以一人一岗、一人多岗或者一岗多人。但出纳人员不得兼管稽核、会计档案保管以及收入、费用、债权债务账目的登记工作,会计人员的工作岗位应当有计划地进行轮换。

二、配备会计人员

会计人员是从事会计工作、处理会计业务、完成会计任务的人员。配备数量适当的必要的专业知识和专业技能,熟悉国家有关法律、法规和财务会计制度,遵守职业道德的会计人员,是一个单位会计工作得以正常开展的重要条件。

1. 会计人员的主要职责

(1)进行会计核算。会计人员要以实际发生的经济业务为依据,进行记账、算账、报账工作,做到手续完备、内容真实、数字准确、账目清楚、日清月结、按期报账,如实反映财务状况、经营成果和现金收支情况,提供真实可靠的、能满足各方需要的会计信息,是会计人员最基本的职责。

(2)实行会计监督。会计机构、会计人员对本单位的经济活动具有会计监督的权利。对不真实、不合法的原始凭证,不予受理;对记载不准确、不完整的原始凭证,予以退回,要求更正补充;发现账簿记录与实物、款项不符,按照相关规定处理;无权自行处理的,立即上报本单位主管领导,请求查明原因,作出处理;对违反国家统一的财政制度、财务制度规定的收支,不予办理。

(3)拟订本单位办理会计事务的具体办法。

(4)参与拟定经济计划、业务计划,考核、分析预算、财务计划的执行情况。

(5)办理其他会计事务。

2. 会计人员应具备的职业道德

职业道德是会计人员从事会计工作应遵循的道德标准,建立会计人员职业道德规范,是对会计人员强化道德约束,防止和杜绝会计人员在工作中出现不道德行为的有效措施。主要包括以下几个方面。

(1)敬业爱岗。敬业爱岗,是指会计人员应当热爱本职工作,努力钻研业务,使自己的知识和技能适应所从事工作的要求,这是做好一切工作的出发点。只有从这个出发点出发,才会勤奋、努力钻研业务技术,使自己的知识和技能适应具体工作的要求。敬业爱岗,要求会计人员应有强烈的事业心、进取心和过硬的基本功，要有强烈的"追根求源"的意识，有认真负责的态度。

（2）熟悉法规。熟悉法规是指会计人员应当熟悉财经法律、法规和国家统一准则、制度，并结合会计工作进行广泛宣传。会计工作不只是单纯地记账、算账和报账，会计工作时时、事事、处处涉及执法守纪方面的问题。会计人员不单应自己熟悉财经法律、法规，还要能结合会计工作进行广泛宣传，做到知法依法、知章循章、依法把关守口。

（3）依法办事。依法办事是指会计人员应当按照会计法律、法规、规章规定的程序和要求实行会计监督，在会计凭证和会计账簿的记录上，在财务报表的反映上，要保证所提供的会计信息合法、真实、准确、及时、完整。使单位外部的投资者、债权人、社会公众及社会监督部门能依照法定程序得到可靠的会计信息资料。依法办事，这是会计人员职业道德的前提。

（4）客观公正。客观公正是指会计人员在办理会计事务中，应当实事求是、客观公正。这是一种工作态度，也是会计人员追求的一种境界。做好会计工作，无疑是需要专业知识和专门技能的，但这并不足以保证会计工作的质量，有没有实事求是的精神和客观公正的态度同样重要；否则，就会把知识和技能用错了地方，甚至参与弄虚作假或者作弊。

（5）搞好服务。会计工作的特点决定会计人员应当熟悉本单位的生产经营和业务管理情况，以便运用所掌握的会计信息和会计方法，为改善单位的内部管理、提高经济效益服务。

（6）保守秘密。保守秘密是指会计人员应当保守本单位的商业秘密，除法律规定和单位领导同意外，不能私自向外界提供或者泄露单位的会计信息。会计人员由于工作性质的原因，有机会了解到本单位的重要机密，一旦泄露给明显的或潜在的竞争对手，会给本单位的经济利益造成重大的损害，对被泄密的单位是非常不公正的。所以，泄露本单位的商业秘密，是一种很不道德的行为。

三、会计法规的制定与执行

会计法律是规范和指导各单位和会计人员的重要依据，我国的会计法规体系一般包括会计法律、会计行政法规、会计部门规章和会计规范性文件四个层次。

1. 会计法律

会计法律是指调整我国经济生活中会计关系的法律总规范。会计法律是由国家最高权力机关即全国人民代表大会及其常务委员会制定，以中华人民共和国主席令的形式颁布，目前只有《会计法》。

会计立法目的在于规范和加强会计工作，保障会计人员依法行使职权，发挥会计工作在维护社会主义市场经济秩序、加强经济管理、提高经济效益方面的作用。《会计法》作为法律规范，在会计规范体系中起到的是统领作用，为其他规范的制定提供法律依据和保证。

2. 会计行政法规

会计行政法律是指调整我国经济生活中某些方面会计关系的、由国家最高行政机关国务院制定，以中华人民共和国总理令发布实施的会计法规。如《企业财务会计报告条例》《中华人民共和国企业所得税暂行条例》《中华人民共和国现金管理暂行条例》《总会计师条例》等。

3. 会计部门规章

会计部门规章是由国务院所辖各部、委、局、署等行政部门制定并发布实施的会计法规。

主要有《企业会计准则——基本准则》《会计从业资格管理办法》《支付结算办法》《中华人民共和国税收征收管理法实施细则》。

《企业会计准则》是我国会计核算工作的基本规范。它以《会计法》为指导，是企业会计确认、计量和报告行为的规范，也是保证会计信息质量的标准。该准则体系由三部分构成。

（1）基本准则。基本准则主要规范会计目标、会计假设、会计信息质量要求、会计要素的确认与计量、会计报告原则等，是指导具体准则的制定和为尚未有具体准则规范的会计实务问题提供处理原则，在整个企业会计准则体系中扮演着框架的角色，起着统驭作用。

（2）38项具体准则。38项具体准则是在基本准则的基础上，对具体交易或者事项进行会计处理的规范。按照内容可以分为共性会计业务具体准则、会计报表具体准则、特殊行业和特殊业务具体准则三个部分。

（3）会计准则应用指南。应用指南是对具体准则的一些重点难点问题作出的操作性规定，主要包括具体准则解释和会计科目、主要账务处理等，为企业执行会计准则提供操作性规范。

4. 会计规范性文件

会计规范性文件是由财政部制定并发布的规范性文件，如《会计基础工作规范》《企业会计准则——具体准则》《企业会计准则——应用指南》《企业会计制度》《金融企业会计制度》《小企业会计制度》《会计档案管理办法》等。

四、会计档案的保管

会计档案指会计凭证、会计账簿、会计报表等会计核算专业资料，是记录和反映经济业务的重要史料和证据。会计档案保管工作是会计工作的重要组成部分，企业必须加强对会计档案管理工作的领导，建立和健全会计档案的立卷、归档、保管、调阅和销毁等管理制度，把会计档案管好、用好。

1. 会计档案管理规定

企业每年形成的会计档案，都应该由财务会计部门按照归档的要求负责整理、立卷或装订成册。当年的会计档案，在会计年度终了后，可暂由本单位会计部门保管一年，期满后由财务会计部门编造清册移交本单位的档案管理部门保管。财会部门和人员必须将应归档的会计档案全部移交，不得自行封存保管。

2. 会计档案的保管期限规定

会计凭证和会计账簿保存期限为30年，月报、季报和半年财务报告保管期限为10年，年度财务报告为永久保存。

在企业会计工作组织中，会计机构和会计人员是会计工作系统运行的必要条件，而会计法规是保证会计工作系统正常运行的必要的约束机制。

知识拓展
会计智能化

  知识梳理

建筑企业会计是运用于建筑企业的一种专业会计，是以货币为主要计量单位，采用专门的方法，对建筑企业的经济活动进行全面、连续、系统地核算和监督的一种管理活动。会计对象是指会计核算和监督的内容，即建筑企业的资金及其运动。

企业的资金运动过程具体内容可用资产、负债、所有者权益、收入、费用、利润六个要素来表述。资产、负债、所有者权益是从静态角度反映企业财务状况，收入、费用、利润是从动态角度反映企业生产经营成果。

建筑施工生产的特点决定了建筑企业会计核算的特点有成本核算的单件性、工程价款分阶段结算、分级核算、成本对比的基础是预算成本。

建筑企业会计工作组织是指如何安排、协调和管理好企业的会计工作，包括会计机构的设置、会计人员的配备、会计法规的制定与执行和会计档案的保管。

会计机构是直接从事和组织会计工作的职能部门，在会计机构内根据业务分工而设置职能岗位，可以一人一岗、一人多岗或者一岗多人。出纳人员不得兼管稽核、会计档案保管和收入、费用、债权债务账目的登记工作，会计人员要定期轮岗。

在会计机构内要配备数量适当的会计人员。应当配备有必要的专业知识和专业技能，熟悉国家有关法律、法规和财务会计制度，遵守职业道德的会计人员。

会计档案指会计凭证、会计账簿、会计报表等会计核算专业资料，是记录和反映经济业务的重要史料和证据。企业要建立和健全会计档案的立卷、归档、保管、调阅和销毁等管理制度，把会计档案管好、用好。

复习思考题

1. 建筑企业会计的对象是什么？
2. 建筑企业资金运动由哪三个过程组成？如何运动？
3. 会计工作组织包括哪些内容？
4. 会计人员应具备的职业道德有哪些？
5. 企业会计工作岗位如何划分？
6. 会计档案的保管期限是如何规定的？
7. 建筑企业会计核算工作与其他行业会计核算工作的区别是什么？
8. 何为资产、负债、所有者权益？其特征有哪些？
9. 何为收入、费用、利润？其组成内容是什么？
10. 资金运动过程中，资金的形态是如何变化的？

项目1　建筑企业会计核算基础知识测试题

项目 2

货币资金核算实务

任务 2.1 货币资金的基本知识

知识目标
1. 掌握货币资金的概念及其内容。
2. 掌握货币资金管理和控制的原则。
3. 掌握货币资金管理和控制的目标。

能力目标
具备货币资金管理与控制的能力。

项目 2 课程思政阅读材料

一、货币资金的概念

货币是充当一般等价物的交换媒介，建筑企业从事施工活动必须有资金的参与，如购买原材料或固定资产、支付工资和福利费、上缴税金、缴纳社会保险、偿还债务等，没有货币资金，就无法保证企业经营活动的正常运行。企业货币拥有量反映企业的偿债能力和支付能力的大小，也是投资者据以判断企业财务状况优劣的主要指标之一，因此不论是投资人还是债权人或企业的管理者都十分重视和关注它。

货币资金是指企业拥有的在施工经营活动中表现为货币形态的那部分资金。它是企业流动资产的重要组成部分，因其流动性最强，所以在资产负债表项目中排序第一。按其存放地点和用途不同，货币资金包括库存现金、银行存款和其他货币资金。

二、货币资金管理和控制的原则

1. 严格职责分工，建立货币资金岗位不相容制度

企业要建立货币资金岗位责任制，明确各岗位职责，保证货币资金不相容岗位的相互制约和相互监督。所谓岗位不相容是指将涉及货币资金不相容的职责分由不同的人员担任，形成严密的内部牵制制度，以减少和降低货币资金管理方面舞弊的可能性。

2. 实行交易分开

交易分开指将现金支出业务和现金收入业务分开进行处理，防止将收入的现金直接用于自身的现金支出。

3. 实施内部稽核

内部稽核指在企业内部设置稽核单位并安排相应的人员，建立内部稽核制度，加强对货币资金的管理和监督，发现存在的问题，及时改进。

4. 实施定期轮岗

定期轮岗指对涉及货币资金管理和控制的业务人员定期轮换岗位。通过轮岗，减少产生舞弊的可能性，及时发现有关人员的舞弊行为。

三、货币资金管理和控制的目标

货币资金因其流动性强、使用范围广，极易散失、挪用和被盗，为保证货币资金的安全与完整，国家制定了《内部控制规范——货币资金》，严格货币资金的管理和控制，实现以下四个目标。

1. 货币资金的安全性控制

安全性控制是指通过有效方法的控制，预防被盗窃、诈骗和挪用，确保企业库存现金安全，有以下几种方法。

（1）账实盘点控制。账实盘点控制是通过定期或不定期对货币资金进行盘点，确保企业资产安全的一种常见的控制方法。如库存现金的账实盘点是通过清点库存现金的方法来完成的，银行存款的账实盘点是通过出纳人员在月末编制"银行存款余额调节表"来完成的。

（2）库存限额控制。库存限额控制是根据开户行给企业核定的每日货币资金余额，将超过库存限额的货币资金送存开户行，以降低风险的一种方法。

（3）实物隔离控制。实物隔离控制是通过采取一些妥善的措施，确保除实物保管之外的人员不得接触实物的控制方法。如出纳员不得编制记账凭证，现金只能由出纳员保管，其他人碰不到现金实物。同时，还应采取保障措施，确保货币资金实物安全。如选择安全的场所存放。

（4）岗位分离控制。岗位分离控制是将不相容岗位分别由不同的人负责，以达到相互牵制，相互监督的一种控制方法。如出纳员负责货币资金收支业务，不能担任记账、稽核工作。

2. 货币资金的完整性控制

完整性控制指企业所有的货币资金收支业务要按规定全部记入相关账户，杜绝资金体外循环及私设"小金库"等侵占企业收入的违法行为发生。其控制的范围包括各种收入及欠款回收，通过检查销售、采购业务或应收账款的收回、应付账款的归还情况，或余额截止日后入账的收入和支出，查找未入账的货币资金。控制方法可以采用发票、收据核对、企业银行存款日记账与银行对账单定期核对、往来账余额定期与对方核对。

3. 货币资金的合法性控制

合法性控制指对货币资金收支业务是否符合国家法律、法规及企业内部收支规定，是针对货币资金的收入与支出进行合法性的监督检查。其控制范围分为企业内部与企业外部两个方面。

内部的合法性控制是通过对记账凭证进行复核及企业内部审计来完成的。复核时，对于业务量少、单笔金额小的单位，记账凭证可一人复核；对于业务量大、单笔金额大的单位，可增设复核会计，财务主管再复核。通过内部审计，可以发现一些不合法的货币资金的收付业务，减少企业的损失。外部的合法性控制是基于货币资金收支业务往往涉及企业的管理者，风险较大，需要借助政府机关、社会力量对企业进行审计、监督、检查。

4. 货币资金的效益性控制

效益性控制是指服从企业财富最大化的财务管理目标，通过运用各种筹资、投资手段，合理、高效地持有和使用货币资金，使其发挥最大效益。这就要求在进行筹资、投资决策时，对各种方案进行综合分析，并要求对备选方案进行可行性分析研究。

货币资金的效益性控制涉及企业的全部经营活动，由于企业实际情况千差万别，企业应请高素质的财务管理人员精心策划，制定货币资金收支中、长期计划，在合理预测一定时期货币资金存量的情况下，通过实施一些推迟货币资金支付的采购政策和加速货币回笼的销售政策，还可以通过收回投资等方法，解决货币支出的缺口，但同时应权衡采取以上措施所付出的代价、成本或机会成本，选择一项最优的解决方案。同样，可以通过加快货币资金支付的采购政策（可降低采购成本）、一定的赊销政策（可提高售价或扩大销量）、参与各种投资，降低货币资金储量，但同时应权衡以上各种措施的收益以及考虑今后中、长期的货币资金状况，选择最优方案，最大限度地发挥其经济效益。

任务 2.2　库存现金的核算

知识目标

1. 掌握库存现金的使用范围及限额管理的内容。
2. 掌握库存现金日常管理办法及违反现金管理规定的几种现象。
3. 掌握库存现金账户的使用方法。
4. 掌握现金日记账的登记方法。

能力目标

1. 能办理现金收支业务的凭证手续。
2. 能对现金收支业务进行总分类核算。
3. 会登记现金日记账、会账实核对。

现金是普遍可接受的支付工具，是流动性最强的流动资产，可以随时用来购买其他资产、清偿债务和支付各种费用，也可以存入银行。现金的概念有广义和狭义之分，狭义的现金指企业的库存现金，包括库存的人民币和外币。广义的现金指库存现金、银行存款和其他符合现金定义的票证等，如未结付的支票、汇票等。本章所指现金是狭义的现金，即库存现金。用现金直接办理经济业务的收付行为称为现金结算，除此之外均称为非现金结算，也称转账结算。

一、库存现金的管理办法

1. 库存现金的使用范围

库存现金流动频繁，具有可接受性，极易发生差错或被挪用、侵吞。狭义的现金又是一种无法产生盈余的资产，企业不能积压过多。为保护现金的安全完整，必须加强现金的管理和内部控制。国务院颁布的《中华人民共和国现金管理暂行条例》（以下简称《现金管理暂行条例》），对现金的收支范围作出了严格的规定，允许企业使用现金结算的是：

① 职工工资、津贴；

② 个人劳务报酬；
③ 根据国家规定颁发给个人的科学技术、文化艺术、体育等方面的各种奖金；
④ 各种劳保、福利费用以及国家规定的对个人的其他支出等；
⑤ 向个人收购农副产品和其他物资的价款；
⑥ 出差人员必须随身携带的差旅费；
⑦ 结算起点以下的零星开支；
⑧ 中国人民银行确定需要支付现金的其他支出。

企业与其他单位之间的经济往来，除在上述的范围内可使用现金支付外，其他情况一律通过开户银行办理转账结算。

2. 库存现金的限额管理

库存现金的限额是指允许企业保留库存现金的最高额度，这一限额是由开户银行根据开户单位的规模、日常零星开支的需要和距离银行的远近等情况核定，一般是企业3～5天日常零星开支的需要量，对边远地区和交通不方便地区的企业，可适当放宽，但最长不得超过15天日常零星开支的需要量。这里的日常零星开支不包括定期发放工资、集中报差旅费、取暖费、医药费等大额现金支出。

库存限额一经确定，企业必须严格遵守，出纳员手中保管的库存现金超出库存限额部分，应于当日送存开户银行，当日送存有困难的，由开户银行确定送存时间。库存现金低于库存限额的部分，可以签发现金支票从开户行提取现金补足限额。因业务的变化需增减库存现金限额时，企业应从开户银行申请重新核定。

3. 库存现金收支的日常管理

（1）建立内部牵制制度。内部牵制制度是指凡涉及款项和财物收付、结算及登记的任何一项工作，不能同时由一个人兼任，必须由两人或两人以上分工办理，起到相互制约作用的一种工作制度，它是内部控制制度的重要组成部分。主要包括以下几点。

① 钱账分管。出纳人员负责资金的收付业务，不得兼管收入、费用、债权、债务等账簿登记工作以及会计稽核和会计档案保管工作。

② 印鉴分管。企业在银行的预留印鉴应分别保管，财务专用章由专人保管，个人名章由本人或其授权人保管，严禁一个人集中保管，防止舞弊行为的发生。

③ 定期轮岗。企业财务部门的人员不得长期从事一种工作，要定期轮换岗位，出纳岗位每7年轮换一次。

（2）严格票据管理。企业要建立票据的领用制度，设置票据领用登记簿，领用空白支票、空白收据和发票必须登记数量和起讫编号，由领用人签字，收回的收据和发票存根应由保管人员办理签收手续，对空白收据和发票应定期检查，以防短缺。

（3）严格履行现金收支手续。出纳员根据收付款凭证办理款项的收付业务，在收付款后，要在相关的收付款凭证上加盖"收讫""付讫"章，防止票据遗失或重复报销。从开户银行提取现金时，应当在现金支票上写明用途，由本单位财会部门负责人签字盖章，经开户银行审核后，予以支付现金。将现金存入银行时，在缴款单上注明款项的来源。

4. 违反现金管理规定的现象

（1）坐支。用收入的现金直接支付自身的支出叫"坐支"。如从收入的现金中支付货款、工资、奖金、各种补贴补助、劳务费、差旅费和其他开支的。企业在经营活动中，经常会发生一些现金收入，如收取不足转账起点的小额收入、销售给不能转账的个人的销货款、职工交回的差旅费剩余款等，这些现金收入，应及时送存开户银行，不得直接用于支付自身的支出。如因特殊情况需要坐支现金的，应事先报开户银行审查批准，由开户银行核定坐支范围和限额。未经批准，企业不得擅自坐支现金。

（2）"白条子"顶库。指支付或暂借现金不入账，以不符合财务制度规定的凭证如私人借据（条），抵充库存现金。

（3）套取现金。指逃避现金审查，采用不正常手段支付现金的违法行为。如编造用途或以支付差旅费、备用金名义支取现金；利用私人或其他单位账户支取现金；用公款转存储蓄；用转账方式通过银行、邮局汇兑，异地支取现金；用转账凭证换取现金；虚假冒领工资、奖金和津贴补助等。

（4）保留账外现金。账外现金指现金营业收入或其他现金收入该进账而未进账，被私自留用的现金。

（5）私设"小金库"。凡侵占、截留国家和单位的收入，化大公为小公，化公为私，未在本单位财务部门列收列支，私存私放的各项资金，均属"小金库"。其形式主要有：

① 违规收费、罚款及摊派设立"小金库"；
② 用资产处置、出租收入设立"小金库"；
③ 以会议费、劳务费、培训费和咨询费等名义套取资金设立"小金库"；
④ 经营收入未纳入规定账户核算设立"小金库"；
⑤ 虚列支出转出资金设立"小金库"；
⑥ 以假发票等非法票据骗取资金设立"小金库"；
⑦ 上下级单位之间相互转移资金设立"小金库"。

二、库存现金的核算

1. 库存现金收支业务办理的凭证手续

企业库存现金的收支业务是由出纳人员办理，必须以取得或填制合法的原始凭证作为收付款的依据。如将现金存入银行要填现金缴款单，见表2-1，职工出差借差旅费或零星采购的备用金，要取得由相关负责人签批由借款人签字的借款单，见表2-2，购买办公用品或采购零星物资要取得由对方开具的发票，见表2-3，向银行提取现金，应签发现金支票，见图2-1、图2-2，以支票存根联作为原始凭证，见表2-4。

表2-1 中国建设银行现金交款单（回单）

2020年4月1日

交款单位	江滨市宏伟建筑工程公司			开户银行			江滨市建设银行				
交款来源	其他收入			账　　号			666666888888				
人民币（大写）伍仟元整								金额 5 000			
券别	一百元	五十元	十元	五元	二元	一元	五角	二角	一角	五分	二分	一分	合计
整把券	—	—	—	—	—	—	—	—	—	—	—	—	
整张券	50												5 000

（此单由交款单位作记账凭证）

（建设银行江滨分行 2020.4.1 收讫章(5)）

表2-2 专用收款收据

收款日期　　2020年4月1日

付款单位	张 丰	收款单位	江滨市宏伟建筑工程公司									
人民币（大写）	伍佰元整		百	十万	千	百	十	元	角	分	结算方式	
					￥	5	0	0	0	0	现 金	
事由 江滨市宏伟建筑工程借款			经办部门人员									
上述款项照数收讫无误。 收款单位财务章：		会计主管	稽 核			出 纳			交款人			
			刘 冰			李 军			张 丰			

第二联 收款单位收款凭据

表2-3 江滨省江滨市增值税专用发票

发 票 联

开票日期　　2020年4月2日

购货单位	名 称	江滨市宏伟建筑工程公司			纳税人识别号			112011848140889										
	地 址	江滨东路668号			开户银行及账户			建设银行江滨分行 666666888888										
货物或应税劳务名称	计量单位	数量	单价	金　　额								税　　额						
				十万	千	百	十	元	角	分		十万	千	百	十	元	角	分
账 簿	册	9.00	30			2	7	0	0	0				3	5	1	0	
价税合计（大写）	叁佰零伍元零壹角整										税率			13%				
供货单位名称											开户银行及账号							

收单位盖章　　　　收款人　沈洁　　　开票人：王信义

图 2-1 现金支票正面票样

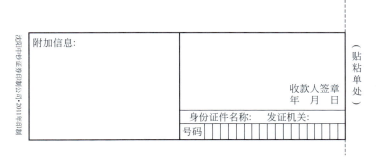

图 2-2 现金支票背面票样

表2-4 中国建设银行现金支票存根

XV:04582654

科　　目
对方科目
出票日期　2020年4月20日

收款人： 江滨市宏伟建筑工程公司

金　额： 5 000

用　途： 备　用

现金收支的原始凭证只有经过审核无误后，才能据以编制现金收款凭证和现金付款凭证，见表2-5、表2-6，并办理现金的收支，出纳人员在收付现金后，要在原始凭证上加盖"收讫""付讫"戳记，表示款项已经收付，最后出纳人员根据收付款凭证登记现金日记账。

表2-5 现金收款凭证

借方科目	库存现金		2020 年 4 月 1 日		凭证编号　1 出纳编号　现收1										
摘　要	结算方式	票号	贷方科目		金　　额										记账符号
			总账账户	明细账户	千	百	十	万	千	百	十	元	角	分	
收到赔偿款	现金		其他应收款	张丰				5	0	0	0	0	0		
附单据　1　张			合　　　计		¥			5	0	0	0	0	0		

会计主管人员　　记账　　稽核　　制单 刘义　　出纳 王双　　交款人 张丰

表2-6 现金付款凭证

贷方科目	库存现金				2020年4月2日											凭证编号 2 出纳编号 现付1	

摘要	结算方式	票号	借方科目		金额										记账符号
			总账账户	明细账户	千	百	十	万	千	百	十	元	角	分	
购账簿			管理费用	办公费用						2	7	0	0	0	
			应缴税费	应缴增值税(进项税额)							3	5	1	0	
附单据 1 张			合计						¥	3	0	5	1	0	

会计主管人员　　　记账　　　稽核　　　制单 刘义　　　出纳 王双　　　交款人 明月

2. 库存现金的总分类核算

为了总括反映现金的收支和结存情况，企业应设置"库存现金"账户，其借方登记库存现金的增加额，贷方登记库存现金的减少额，期末借方余额反映库存现金的结余数。有外币收支业务的企业，应当按照币种设置明细账户进行明细核算。

现金存入的核算

【例2-1】　4月1日，江滨市宏伟建筑工程公司将超过库存限额的现金5 000元送存银行。根据表2-1现金缴款单回单联，编制付款凭证，作如下会计分录：
借：银行存款　　　　　　　　　　　　　　　　　　　　　　　　5 000
　　贷：库存现金　　　　　　　　　　　　　　　　　　　　　　　5 000

【例2-2】　4月1日，江滨市宏伟建筑工程公司收到职工张丰缴纳的赔偿款现金5 000元，根据表2-2专用收款收据，编制收款凭证见表2-5，作如下会计分录：
借：库存现金　　　　　　　　　　　　　　　　　　　　　　　　5 000
　　贷：其他应收款——张丰　　　　　　　　　　　　　　　　　5 000

【例2-3】　4月2日，江滨市宏伟建筑工程公司用现金购买账簿305.10元，根据表2-3发票，编制付款凭证见表2-6，作如下会计分录：
借：管理费用　　　　　　　　　　　　　　　　　　　　　　　　270
　　应交税费　　　　　　　　　　　　　　　　　　　　　　　　35.1
　　贷：库存现金　　　　　　　　　　　　　　　　　　　　　　305.10

【例2-4】　4月2日，江滨市宏伟建筑工程公司从银行提取现金5 000元，根据表2-4现金支票存根，编制付款凭证，作如下会计分录：
借：库存现金　　　　　　　　　　　　　　　　　　　　　　　　5 000
　　贷：银行存款　　　　　　　　　　　　　　　　　　　　　　5 000

3. 库存现金的序时核算

为了加强对现金的管理，随时掌握库存现金收付的动态和库存余额，保证现金的安全，企业要设置"现金日记账"，其格式见表2-7。出纳员按照现金收付业务发生的先后顺序逐笔序时登记，做到日清月结。每日终了，合计当日的现金收入、现金支出，结出当日余额，并将现金结余数与库存数进行核对,做到账实相符。月份终了,结出本月收入数、本月支出数及月末余额,将"现金日记账"的余额与"现金"总账的余额核对,做到账账相符。

表2-7　江滨市宏伟建筑工程公司现金日记账

2020年		凭证		摘要	借方	贷方	余额
月	日	字	号				
4	1			上月结转			6 000
4	1	现付	1	存现金		5 000	1 000
4	1	现收	1	收到赔偿款	500		1 500
				本日合计	500	5 000	
4	2	现付	2	购办公用品		270	1 230
4	2	银付	3	提现金	5 000		5 230
				本日合计	5 000	270	
…	…	…	…	……	……	……	7 000
				本月合计	50 000	49 000	

4. 库存现金的清查

为了保证企业库存现金的安全完整,做到账款相符,应对库存现金进行清查。清查的方法采用实地盘点法。清查小组要进行定期或不定期的清查与核对,清查结束后,将清查的结果与现金日记账核对的情况填写"库存现金盘点报告表"(与表7-11格式相近),由清查人员和出纳员共同签章后方能生效。造成现金溢余和短缺的原因主要有:

① 出纳人员收付现金时出现差错;
② 丢失现金;
③ 收付现金而未作收款凭证或付款凭证;
④ 现金收付的会计分录金额有错;
⑤ 登记现金日记账有误;
⑥ 现金被盗。

对于清查中发现的有待查明原因的现金短缺或溢余,应通过"待处理财产损溢"账户核算;属于现金短缺,应按实际短缺的金额,借记"待处理财产损溢——待处理流动资产损溢"账户,贷记"库存现金"账户,属于现金溢余,按实际溢余的金额,借记"库存现金"账户,贷记"待处理财产损溢——待处理流动资产损溢"账户。

对发现的现金溢缺,必须认真查明原因,按规定进行处理:如属于应支付给有关人员或单位的,借记"待处理财产损溢——待处理流动资产损溢"账户,贷记"其他应付款——应付现金溢余(××单位或××人)"账户,属于无法查明原因的现金溢余,经批准后,转为"营业外收入——现金溢余"账户。如为现金短缺,属于应由责任人赔偿的部分,借记"其他应收款——应收现金短缺款(××责任人)"账户;属于应由保险公司赔偿的部分,借记"其他应收款——应收保险赔款"账户,属于无法查明的其他原因,根据管理权限,经批准后处理,借记"管理费用——现金短缺"账户,贷记"待处理财产损溢——待处理流动资产损溢"账户。

【例2-5】 4月末，江滨市宏伟建筑工程公司进行现金盘点，发现短款200元，原因待查。现将短款上报主管部门，作会计分录如下：

借：待处理财产损溢——待处理流动资产损溢　　　　　　　　　　200
　　贷：库存现金　　　　　　　　　　　　　　　　　　　　　　　　200

经查，属于无法查明的原因，经批准后结转。作会计分录如下：

借：管理费用——现金短缺　　　　　　　　　　　　　　　　　　200
　　贷：待处理财产损溢——待处理流动资产损溢　　　　　　　　　　200

【例2-6】 4月末，江滨市宏伟建筑工程公司经盘点，发现现金的库存余额大于账存余额600元，原因待查。

发现长款后，上报主管部门，作会计分录如下：

借：库存现金　　　　　　　　　　　　　　　　　　　　　　　　600
　　贷：待处理财产损溢——待处理流动资产损溢　　　　　　　　　　600

经查，长款属于少付职工孟梦的款项，作会计分录如下：

借：待处理财产损溢——待处理流动资产损溢　　　　　　　　　　600
　　贷：其他应付款——应付现金溢余（职工孟梦）　　　　　　　　600

任务 2.3　银行存款的核算

知识目标

1. 掌握企业在银行开立账户的规定及银行结算纪律。
2. 掌握支票、银行汇票、银行本票、商业汇票、汇兑、委托收款、异地托收承付、信用证、信用卡结算的特征、适用范围和使用方法，了解其结算程序。
3. 掌握银行存款账户的使用方法。
4. 掌握银行日记账的登记方法。
5. 掌握未达账项的种类，掌握银行存款余额调节表的编制方法。

能力目标

1. 会填写空白的银行结算凭证或票据。
2. 能对银行存款收支业务进行总分类核算。
3. 会登记银行存款日记账、能编制银行存款余额调节表。
4. 会编制余额调节表，与银行对账。

银行存款是企业存入银行或其他金融机构的货币，包括人民币和外币。按规定，企业除在现金收付范围内可以使用现金结算外，其他各种款项的结算都必须通过银行办理转账结算。

一、银行存款的管理

1. 银行开户的规定

按照中国人民银行《支付结算办法》的规定，建筑企业应在当地银行开立账户、办理存款、取款以及各种收支转账业务的结算。建筑企业在银行开设的账户有基本存款账户、一般存款账户、临时存款账户和专用存款账户四种。

（1）基本存款账户。是企业办理日常转账结算和现金收付的账户。企业的工资、奖金的支出只能通过基本存款账户办理，信用卡、单位卡的存款只能通过基本存款账户转入。一个企业只能选择一家银行的一个营业机构开立一个基本存款账户，不得在多家银行机构开立基本存款账户。

（2）一般存款账户。是指企业在基本存款账户以外的银行借款转存账户。该账户可以办理转账结算和现金缴存，但不能支取现金。一家企业不得在同一家银行的几个分支机构开立一般存款账户。

（3）临时存款账户。是指企业因临时经营活动的需要开立的账户。企业可以通过该账户办理转账结算和按国家现金管理的规定办理现金的存取。

（4）专用存款账户。是企业因特定用途需要开立的账户。如当存款人中标后，建设单位拨付的安全措施费必须在企业主管部门指定的银行开立专用存款账户，办理转账结算。

企业在银行开立账户后，可到开户银行购买转账结算的各种凭证（如送款簿、进账单、现金支票、转账支票、电汇凭证等），办理银行存款的收付业务。企业除了按规定留存的库存现金以外，所有货币资金都必须存入银行，企业与其他单位之间的一切收付款项，除制度规定可用现金支付的部分以外，都必须通过银行办理转账结算，将款项从付款单位的账户划出，划入收款单位的账户。

2. 银行结算纪律

企业通过银行办理支付结算时，应认真执行中国人民银行《支付结算办法》中的规定。单位和个人办理支付结算，不准签发没有资金保证的支票和远期支票，套取银行信用；不准签发、取得和转让没有真实交易和债权债务关系的票据，套取银行和他人资金；不准无理拒绝付款，任意占用他人资金；不准违反规定开立和使用账户。

二、银行支付结算方式

根据银行《支付结算办法》的规定，支付结算方式有以下几种。

票据的对比

1. 支票

（1）支票的概念。支票是由出票人签发的，委托办理存款业务的银行或其他金融机构在见票时无条件支付确定的金额给收款人或持票人的票据。以支票向收款人付清款项的结算方式称为支票结算方式，因支票结算具有简便、灵活的特点，是同城或同一票据交换区域内商品交易、劳务供应等款项结算时应用比较普遍的一种结算方式。

（2）支票的分类及特征。支票由银行统一印刷，分为现金支票、转账支票、普通支票和划线支票四种。支票上印有现金支票字样的为现金支票，见图2-1、图2-2，现金支票只能提取现金。支票上印有转账支票字样的为转账支票，见图2-3、图2-4，转账支票只能通过银行转账，不能支取现金。支票上没有现金或转账字样的为普通支票，普通支票即可提取现金，也可用于转账。在普通支票左上角划两条平行线的为划线支票，划线支票只能用于转账，不能支取现金。目前，企业常用的支票主要是现金支票和转账支票。

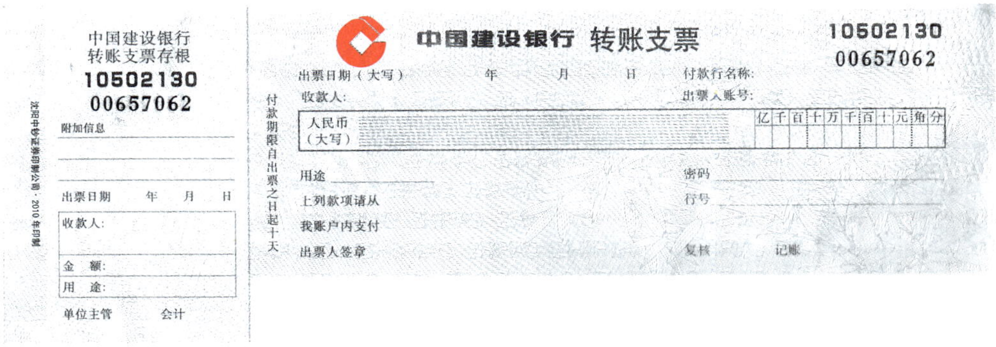

图 2-3　转账支票正面票样

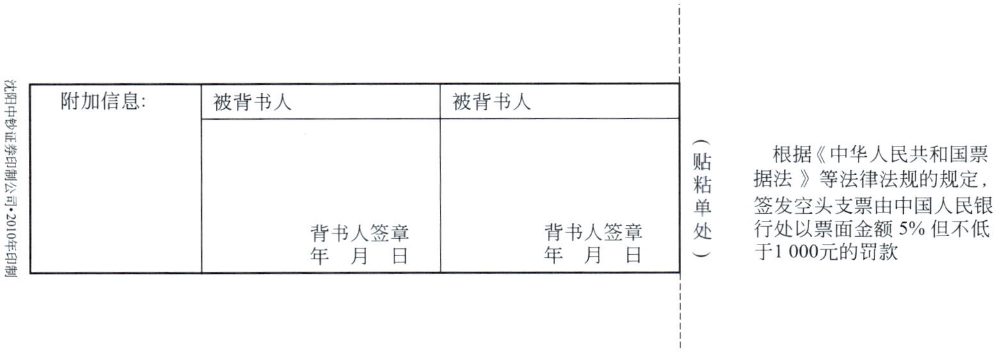

图 2-4　转账支票反面票样

支票一律记名，提示付款期为自出票日起 10 日内，到期日遇到法定节假日顺延。超过付款提示期的，持票人开户银行不予受理，付款人不予付款。转账支票可以在票据交换区域内背书转让，即由收款人在支票背面签章将支票转让给另一收款人（被背书人）。丢失的现金支票，可向开户银行申请挂失，但挂失前已被支取的除外，丢失的转账支票银行不予受理挂失。

（3）签发支票。不论是现金支票还是转账支票，在签发时，必须十分小心，严格按要求填写，否则就会被退票。签发支票应注意以下几个方面：

① 签发支票一律使用墨汁或用碳素墨水笔书写；
② 支票日期使用汉字大写；
③ 收款人、大小写金额不得更改；
④ 大写金额顶头写，小写金额前用人民币符号封口；
⑤ 加盖银行预留印鉴，此印鉴作为银行审核支付支票金额的条件；
⑥ 严禁签发空头支票、远期支票，否则，银行将按票面金额的 5% 但不低于 1 000 元对签发企业实施罚款。

（4）支票结算的会计处理。收款单位收到支票，应在收到支票的提示付款期内填制进账单，连同支票送交银行，银行受理后，根据银行盖章退回的进账单第 3 联收账通知联（见表 2-8）和有关的原始凭证编制收款凭证；付款单位开出支票，应根据支票存根（见表 2-9）和有关原始凭证（见表 2-10）编制付款凭证，正确及时反映银行存款的增减。

转账支票的签发与存入

存款人领购支票，必须填写"业务收费凭证"（见表2-11），并加盖银行预留印鉴。存款账户结清时，必须将剩余的空白支票全部交回银行注销。

表2-8 中国建设银行进账单（收账通知）3

2020年4月28日

出票人	全称	江滨市新鑫公司	收款人	全称	江滨市宏伟建筑工程公司
	账号	111111222222		账号	666666888888
	开户银行	江滨商业银行		开户银行	江滨市建设银行
人民币（大写）贰万叁仟元整				千百十万千百十元角分 ￥ 2 3 0 0 0 0 0	
票据种类	转账支票		收款人开户银行盖章		
票据张数	一张				
单位主管 会计 复核 记账					

此联是收款人开户银行收款通知交给收款人

表2-9 中国建设银行转账支票存根

表2-10 江滨省江滨市增值税专用发票

发 票 联

开票日期　　2020年4月18日

购货单位	名称	江滨市宏伟建筑工程公司	纳税人识别号	112011848140889																
	地址	江滨东路668号	开户银行及账户	建设银行江滨分行 666666888888																
货物或应税劳务名称	计量单位	数量	单价	金　　额									税　　额							
				十	万	千	百	十	元	角	分	十	万	千	百	十	元	角	分	
钢笔	支	30	50			1	5	0	0	0	0				1	9	5	0	0	
价税合计（大写）	壹仟陆佰玖拾伍元整											税　率					13%			
供货单位名称				开户银行及账号																

收款单位盖章　　　　　收款人 王伟　　开票人：杜鹃

表2-11　业务收费凭证

币别：人民币		2020年4月10日		流水号：70698542
付款人	江滨市宏伟建筑工程公司		账　号	666666888888
工本费	手续费	电子汇划费金额		合　计
10.00	30.00	0.00		RMB40.00
金额(大写)肆拾元整				
付款方式	转　账			
备注：业务类型：支票出售 出售起号：6543451－6543475　8989001－8989025 凭证种类：转账支票、现金支票 出售张数：各25张				开户银行盖章：

（加盖：建设银行江滨分行 2020.4.10 转讫章 (5)）

2. 银行本票

（1）银行本票的概念。银行本票是指申请人将款项存入银行，委托银行签发的承诺自己在见票时无条件向收款人或者持票人支付确定金额的票据。以银行本票向收款人支付款项的结算方式，称为银行本票结算方式，单位和个人在同一票据交换区域支付各种款项，均可采用银行本票结算方式。

（2）银行本票的分类及特征。银行本票有不定额本票和定额本票两种。定额本票面额分别为1 000元、5 000元、10 000元、50 000元，不定额本票的金额起点为100元。银行本票可以提取现金，也可办理转账，在票面划去转账字样的为现金本票，可支取现金。其格式见表2-12。

表2-12　中国建设银行

银行本票一律记名，允许背书转让，但注明"现金"字样的银行本票不得背书转让。银行本票的提示付款期限为自出票日起最长不超过2个月，超过提示付款期限的银行不予受理。申请人因本票超过提示付款期限或其他原因要求退款时，可以到签发行办理退款。银行本票由银行签发，保证兑付，用银行本票购买材料物资，销货方可以见票付货，购货方可以凭票提货，债权债务双方可以凭票清偿，具有信誉度高、见票即付、支付功能强的特点。

（3）银行本票结算的会计处理。采用银行本票办理款项结算的，付款单位应先填写"银行本票委托书"（见表2-13），填明收款人名称、申请人名称、支付金额、申请日期等事项并签章，将款项交存银行，申请签发银行本票。出票银行受理银行本票申请书，在收妥款项后签发银行本票给付款单位，付款单位即可向填明的收款单位办理购货和债务结算，连同相关原始凭证编制付款凭证。

收款企业在收到银行本票时，应该在提示付款期内，在本票背面"持票人向银行提示付款签章"处加盖预留银行印鉴，同时填写进账单，连同银行本票一并交开户银行转账。根据银行盖章退回的进账单第三联和有关原始凭证编制收款凭证。

表2-13 中国建设银行本票委托书（存根）

汇款人	江滨市宏伟建筑工程公司	收款人	江滨市建材公司	此联由汇款人留存
账号或住址	6666688888	账号或住址	4444466666	
兑付地点	江滨市	兑付行		汇款用途	购木材	
汇款金额（大写）	伍万元整			￥50000000	

3. 银行汇票

（1）银行汇票的概念。银行汇票指汇款人将款项交存当地出票银行，委托出票银行签发，由其在见票时按照实际结算金额无条件支付给收款人或持票人的票据。付款人以银行汇票支付款项的结算方式称银行汇票结算。异地的单位和个人各种款项结算，均可使用银行汇票。其格式见表2-14。

表2-14 中国建设银行

汇 票

XX0003368478 第 2 号

付款期限 一个月					
签发日期2020年4月20日	兑付地点：长春市	兑付行：工行	行号：996633		
收款人 长春市林业公司		账号或住址：123456789			
出票金额 人民币（大写）捌万元整					
实际结算金额人民币（大写）		千百十万千百十元角分			
申请人：江滨市宏伟建筑工程公司		账号或住址：666666888888	科目（借）		
出票行：建设银行江滨分行		多余金额	对方科目（贷）		
备注：		万仟百十元角分	兑付日期 年 月 日		
出票行签章			出纳 复核		

（2）银行汇票的分类及特征。银行汇票采用记名方式，允许背书转让，银行汇票的付款期限为自出票日起1个月。超过提示付款期限，兑付银行不予付款，申请人持银行汇票和解讫通知，并提供相关人员身份证件或单位证明，向出票银行做出说明请求退款。银行汇票可以用于转账，填明"现金"字样的银行汇票也可以用于支取现金。

银行汇票具有使用灵活、票随人到、兑现性强等特点,具有余款自动结清的功能,适用于先收款后发货或钱货两清的商品交易。

(3)银行汇票结算的会计处理。采用银行汇票结算方式办理款项结算的,付款单位委托银行签发银行汇票,填写"银行汇票委托书"(见表2-15),填明收款人名称、支付金额、申请人、申请日期等事项并签章,签章为其预留银行的印鉴。银行受理银行汇票申请书,收妥款项后签发银行汇票,将银行汇票和解讫通知一并交给申请人。申请人根据"银行汇票委托书"存根联及相关原始凭证,编制付款凭证。

表2-15 中国建设银行汇票委托书(存根)

委托日期 2020 年 4 月 20 日   第 845522 号

汇款人	江滨市宏伟建筑工程公司	收款人	长春市林业公司
账 号	6666688888	账 号	123456789
兑付地点	江滨市	兑付行	建设银行	汇款用途	购木板
汇款金额(大 写)	捌万元整	千	百	十	万	千	百	十	元	角	分
					¥	8	0	0	0	0	0

收款企业收到付款单位转来的银行汇票和解讫通知,经审查无误后,在出票金额以内,根据实际款项办理结算,并将实际结算金额和多余金额准确、清晰地填入银行汇票和解讫通知的有关栏内,实际结算金额不得超过出票金额;收款企业向银行提示付款时,将银行汇票和解讫通知、进账单一并交开户银行办理结算,根据银行盖章退回的进账单编制收款凭证,多余金额由银行自动退交申请人,收款依据为多余款收账通知(见表2-16)。

表2-16 中国建设银行

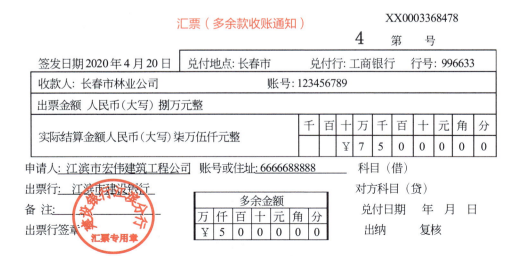

收款人收到银行汇票后可以背书转让，背书转让以不超过出票金额的实际结算金额为限，未填写实际结算金额或实际结算金额超过出票金额的银行汇票不得背书转让。

4. 商业汇票

（1）商业汇票的概念。商业汇票是出票人签发的，委托付款人在指定日期无条件支付确定的金额给收款人或者持票人的票据。以商业汇票向收款人办理款项结算的方式称为商业汇票结算方式。凡在银行开立存款账户的法人以及其他组织之间，具有真实的交易关系或债权债务关系，同城异地均可使用此种结算方式。

（2）商业汇票的分类及特征。商业汇票一律记名，其付款期限由交易双方商定，但最长不得超过6个月，商业汇票可以背书转让，也可以持未到期的商业汇票向银行申请贴现。商业汇票的提示付款期限自汇票到期日起10日内，持票人应该在提示付款期内通过开户银行委托收款。超过提示付款期限提示付款的，持票人开户银行不予受理。

商业汇票按承兑人不同分为商业承兑汇票和银行承兑汇票两种。

① 商业承兑汇票。商业承兑汇票按交易双方约定，由销货企业或购货企业签发，由购货企业（付款人）承兑的商业汇票。承兑时，购货企业应在汇票上记载"承兑"字样和承兑日期并签章。承兑不附有条件，否则视为拒绝承兑。

商业承兑汇票共计三联，第一联是付款人留存，第二联是商业承兑汇票正联，由签发人交给收款单位办理款项结算，第三联是存根联，由签发人存查。其格式见表2-17。

表2-17 商业承兑汇票

汇票到期时，购货企业的开户银行凭票将票款划给销货企业或贴现银行。销货企业应在提示付款期限内通过开户银行委托收款或直接向付款人提示付款。对异地委托收款的，销货企业可匡算邮程，提前通过开户银行委托收款。汇票到期时，如果购货企业的存款不足支付票款，开户银行应将汇票退还销货企业，银行不负责付款，由购销双方自行处理。

采用商业承兑汇票结算的，收款单位在票据承兑期内连同进账单一并送交银行办理转账，凭银行盖章的进账单编制收款凭证，付款单位凭存根联编制付款凭证。

② 银行承兑汇票。银行承兑汇票由在承兑银行开立存款账户的存款人签发，由银行承兑，承兑银行按票面金额向出票人收取万分之五的手续费。

银行承兑汇票一式三联，第一联卡片联，此联承兑行留存备查，到期支付票款时作借方凭证附件。第二联银行承兑汇票正联，此联收款人开户行随委托收款结算凭证寄给付款行作借方凭证的附件，可用于背书转让。第三联作存根联，此联出票人存查。其格式见表2-18。

采用银行承兑汇票结算的，收款单位将要到期的银行承兑汇票连同进账单一并送交银行办理转账，根据银行盖章的进账单收款通知，据以编制收款凭证，付款单位在收到银行的付款通知时，据以编制付款凭证。

表2-18 银行承兑汇票

承兑申请人	全 称	江滨市平安公司	收款人	全 称	江滨市宏伟建筑工程公司
	账 号	1122334455		账 号	6666688888
	开户银行	工商银行平津支行		开户银行	江滨建设银行营业部
出票金额	贰拾叁万肆仟元整			千百十万千百十元角分 ¥ 2 3 4 0 0 0 0 0	
汇票到期日 2021年2月1日			承兑协议编号		
			票面利率 3%		
本汇票已经承兑，到期无条件支付票款 承兑银行盖章 承兑日期 2020年11月1日			本汇票请予承兑，到期日付款 出票人签章		

出票日期 2020年11月1日

商业汇票结算方式，可以使企业之间的债权债务关系表现为外在的票据，使商业信用票据化，加强约束力，有利于维护和发展社会主义市场经济。对于购货企业来说，由于可以延期付款，在资金暂时不足的情况下及时购进材料物资，保证生产经营顺利进行。对于销货企业来说，可以疏通商品渠道，扩大销售，促进生产。汇票经过承兑，信用较高，可以按期收回货款，防止拖欠，在急需资金时，还可以向银行申请贴现，融通资金，比较灵活。

销货企业应根据购货企业的资金和信用情况，选用商业承兑汇票或银行承兑汇票，购货企业应加强资金的计划管理，调度好货币资金，在汇票到期以前，将票款送存开户银行，保证按期承付。

5. 汇兑结算

（1）汇兑的概念。汇兑是汇款人委托银行将其款项支付给收款人的结算方式。使用汇兑办理款项结算的，叫汇兑结算。汇兑结算方式适用于同城或异地之间单位和个人的各种款项的结算。

（2）汇兑的分类及特征。按款项通知单的划拨方式分为信汇、电汇两种，由汇款人根据需要选择使用。信汇是指汇款人委托银行通过邮寄方式将款项通知单寄给收款人。电汇是指汇款人委托银行通过电报方式将款项通知单发给收款人。汇兑结算具有划拨款项简便、灵活的特点。

汇兑结算一般由付款单位选择汇款方式，填写汇款凭证，共三联，第一联是回单联，由银行盖章后付款人留存,第二联是付款银行作贷记凭证,第三联是收款单位的收账通知联,电汇凭证的格式见表2-19,信汇凭证的格式和各联的用途与电汇凭证基本一致。

表2-19　中国建设银行　电汇凭证(回单)

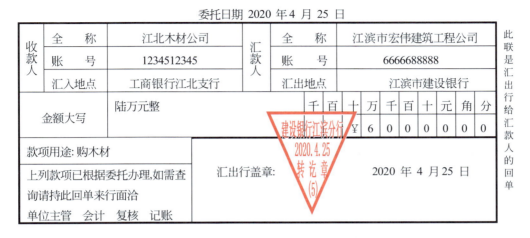

6. 委托收款结算

(1)委托收款的概念。委托收款是收款人委托银行向付款人收取款项的结算方式,同城或异地的单位或个人都可凭已承兑商业汇票、债券、存单等付款人债务证明办理款项收取,此外同城电费、电话费等付款人众多、分散的公用事业均采用此方式办理结算。

(2)委托收款结算方式的分类与特征。委托收款按款项划回的方式分为邮寄和电报两种,由委托收款方选择使用。此种方式不受金额起点的限制,适用范围广,发生争议出现拒付时,银行不审查拒付的理由,只办理退证的手续。

委电结算凭证的格式见表2-20。

表2-20　委托收款凭证(回单)

采用委托收款结算方式,收款单位根据银行盖章的收账通知第四联(委电是第一联)编制收款凭证,付款单位根据第五联委托收款凭证的付款通知和有关的原始凭证,编制付

款凭证。

付款人收到银行转来的付款通知时要认真审查，审查无误后，应在规定的付款期内付款，付款期为3天，从付款人开户银行发出付款通知的次日算起（遇例假日顺延），付款期内未向银行提出异议，银行视作同意付款，在付款期满的次日（例假日顺延）上午银行开始营业时，将款项主动划给收款人。

付款人审查付款通知和有关单证，发现与购入的材料数量、规格、质量等方面不符或计算有误，可填制一式四联的"（全部/部分）拒绝付款理由书"（见表2-21），于付款期满前连同转来的委托收款的凭证送开户银行转交给收款单位而拒绝付款。

表2-21 （全部/部分）拒绝付款理由书

7. 托收承付

（1）托收承付的概念。托收承付是根据购销合同由收款人发货后，委托银行向异地付款人收取款项，付款人根据经济合同核对托收单证或验货后，向银行承认付款的结算方式。办理托收承付结算的款项，必须是商品交易，以及因商品交易而产生的劳务供应的款项。代销、寄销、赊销商品的款项，不得办理托收承付结算。

（2）托收承付结算的分类及特征。托收承付结算方式按款项划回方式分为邮寄和电报两种，由收款人根据需要选择使用并填写委托收款结算凭证，分"委邮""委电"两种，均为一式五联，第一联是收款人开户行给收款人的受理回单，第二联是开户银行做贷方凭证，第三联是付款人开户银行做借方凭证，第四联是付款人开户行凭以汇款或收款人开户行做收账通知，第五联是付款人开户行给付款人按期付款通知。其格式见表2-22。

使用托收承付结算方式的收款单位和付款单位，必须是国有企业、供销合作社以及经营管理较好，并经开户银行审查同意的城乡集体所有制企业，购销双方必须签有符合《中华人民共和国合同法》（以下简称《合同法》）的购销合同，并在合同上写明使用托收承付结算方式，收款单位办理托收承付，必须具有商品发出的证件或其他证明，托收承付结算每笔的金额起点为10 000元。

托收承付结算分托收和承付两个阶段。

① 托收。销货企业按照购销合同发货后，填写托收承付凭证，盖章后连同发运证件（包括铁路、航运、公路等运输部门签发运单、运单副本和邮局包裹回执）或其他符合托收承付结算的有关证明和交易单证送交开户银行办理托收手续。销货企业开户银行接受委托后，将托收结算凭证回单联退给企业，作为企业进行账务处理的依据，并将其他结算凭证寄往购货单位开户银行，由购货单位开户银行通知购货单位承认付款。

表2-22 中国建设银行托收承付结算凭证（承付、支款通知）

邮			委托日期2020年4月14日											此联是承付付款人开户银行或通知款付款人按期
收款人	全 称		沈阳前兴建材公司	付款人	全 称		江滨市宏伟建筑工程公司							
	账 号		777666555444		账 号		6666688888							
	开户银行		工行沈河支行		开户银行		江滨建行营业部							
托收金额	壹拾伍万元整					千	百	十	万	千	百	十	元	角	分
								Y	1	5	0	0	0	0	0
附件				商品发运情况				合同号码						
附寄单证张数或册数														
备注：还前欠款			付款人注意事项：											

（印章：建设银行江滨办行 2020.4.25 转讫章）

② 承付。购货企业收到托收承付结算凭证和所附单据后，应立即审核是否符合购货合同规定的条款。按照《支付结算办法》的规定，承付货款分为验单付款与验货付款，验单付款是购货企业根据经济合同对银行转来的托收结算凭证、发票账单、托运单及带垫运杂费等单据进行核查无误后，即可承认付款，承付期为3天，从付款人开户银行发出承付通知的次日算起（承付期内遇法定休假日顺延）。验货付款是购货企业待货物运达企业，对其进行检验与合同完全相符后才承认付款，为了满足购货企业组织验货的需要，承付期为10天，从运输部门向购货企业发出提货通知的次日算起。

在承付期内，购货企业未向银行表示拒绝付款，银行即视作承付，并在承付期满的次日（遇法定休假日顺延）上午银行开始营业时，将款项主动从付款人的账户内付出，按照销货企业指定的划款方式，划给销货企业。

（3）拒付。在承付期内，购货企业发现有下列情况发生可以向开户行提出全部或部分拒绝付款，并填写"拒绝付款理由书"，注明拒绝付款理由。

① 没有签订购销合同或购销合同未写明托收承付结算方式的款项。

② 未经双方事先达成协议，收款人提前交货或因逾期交货付款人不再需要该项货物的款项。

③ 未按合同规定的到货地址发货的款项。

④ 代销、寄销、赊销商品的款项。

⑤ 验单付款，发现所列货物的品种、规格、数量、价格与合同规定不符。

⑥ 验货付款，经查验货物与合同规定或与发货清单不符的款项。

⑦ 货款已经支付或计算错误的款项。

购货企业提出拒绝付款时，注明拒绝付款理由，必须涉及合同的应引证合同上的有关条款。属于商品质量问题，需要提出质量问题的证明及其有关数量的记录；属于外贸部门进口商品，应当提出国家商品检验或运输等部门出具的证明，向开户银行办理拒付手续。银行同意部分或全部拒绝付款的，应在拒绝付款理由书上签注意见，并将拒绝付款理由书、拒付证明、拒付商品清单和有关单证邮寄收款人开户银行转交销货企业。不属于上述情况，购货企业不得提出拒付。

采用托收承付结算方式，收款人根据银行转来的收账通知联编制收款凭证，付款人根据收到的托收凭证的承付通知和有关交易单证编制付款凭证。

8. 信用卡结算

（1）信用卡的概念。信用卡是指商业银行向个人和单位发行的，凭以向特约单位购物、消费和向银行存取现金，具有消费信用的特制载体卡片。凡在中国境内金融机构开立基本存款账户的单位均可申领单位卡，同城异地均可使用信用卡结算。

（2）信用卡的分类及特征。信用卡按使用对象分为单位卡和个人卡；按信誉等级分为金卡和普通卡。

单位卡可申领若干张，均不得用于 10 万元以上的商品交易、劳务供应款项的结算，单位卡不得支取现金，单位卡账户的资金一律从其基本存款账户转账存入，在使用过程中，需要向其账户续存资金的，也一律从基本存款账户转账存入，不得缴存现金，不得将销货收入的款项存入其账户；持卡人资格由申领单位法定代表人或其委托的代理人书面指定和注销，持卡人不得出租或转借信用卡；严禁将单位的款项存入个人卡账户中。

信用卡在规定的限额和期限内允许善意透支，透支额金卡最高不得超过 10 000 元，普通卡最高不得超过 5 000 元。透支期限最长为 60 天。透支利息，自签单日或银行记账日起 15 日内按日息万分之五计算，超过 15 日按日息万分之十五计算。透支计算不分段，按最后期限或者最高透支额的最高利率档次计息。超过规定限额或规定期限，并且经发卡银行催收无效的透支行为称为恶意透支，持卡人使用信用卡不得发生恶意透支。

单位或个人申领信用卡，应按规定填制申请表，连同支票和进账单有关资料一并送存发卡银行，银行为申领人开立信用卡存款账户，并发给信用卡，企业根据银行盖章退回的进账单第一联，编制付款凭证。

9. 信用证结算

信用证结算是国际结算的一种主要方式。经中国人民银行批准经营结算业务的商业银行总行以及经商业银行总行批准开办信用证结算业务的分支机构，也可以办理国内企业之间商品交易的信用证结算业务。

三、银行存款的核算

1. 银行存款收支办理的凭证手续

银行存款的收支业务由出纳人员办理，每笔收支业务必须有合法的原始凭证作为收付款的核算依据。结算方式不同，取得和填制的原始凭证不同，见本章支付结算方式。

凡涉及银行存款收支的原始凭证，需经稽核人员审核后，出纳员才能收付存款，在原始凭证上加盖"收讫""付讫"戳记，避免重复收付，并编制收付款记账凭证，经审核无误后据以登记银行存款日记账。见表 2-23。

表2-23 宏伟建筑工程公司银行存款日记账

2020年		凭证		对应账户	摘要	收入	支出	余额
月	日	字	号					
4	1				上月结转			500 000
4	20	2-7			购钢笔		1 695	498 305
					日计		1 695	
4	22	2-8			收上月工程款	90 000		588 305
4	25	2-9			付前欠款		60 000	528 305
4	28	2-10			销售塑钢窗	23 000		551 305
…	…	…	…		……	……	……	400 000
					月计	500 000	700 000	
					累计	700 000	800 000	

2. 银行存款的总分类核算

为了总括反映银行存款的收支和结存情况，企业应设置"银行存款"总账账户。该账户属于资产类账户，其借方登记银行存款的增加数，贷方登记银行存款的减少数，期末借方余额表示银行存款结余数。有外币存款收支业务的企业，应当按照币种设置明细账进行明细核算。

【例2-7】 4月18日，宏伟建筑工程公司签发转账支票一张，购买办公用笔，根据表2-9支票存根和表2-10发票，编制付款凭证。作会计分录如下：

借：管理费用——办公费用　　　　　　　　　　　　　　1 500
　　应缴税费——应缴增值税（进项税额）　　　　　　　　195
　　贷：银行存款　　　　　　　　　　　　　　　　　　1 695

【例2-8】 4月22日，宏伟建筑工程公司接开户行转来委托收款通知，收到万隆集团上月完工工程价款90 000元，根据表2-20收款通知，作会计分录如下：

借：银行存款　　　　　　　　　　　　　　　　　　　90 000
　　贷：应收账款——万隆集团　　　　　　　　　　　　90 000

【例2-9】 4月25日，宏伟建筑工程公司采用电汇方式，支付原欠江北木材公司木材款60 000元，根据表2-19电汇回单，作会计分录如下：

借：应付账款——江北木材公司　　　　　　　　　　　60 000
　　贷：银行存款　　　　　　　　　　　　　　　　　60 000

【例2-10】 4月28日，宏伟建筑工程公司的门窗加工车间销售塑钢窗一批，含税价款23 000元，增值税率为13%。收到转账支票一张已送存银行，根据进账单收款通知联及销售发票，作会计分录如下：

借：银行存款　　　　　　　　　　　　　　　　　　　23 000
　　贷：其他业务收入　　　　　　　　　　　　　　　20 353.98
　　　　应缴税费——应缴增值税（销项税额）　　　　2 646.02

3. 银行存款的序时核算

为了加强对银行存款的管理，随时掌握银行存款的收付动态和结存余额，企业应按开户银行和存款的种类分别设置"银行存款日记账"，见表2-23，由出纳人员按照银行存款收付业务发生的先后顺序逐笔序时登记，每日终了结出当日余额，各月结出当月收入数和支出数，并结出累计数。

4. 银行存款的清查

为了保证银行存款的安全和核算的正确，企业应从三个方面按期对账：
① 银行存款日记账与银行存款收、付款凭证相互核对，作到账证相符；
② 银行存款日记账与银行存款总账相核对，作到账账相符；
③ 在账账相符的基础上，企业银行存款日记账与银行对账单每月核对一次，作到账单相符。

通过核对，如果企业银行存款日记账账面余额与银行对账单余额不符，必须逐笔查明原因，除记账错误外，未达账项的存在往往是造成二者不符的主要原因。所谓未达账项，是指银行与企业之间，由于凭证传递上的时间差，一方已登记入账，而另一方尚未入账的收支项目。银行存款的未达账项具体说有四种情况：
① 银行已收款入账但企业未收款入账的款项；
② 银行已付款入账但企业未付款入账的款项；
③ 企业已收款入账但银行未收款入账的款项；
④ 企业已付款入账但银行未付款入账的款项。

若存在未达账项，出纳员应编制"银行存款余额调节表"调节，如无记账差错，企业和银行双方调整后的银行存款余额应该相等。调节后，双方余额如果仍不相符，说明记账有差错，需进一步查对，更正错误记录。银行存款余额调节表的格式见表2-24。

表2-24 银行存款余额调节表

项 目	金 额	项 目	金 额
企业银行存款日记账余额		银行对账单企业存款余额	
加：银行已收企业未收的款项		加：企业已收银行未收的款项	
减：银行已付企业未付的款项		减：企业已付银行未付的款项	
调整后余额		调整后余额	

调节后的银行存款余额，反映了企业可以动用的银行存款实有数额。需要注意的是，银行存款余额调节表是核对企业和银行的记账有无错误，不能作为记账的依据。对于未达账项，无须进行账面调整，待有关结算凭证收到后再进行财务处理。

企业应加强对银行存款的管理，并定期检查，如果有确凿证据表明存入银行或其他金融机构的款项已经全部或部分不能收回，如吸收存款的单位已宣告破产，其破产财产不足以清偿企业的存款，企业将发生的损失作为当期损失，借记"营业外支出"账户，贷记"银行存款"账户。

任务 2.4 其他货币资金的核算

知识目标
1. 掌握其他货币资金的概念及种类。
2. 掌握其他货币资金账户的核算方法。

能力目标
1. 能办理其他货币资金收支业务的凭证手续。
2. 能组织其他货币资金业务的核算。

其他货币资金是指除现金、银行存款以外的其他各种货币资金，包括外埠存款、银行汇票存款、银行本票存款、信用卡存款、信用证保证金存款、存出投资款、在途货币资金等。

为了核算各种其他货币资金，企业应设置"其他货币资金"总账账户，其借方登记取得的其他货币资金，贷方登记购入材料物资支用的其他货币资金，期末借方余额，反映其他货币资金的结余数，本账户按其内容设置明细账进行明细核算。

一、外埠存款

外埠存款指企业到外地进行临时和零星采购时，汇往采购地银行开立采购专户存入的款项。企业汇出款项时，必须填写汇款委托书，加盖"采购资金"字样。汇入银行对汇入的采购款项，以汇款单位名义开立采购账户。采购资金存款专户不计利息，除采购员随身的差旅费可以支取少量现金外，一律转账。采购专户只付不收，付完清户。

企业将款项委托当地银行汇往采购地开立专户时，根据汇出款项凭证编制付款凭证，借记"其他货币资金——外埠存款"账户，贷记"银行存款"账户；企业收到采购人员交来的供货单位提供的发货票、账单等报销凭证，借记"材料采购"等账户，贷记"其他货币资金——外埠存款"账户，采购结束将多余资金转回时，根据银行的收账通知，借记"银行存款"账户，贷记"其他货币资金——外埠存款"账户。

二、银行汇票存款

银行汇票存款指企业为取得银行汇票按照规定存入银行的款项。企业在填送"银行汇票申请书"（见表2-15）并将款项交存银行，取得银行汇票（见表2-14）后，根据银行签章退回的申请书存根联，借记"其他货币资金——银行汇票存款"账户，贷记"银行存款"账户；企业使用银行汇票后，根据发票账单等有关凭证，借记"材料采购"等账户，贷记"其他货币资金——银行汇票"账户，如有多余款退回款项，企业根据银行转来的银行汇票多余款收账通知联（见表2-16），借记"银行存款"账户，贷记"其他货币资金——银行汇票存款"账户。若汇票因超过付款期限等原因要求退款时，应填写进账单一式两联，连同汇票一并送交银行，根据银行盖章退回的进账单第一联，借记"银行存款"账户，贷记"其他货币资金——银行汇票存款"账户。

三、银行本票存款

银行本票存款指企业为取得银行本票按照规定存入银行的款项。企业向银行提交"银行本票申请书"（见表2-13）并将款项交给银行，取得银行签发的银行本票（见表2-12）后，根据银行签章的"银行本票申请书"存根联，借记"其他货币资金——银行本票存款"账户，贷记"银行存款"账户；企业使用银行本票后，根据发票账单等有关单据，借记"材料采购"等账户，贷记"其他货币资金——银行本票存款"账户。若本票因超过付款期限等原因要求退款时，应填写进账单一式两联，连同本票一并送交银行，根据银行盖章退回的进账单第一联，借记"银行存款"，贷记"其他货币资金——银行本票存款"账户。

四、信用卡存款

信用卡存款是指企业为取得信用卡按照规定存入银行的款项。企业按规定填制申请表，连同支票和有关资料一并送交发卡银行，根据银行盖章退回的进账单第一联，借记"其他货币资金——信用卡存款"账户，贷记"银行存款"账户，企业用信用卡购物或支付有关费用时，根据购料凭证，借记有关账户，贷记"其他货币资金——信用卡存款"账户，在使用过程中，企业需要向其账户续存资金的，借记"其他货币资金——信用卡存款"账户，贷记"银行存款"账户。

五、信用证保证金存款

信用证保证金存款是指企业为取得信用证按规定存入银行的保证金。企业向银行申请开立信用证，应按规定向银行提交开证申请书、信用证申请人承诺书和购销合同。企业向银行缴纳保证金，根据银行退回的进账单回单联，借记"其他货币资金——信用证保证金存款"账户，贷记"银行存款"账户；根据开证行交来的信用证通知书及有关单据标明的金额，借记"材料采购"等账户，贷记"其他货币资金——信用证保证金存款"账户；企业未用完的信用证保证金余额转回开户银行时，根据收款通知编制收款凭证，借记"银行存款"账户，贷记"其他货币资金——信用证保证金存款"账户。

六、存出投资款

存出投资款是指企业已存入证券公司但尚未进行短期投资的现金。企业向证券公司划出资金时，应按实际划出的金额，借记"其他货币资金——存出投资款"账户，贷记"银行存款"账户，购买股票、债券等时，按实际发生的金额，借记"交易性金融资产"账户，贷记"其他货币资金——存出投资款"账户。

七、在途货币资金

在途货币资金是指企业同所属单位之间和上下级之间的汇、解款项业务中，到月终尚未到达的汇入款项。

企业收到所属单位或上级汇出款项的通知时，根据汇出金额，借记"其他货币资金——在途货币资金"账户，贷记"上级拨入资金"等账户。收到款项时，根据收账通知，借记"银行存款"，贷记"其他货币资金——在途货币资金"账户。

【例2-11】 4月20日，宏伟建筑工程公司向开户银行申请取得一张面额80 000元的银行汇票，交由采购员王平到长春采购木材。根据委托申请存根联表2-15，作如下会计分录：

借：其他货币资金——银行汇票存款　　　　　　　　　　80 000
　　贷：银行存款　　　　　　　　　　　　　　　　　　　　80 000

【例2-12】 4月22日，宏伟建筑工程公司采购员王平回来，报销购木材价款75 000元，增值税率为13%。根据发票、运单等作如下会计分录：

借：物资采购——主要材料　　　　　　　　　　　　　66 371.68
　　应缴税费——应缴增值税（进项税额）　　　　　　　8 628.32
　　贷：其他货币资金——银行汇票存款　　　　　　　　　　　　75 000

【例2-13】 4月23日，宏伟建筑工程公司接开户银行收款通知，收到转回的汇票余款5 000元，根据银行汇票多余款收账通知联表2-16，作如下会计分录：

借：银行存款　　　　　　　　　　　　　　　　　　　5 000
　　贷：其他货币资金——银行汇票存款　　　　　　　　　　　　5 000

知识梳理

货币资金是指企业拥有的在施工经营活动中表现为货币形态的那部分资金，包括库存现金、银行存款和其他货币资金。货币资金因其流动性强、使用范围广等原因，要严格管理和控制，以实现安全性、完整性、合法性、效益性控制的目标，为此必须遵循管理与控制的原则，其关键是内部控制制度。

库存现金是由出纳人员保管的货币资金，企业应严格遵守现金管理的规定，现金的核算分为总分类核算和序时核算，要做到日清月结，并要实现账实核对相符。

银行存款是指存放于企业开户行的货币资金，企业在银行开立的账户有基本存款账户、一般存款账户、临时存款账户和专用存款账户。除现金结算外，必须通过银行办理转账结算，银行支付结算方式有九种，包括银行汇票、支票、银行本票、商业汇票、委托收款、汇兑、异地托收承付、信用卡、信用证，各有特点，企业可以根据业务的特点及需要选择使用，银行存款的核算包括总分类核算和序时核算，期末要与银行进行账单核对，对未达账项通过编制"银行存款余额调节表"进行核对。

其他货币资金是指除库存现金和银行存款以外的各种货币资金，包括外埠存款、银行汇票存款、银行本票存款、信用卡存款、信用证保证金存款、存出投资款、在途货币资金等，其核算通过设置"其他货币资金"进行总分类核算和明细分类核算。

复习思考题

1. 现金管理内容包括哪些？
2. 现金日记账的登账要点是什么？
3. 建筑企业可以在银行开立的账户有哪些，有何特点？
4. 银行结算方式的种类及内容？
5. 填写支票应注意什么？
6. 银行存款余额调节表有什么作用，如何编制？
7. 什么是未达账项，包括哪几类？

8. 其他货币资金包括哪些内容，如何组织核算？

项目实训

实训项目一　收支业务核算

【实训目的】具有对货币资金收支业务核算的能力。

【实训资料】ABC 公司 2019 年 11 月 30 日库存现金日记账余额为 5 000 元，银行存款日记账余额为 700 000 元，12 月份发生如下的经济业务。

1. 12 月 1 日，从银行提取现金 2 000 元备用。
2. 12 月 5 日，收到银行收账通知，系上月宝峰公司应付的工程款 200 000 元。
3. 12 月 8 日，开出转账支票一张，支付前期购入水泥款款项 100 000 元。
4. 12 月 10 日，当日盘点发现现金库存数大于账存数 200 元，原因待查。
5. 12 月 12 日，经查明，上述现金溢余数属于少付职工王某的款项。
6. 12 月 15 日，填制现金缴库单，将库存多余的现金 5 000 元，送存银行。
7. 12 月 18 日，通过银行汇款 100 000 元至山东开立采购专户，派李洋到山东采购材料。
8. 12 月 20 日，采购员李洋交来购料发票，采购货款为 98 000 元，采购结束，开户行收到山东采购专户退回的剩余款项 2 000 元。
9. 12 月 25 日，以同城委托划款的方式划走本月电费 40 000 元。
10. 12 月 26 日，以现金购买办公用品 600 元。
11. 12 月 28 日，销售废旧材料收入现金 3 000 元，已存入银行。
12. 12 月 30 日，收到 300 000 元的转账支票一张，系建设单位林森公司支付的本月工程价款，支票已存入银行。
13. 12 月 31 日，通过现金清查，发现短缺 500 元待查。

【实训要求】根据上述经济业务编制会计分录，并分别登记 ABC 公司现金日记账和银行存款日记账，结出期末余额。

实训项目二　账单核对

【实训目的】能编制银行存款余额调节表，具有账单核对的能力。

【实训资料】ABC 公司 2019 年 12 月 31 日银行存款日记账的账面余额为 268 000 元，银行对账单上企业存款余额为 306 000 元，以逐笔核对，有以下几笔未达账项。

1. 公司于月末开出 32 000 元的转账支票一张，持票人未到银行办理转账。
2. 银行收到某建设单位转入的前欠工程款 58 000 元，公司未接到收账通知。
3. 银行承付电话费 6 240 元，公司尚未收到付款通知。
4. 公司收到 45 760 元转账支票一张，银行尚未入账。

【实训要求】根据以上资料，为 ABC 公司编制银行存款余额调节表。

项目 2　货币资金核算实务测试题

项目 3

交易性金融资产核算实务

任务 3.1　金融资产的基本知识

知识目标

1. 掌握金融资产的概念。
2. 掌握金融资产的种类。

能力目标

能确认哪些资产是金融资产。

项目 3 课程思政阅读材料

一、金融资产的概念

金融资产是指企业或其他经济组织中持有的以价值形态存在的资产。金融资产代表持有者对资产的索取权，即对有形资产所创造的一部分收入流量的索取权，这种索取权能够为持有者带来货币收入流量。主要包括库存现金、应收账款、应收票据、贷款、垫款、其他应收款、应收利息、债权投资、股权投资等。

二、金融资产的分类

1. 以公允价值计量且其变动计入当期损益的金融资产

公允价值是指在公平交易中熟悉情况的交易双方自愿进行资产交换或者债务清偿的金额，一般以活跃市场的市价或交易双方自愿接受的交易价格为标准。在公平交易中，交易双方应当是持续经营企业，不打算或不需要进行清算、重大缩减经营规模，或在不利条件下仍进行交易。

以公允价值计量且其变动计入当期损益的金融资产，可以进一步分为交易性金融资产和直接指定为以公允价值计量且其变动计入当期损益的金融资产。

交易性金融资产是指企业为了近期内出售而持有的金融资产，如企业以赚取差价为目的从二级市场购入的股票、债券、基金等。

指定为以公允价值计量且其变动计入当期损益的金融资产主要是指企业基于风险管理、战略投资需要所作的指定。

2. 持有至到期投资

持有至到期投资是指到期日固定、回收金额固定或可确定，且企业有明确意图和能力持有至到期的非衍生金融资产。如企业从二级市场上购入的、期限在一年以上的、并持有至到期兑现的国库券、企业债券等。

衍生金融资产是指在票据、债券、股票等传统金融资产的基础上派生的创新金融工具，其目的是为了方便投资和融资，防范汇率和利率频繁波动风险，降低融资成本，稳定投资收益，实现货币保值，如远期合同、期货合同、期权等。

3. 贷款和应收款项

贷款指金融企业发放的贷款，本书不作介绍。应收款项主要指一般企业销售商品或提供劳务形成的应收债权，包括应收账款、应收票据、预付账款、其他应收款等。

4. 可供出售金融资产

可供出售金融资产是指初始确认时即被指定为可供出售的，除以公允价值计量且其变动计入当期损益的金融资产、持有至到期投资、贷款和应收款项以外的非衍生金融资产，如企业购入的在活跃市场上有报价的股票、债券和基金等。

任务 3.2　交易性金融资产的核算

知识目标

1. 掌握交易性金融资产的概念及其内容。
2. 掌握交易性金融资产账户、公允价值变动损益账户的使用方法。

能力目标

1. 能组织交易性金融资产取得的核算。
2. 能组织交易性金融资产期末计量的核算。
3. 能组织交易性金融资产处置业务的核算。

一、交易性金融资产的基本知识

1. 交易性金融资产的概念

交易性金融资产，主要是指企业为了近期内出售而持有的金融资产。其持有目的主要是为了近期内出售或回购，通常用于从价格或交易商保证金的短期波动中获利。此前，企业作为短期投资核算的股票投资、债券投资、基金投资、权证投资等，通常可以归属于交易性金融资产。

2. 账户的设置

为了核算交易性金融资产的取得、收取现金股利或利息、处置等业务，企业应设置以下账户。

（1）"交易性金融资产"账户。该账户用于核算企业持有的以公允价值计量且其变动计入当期损益的金融资产，包括为交易目的所持有的债券投资、股票投资、基金投资等和直接指定为以公允价值计量且其变动计入当期损益的金融资产。其借方登记交易性金融资产的取得成本、资产负债表日其公允价值高于账面余额的差额等，贷方登记资产负债表日其公允价值低于账面余额的差额，以及企业出售交易性金融资产时结转的成本和公允价值变动损益。

期末借方余额表示企业持有的交易性金融资产公允价值。本账户按照交易性金融资产的类别和品种，分别设置"成本""公允价值变动"等账户进行明细核算。

（2）"公允价值变动损益"账户。该账户用于核算企业交易性金融资产等公允价值变动而形成的应计入当期损益的利得或损失，其贷方登记资产负债表日企业持有的交易性金融资产等的公允价值高于账面余额的差额，借方登记资产负债表日企业持有的交易性金融资产等的公允价值低于账面余额的差额。本账户按交易性金融资产、交易性金融负债等设置明细账进行明细核算。

（3）"投资收益"账户。该账户用于核算企业持有交易性金融资产等期间取得的投资收益以及处置交易性金融资产等实现的投资收益或投资损失。其贷方登记企业出售交易性金融资产等实现的投资收益，借方登记企业出售交易性金融资产等发生的投资损失，余额转入"本年利润"账户，本账户期末无余额。

二、交易性金融资产的核算

1. 取得交易性金融资产的核算

企业取得交易性金融资产时，实际支付价款中包含已宣告但尚未发放的现金股利或已到付息期但尚未领取的债券利息，借记"应收股利"或"应收利息"账户，按照金融资产取得时的公允价值作为其初始确认金额，借记"交易性金融资产——成本"账户，按实际支付的价款，贷记"其他货币资金——存出投资款"等账户。

企业取得交易性金融资产时，发生的相关交易费用如支付给代理机构或券商的手续费和佣金等，计入"投资收益"账户。

【例3-1】 2020年2月1日，宏伟建筑工程公司从证券公司购入股票20 000股，作为交易性金融资产进行核算和管理，该笔股票购买价格为每股10.2元，其中0.2元为已宣告发生但尚未分派的现金股利，另支付相关交易费用5 000元。假定不考虑其他因素，作会计分录如下：

2020年2月1日，购买股票时：
借：交易性金融资产——成本　　　　　　　　　　　　　　200 000
　　应收股利　　　　　　　　　　　　　　　　　　　　　　4 000
　　贷：其他货币资金——存出投资款　　　　　　　　　　　　　204 000
支付相关交易费用时：
借：投资收益　　　　　　　　　　　　　　　　　　　　　　5 000
　　贷：其他货币资金——存出投资款　　　　　　　　　　　　　5 000

2. 交易性金融资产的现金股利或利息的核算

交易性金融资产持有期间被投资单位宣告发放的现金股利，或在资产负债表日分期付息、一次还本下，按债券的票面利率计算的利息收入，应当确认为应收项目，借记"应收股利"或"应收利息"账户，贷记"投资收益"账户。

购入时已宣告发放的股利或利息，在以后收回时，应冲减"应收股利"或"应收利息"账户，不作为"投资收益"处理。

【例3-2】 2020年1月1日，宏伟建筑工程公司购入一企业债券，该债券于2019年7月1日发行，面值为1 000万元，票面年利率为5%，利息按年支付，企业将其作为交易性金融资产，支付价款1 025万元（其中包含已宣告发放的债券利息25万元），另支付交易费用15万元。2020年4月20日，收到该笔债券利息25万元。2021年2月28日，收到上年债券利息50万元。会计处理如下：

2020年1月1日，购入债券时：

借：交易性金融资产——成本　　　　　　　　　　　　10 000 000
　　应收利息　　　　　　　　　　　　　　　　　　　　　250 000
　　投资收益　　　　　　　　　　　　　　　　　　　　　150 000
　　贷：银行存款　　　　　　　　　　　　　　　　　　　　　　　10 400 000

2020年4月20日，收到已宣告发放的债券利息时：

借：银行存款　　　　　　　　　　　　　　　　　　　　250 000
　　贷：应收利息　　　　　　　　　　　　　　　　　　　　　　　250 000

2020年12月31日，确认年债券利息收入时：

借：应收利息　　　　　　　　　　　　　　　　　　　　500 000
　　贷：投资收益　　　　　　　　　　　　　　　　　　　　　　　500 000

2021年2月28日，收到债券利息时：

借：银行存款　　　　　　　　　　　　　　　　　　　　500 000
　　贷：应收利息　　　　　　　　　　　　　　　　　　　　　　　500 000

3. 交易性金融资产的期末计量

资产负债表日，交易性金融资产应当按照公允价值计量，公允价值与账面余额之间的差额计入当期损益。企业应当在资产负债日按照交易性金融资产的公允价值高于其账面余额的差额，借记"交易性金融资产——公允价值变动"账户，贷记"公允价值变动损益"账户；公允价值低于其账面余额的做相反的会计分录。

【例3-3】 接【例3-1】假定2020年6月30日企业购买的该笔股票的市价为25万元，2020年12月31日，企业购买的该笔股票的市价为24万元，作如下会计处理：

2020年6月30日，确认该股票的公允价值变动损益时：

借：交易性金融资产——公允价值变动　　　　　　　　　50 000
　　贷：公允价值变动损益　　　　　　　　　　　　　　　　　　　50 000

2020年12月31日，确认该股票的公允价值变动损益时：

借：公允价值变动损益　　　　　　　　　　　　　　　　10 000
　　贷：交易性金融资产——公允价值变动　　　　　　　　　　　　10 000

4. 交易性金融资产处置的核算

出售交易性金融资产时应当将该金融资产出售时的公允价值与其初始入账金额之间的差额确认为投资收益，同时调整公允价值变动损益。

企业应按实际收到的金额，借记"银行存款"账户，按该金融资产的账面余额，贷记"交易性金融资产——成本"账户，按其差额，贷记或借记"投资收益"账户。同时，将原计入该金融资产的公允价值变动转出，借记"公允价值变动损益"账户，贷记"投资收益"账户，或作相反分录。

【例3-4】 接【例3-1】假定2021年1月15日，宏伟建筑工程公司出售所持有股票，售价为24.5万元，应作如下会计处理：

借：银行存款　　　　　　　　　　　　　　　　　245 000
　　贷：交易性金融资产——成本　　　　　　　　　　200 000
　　　　　　　　　　　　——公允价值变动　　　　　40 000
　　　　投资收益　　　　　　　　　　　　　　　　　5 000
同时：
借：公允价值变动损益　　　　　　　　　　　　　　40 000
　　贷：投资收益　　　　　　　　　　　　　　　　　40 000

知识梳理

金融资产主要包括库存现金、应收账款、应收票据、贷款、垫款、其他应收款、应收利息、债权投资、股权投资等。对于以公允价值计量且其变动计入当期损益的金融资产，购入时发生的交易费用直接计入当期的投资收益。

交易性金融资产属于以公允价值计量且其变动计入当期损益的金融资产，主要是指企业为了近期内出售而持有的金融资产，其持有目的是为了近期内出售或回购。其初始确认金额为取得时的公允价值，购入时被投资单位已宣告发放但尚未支付的股息和利息作为应收款项计入"应收股息"或"应收利息"账户；持有期间发生的股息和利息作为投资收益；交易性金融资产在资产负债表日按照公允价值计量，公允价值与账面余额的差额，作为公允价值变动损益核算；交易性金融资产出售时，将公允价值与其初始入账价值之间的差额确认为投资收益，同时调整公允价值变动损益。

复习思考题

1. 什么是金融资产？分哪几类？
2. 什么是交易性金融资产？其持有目的是什么？
3. 交易性金融资产取得时其初始成本如何确定？
4. 交易性金融资产持有期间的股利、利息如何处理？
5. 什么是公允价值？
6. 交易性金融资产的交易费用如何处理？

项目实训

实训项目一

【实训目的】能对债券购入、期末计息及转让业务进行核算。

【实训资料】ABC 公司 2020 年 1 月 2 日购入 S 公司发行的债券,该债券于 2019 年 7 月 1 日发行,面值为 1 000 万元,票面利率为 5%,债券利息年末支付,ABC 公司将其划分为交易性金融资产管理,支付价款 1 100 万元,其中包括已宣告发生的债券利息 25 万元,另付交易费 20 万元。3 月 1 日,ABC 公司收到该债券利息,当年末确认利息收入,2020 年 12 月 31 日,该笔债券的市场价值为 1 080 万元,同时结算当年应计利息并于 2021 年 2 月 28 日,收到债券利息。2021 年 7 月 3 日,ABC 公司将上述债券出售,售价为 1 300 万元。

【实训要求】为 ABC 公司进行相应的会计处理。

实训项目二

【实训目的】能以购入股票、分派股利及转让业务进行核算。

【实训资料】ABC 公司 2020 年 9 月 1 日购入 M 公司已宣告发放但尚未分派现金股利的股票 10 000 股,每股成交价 3 元,其中包括 0.50 元的已宣告发放尚未领取的现金股利,另支付 1 000 元的相关费用,10 月 25 日,ABC 公司收到发放的现金股利。2020 年末,该股票的市场价格为 4 元,2021 年 2 月 8 日,ABC 公司宣告分派现金股利,每股 0.6 元。2021 年 3 月 31 日,ABC 公司通过证券公司将所持有的 M 公司的股票以每股 5 元的价格卖出,支付相关税费 20 000 元。

【实训要求】为 ABC 公司进行相应的会计处理。

项目 3 交易性金融资产核算实务测试题

项目 4

应收款项核算实务

任务 4.1　应收账款的核算

知识目标

1. 掌握应收账款的概念、入账时间、入账价值。
2. 掌握应收账款账户的使用方法。

能力目标

1. 能根据相关的原始凭证，办理应收账款发生业务的核算。
2. 能根据相关的原始凭证，办理应收账款收回业务的核算。
3. 会登记应收账款明细账及总账。

一、应收账款的基本知识

1. 应收账款的概念

项目 4 课程思政阅读材料

应收账款是指建筑企业在正常施工生产活动中，由于承建工程而向建设单位收取的工程价款及随同工程价款一并收取的列入营业收入的其他款项，以及因销售产品、材料或提供劳务作业等应向购货单位或接受劳务作业单位收取的款项，包括代垫的运杂费等。

应收账款是企业和客户之间由于购销活动形成的具有流动性质的债权，不包括非购销活动形成的债权，如应收职工个人的赔偿款、应收的债券利息等，不包括本企业支付的各类存出保证金，不包括采用递延方式收取的合同或协议价款。

2. 应收账款的确认与计价

应收账款的会计处理要明确以下两点，即应收账款的入账时间和入账价值。

（1）应收账款的入账时间。应收账款是因为赊销业务而产生的，因此其入账时间与确认主营业务收入的入账时间是一致的，在收入实现时入账。

（2）入账价值即应收账款的计价。应收账款在发生时应根据历史成本计量属性计价，即按照交易实际发生额计价入账，包括发票金额和代购货单位垫付的运杂费两个部分。有折扣条件时，还应考虑销售折扣因素。

3. 销售折扣

销售折扣包括商业折扣和现金折扣两种。

（1）商业折扣。商业折扣是企业在销售商品或提供劳务时，从价目单的报价中扣减部分款项，以扣减后的金额作为发票价格。这种方法主要是为了鼓励客户购入商品，在标价上给予的扣除，避免经常更改价目单，其表示方法是用百分数来表示，如九折、八五折等。当有商业折扣时，应收账款应按扣除商业折扣后的实际金额入账。

（2）现金折扣。现金折扣是企业为了鼓励客户在一定期限内及时偿还货款而从发票价格中让渡给顾客一定数额的款项。这种方法主要是为了鼓励客户能及早支付货款，其表示方法为"2/10，1/20，N/30"，意思是如果在 10 天之内付款，可享受 2% 的现金折扣，如果超过 10 天而在 20 天之内付款，则可享受 1% 的现金折扣，如果超过 20 天，则需要全额付款，不享受现金折扣。采用现金折扣形式，对于销货方而言，有利于提前收回货款，加速资金周转。对于客户而言，由于提前支付货款也可以获取一定的收益。当有现金折扣时，应收账款的入账价值有两种确认方法，一是按扣除现金折扣之前的金额入账，即总价法，销货方把给予客户的现金折扣视为融资的理财费用，计入财务费用；二是按扣除现金折扣之后的金额入账，即净值法，由于客户超过折扣期付款而多收取的金额，作为理财收益，冲减财务费用。我国一般采用总价法核算。

二、应收账款的核算

1. 账户的设置

为了核算和监督应收账款的增减变动和节余情况，企业应设置"应收账款"账户，该账户属于资产类账户，其借方登记企业与建设单位、购货单位或接受劳务作业单位办理价款结算时应向对方收取的工程款、销货款和劳务作业款，贷方登记企业已经收回或已转销的应收账款及改用商业汇票结算的应收账款，期末借方余额反映企业尚未收回的各种应收账款。

本账户应按"应收工程款"和"应收销货款"设置明细账，并按发包单位、购货单位或接受劳务作业单位进行明细分类核算。

2. 核算举例

【例4-1】 4月30日，宏伟建筑工程公司因承包 A 建设单位的工程项目，按合同规定结算工程价款 1 200 000 元，将税务机关代开的建筑业统一发票交给 A 建设单位，见表4-1，款项尚未收到。

根据建筑业统一发票，作会计分录如下：

借：应收账款——应收工程款（A 建设单位） 1 308 000
  贷：工程结算 1 200 000
    应缴税费——应缴增值税（销项税额） 108 000

表4-1 江滨市增值税专用发票

发 票 联

开票日期 2020年4月30日

购货单位	名称	江滨A单位	密码区
	纳税人识别号	211847466384894	
	地址	江滨东路6号	
		建行江滨分行3467743222	

货物或应税劳务名称	规格型号	单位	数量	单价	金额 百十万千百十元角分	税额 十万千百十元角分
工程款					1 2 0 0 0 0 0 0	1 0 8 0 0 0 0 0

价税合计（大写）	壹佰叁拾万零捌仟元整	金额小写 ￥1 308 000.00	税率	9%

供货单位名称	江滨市宏伟建筑工程公司	备注	（江滨市宏伟建筑工程公司 财务专用章 1001123456）
纳税人识别号	112011848140889		
地址	江滨东路668号		
开户银行及账户	建行江滨分行666666888888		

收款单位盖章　　　　　　收款人：张力　　　　开票人：王强

【例4-2】 接【例4-1】，5月5日，宏伟建筑工程公司收到A建设单位签发50万元转账支票，开收款收据一张，填写进账单同支票一并存入银行。收款收据一式三联，第一联为存根联，由收款单位留存，第二联为付款单位记账联，第三联为收款单位记账联，见表4-2。

表4-2 专用收款收据

收款日期 2020年5月5日

付款单位（付款人）	A单位	收款单位（领款人）	江滨市宏伟建筑工程公司	收款项目								
人民币（大写）	伍拾万元整			百	十万	千	百	十	元	角	分	结算方式
				￥	5	0	0	0	0	0	0	
事由	前欠工程款			经办部门								
				经办人员								
上述款项照数收讫无误 收款单位财务章				会计主管	稽核		出纳		交款人			

企业根据银行盖章返回的进账单及收款收据，作会计分录如下：

借：银行存款　　　　　　　　　　　　　　　　　　　　　500 000
　　贷：应收账款——应收工程款（A建设单位）　　　　　　500 000

【例4-3】 5月8日，宏伟建筑工程公司向B单位销售加工车间加工的结构件一批，价款30 000元，合同约定的付款期限为30天，现金折扣条件为2/10，1/20，N/30，货已发出，但货款尚未收到，增值税率为13%。

5月8日销售时，根据销售发票作会计分录如下：

借：应收账款——应收销货款（B单位）　　　　　　　　　　32 700

贷：其他业务收入　　　　　　　　　　　　　　　　　　　　　　　　30 000
　　　　应缴税费——应缴增值税（销项税额）　　　　　　　　　　　　　2 700
5月15日收到B单位交来的转账支票一张，宏伟公司填进账单将支票存入银行，根据银行盖章的进账单作会计分录如下：
　　借：银行存款　　　　　　　　　　　　　　　　　　　　　　　　　34 500
　　　　财务费用　　　　　　　　　　　　　　　　　　　　　　　　　　　600
　　贷：应收账款——应收销货款（B单位）　　　　　　　　　　　　　35 100
若B单位5月30日交来转账支票，则宏伟建筑工程公司作如下会计分录：
　　借：银行存款　　　　　　　　　　　　　　　　　　　　　　　　　32 700
　　贷：应收账款——应收销货款（B单位）　　　　　　　　　　　　　32 700

任务4.2　应收票据的核算

知识目标

1. 掌握应收票据的概念及种类。
2. 掌握票据到期值和贴现值的计算。
3. 掌握应收票据账户的使用方法。

能力目标

1. 能计算票据的贴现值。
2. 能根据相关的原始凭证，办理对票据取得业务的核算。
3. 能根据相关的原始凭证，办理票据贴现业务的核算。
4. 能根据相关的原始凭证，办理票据到期收回业务的核算。

一、应收票据的基本知识

1. 应收票据的概念及分类

应收票据指企业采用商业汇票结算方式销售产品、材料、提供劳务所收到的商业汇票。按是否带息，票据分为带息票据和不带息票据。不带息商业汇票指汇票到期时，承兑人只需按票面面值向收款人或被背书人支付款项，票据的到期值等于票据的面值。带息商业汇票指汇票到期时，承兑人按票面面值加上应计利息向收款人或被背书人支付款项，票据的到期值等于票据的面值与票据利息之和。目前，我国采用的主要是不带息商业汇票。此外，票据按是否带有追索权又可分为带追索权的票据和不带追索权的票据。

2. 应收票据的确认与计量

企业因销售活动而取得的应收票据，不论其是否带息，一律按票据的面值计价，并于会计中期和年度终了，按票据的票面利率计提利息，一方面增加应收票据的票面价值，另一方面冲减财务费用。

二、应收票据的核算

1. 设置的账户

为了反映和监督应收票据的取得、转让及票据到期收回的情况,企业应设置"应收票据"账户,该账户属于资产类账户,其借方登记取得的商业汇票的面值和期末计提的票据利息,贷方登记到期收回或向银行贴现的应收票据的票面余额,期末借方余额反映尚未到期的应收票据的面值和应计利息的金额。企业按开出、承兑商业汇票的单位设置明细账进行明细核算,并设置"应收票据备查簿",逐笔登记每一票据的票面金额、票面利率、票据的票号、付款人、承兑人、背书人的姓名或单位名称,到期日、背书转让日、贴现日、贴现利率、贴现净额、到期收回金额、退票情况、到期结清等详细信息。

2. 取得商业汇票的核算

企业因销售活动而收到的商业汇票,不管是否计息,均按票据面值借记"应收票据"账户,贷记相关收入账户。

【例4-4】 5月28日,宏伟建筑工程公司将800 000元工程款发票一张,增值税率为9%,交与建设单位明珠公司办理当月工程价款结算,收到承兑的期限为六个月的不带息商业承兑汇票一张。根据发票、商业承兑汇票的复印件等原始凭证,作会计分录如下:

借:应收票据——商业承兑汇票　　　　　　　　　　　872 000
　　贷:工程结算　　　　　　　　　　　　　　　　　　800 000
　　　　应缴税费——应缴增值税(销项税额)　　　　　72 000

【例4-5】 5月10日,宏伟建筑工程公司收到明明建材公司开出的票面值为120 000元,利率为3%,期限为1个月的商业承兑汇票(见表2-17),用以抵前欠工程款。根据汇票的复印件等原始凭证,作会计分录如下:

借:应收票据——商业承兑汇票　　　　　　　　　　　120 000
　　贷:应收账款——明明建材公司　　　　　　　　　　120 000

【例4-6】 11月1日,宏伟建筑工程公司销售材料一批,货款为200 000元,收到红河公司开出的为期3个月,票面利率为3%的银行承兑汇票一张(见表2-18),适用增值税率为13%。作会计分录如下:

借:应收票据——银行承兑汇票　　　　　　　　　　　226 000
　　贷:其他业务收入　　　　　　　　　　　　　　　　200 000
　　　　应缴税费——应缴增值税(销项税额)　　　　　26 000

3. 商业汇票到期收回的核算

(1)票据期限。商业汇票到期日有"月数"和"天数"两种表示方法。按"月数"表示时,票据到期日按次月对日确定,月末签发的票据,不论月份大小,以到期月份的月末那一天为到期日。如5月2日签发的3个月的商业汇票,到期日为8月2日,5月31日签发的1个月的商业汇票,到期日为6月30日,若期限为2个月,则到期日为7月31日。按"天数"表示时,按票据实际经历的天数计算,出票日和到期日只能算其中的一天,即"算首不算尾,算尾不算首"。如 5 月 30 日签发的 60 天的商业汇票，其到期日为 7 月 29 日（2+30+29）。

（2）票据到期值。带息票据的票面利率一般以年利率表示，年利率转换成月利率除以 12，转换成日利率除以 360。票据利息及到期值的计算公式如下：

$$票据利息 = 票面值 \times 票面利率 \times 票据期限$$
$$票据到期值 = 票面值 + 票据利息$$

（3）商业汇票收回的核算。不带息商业汇票到期收回款项时，借记"银行存款"账户，贷记"应收票据"账户。带息票据到期收回款项时，按收到的本息和，借记"银行存款"账户，按票面价值贷记"应收票据"账户，按其差额贷记"财务费用"账户。

商业承兑汇票到期，承兑人违约拒付或无力偿还票款，收款企业应将到期票据的票面金额自"应收票据"账户转入到"应收账款"账户。

跨年度的带息商业汇票，年末应按票面利率计提票据利息，借记"应收票据"账户，贷记"财务费用"账户。

【例 4-7】 接【例 4-4】11 月 28 日，宏伟建筑工程公司持有的明珠公司开出的 872 000 元的商业承兑票据到期，连同进账单送存银行，根据进账单，作会计分录如下：

借：银行存款　　　　　　　　　　　　　　　　　　　872 000
　　贷：应收票据——商业承兑汇票　　　　　　　　　　　872 000

若该票据到期，明珠公司无力偿还票款，宏伟公司将到期票据的票面金额转入"应收账款"账户。作会计分录如下：

借：应收账款——明珠公司　　　　　　　　　　　　　872 000
　　贷：应收票据——商业承兑汇票　　　　　　　　　　　872 000

【例 4-8】 接【例 4-5】6 月 10 日，宏伟公司持有的明明建材公司开出的票据现已到期，填写进账单连同票据送存开户行，收回价款。作会计分录如下：

借：银行存款　　　　　　　　　　　　　　　　　　　120 300
　　贷：财务费用　　　　　　　　　　　　　　　　　　　　300
　　　　应收票据——商业承兑汇票　　　　　　　　　　120 000

【例 4-9】 接【例 4-6】，12 月 31 日，年末计提票据利息。作会计分录如下：

票据利息 =226 000×3%×2/12=1 130（元）

借：应收票据　　　　　　　　　　　　　　　　　　　　1 130
　　贷：财务费用　　　　　　　　　　　　　　　　　　　1 130

票据到期收回金额 =226 000×（1+3%×3/12）=227 695（元）作会计分录如下：

借：银行存款　　　　　　　　　　　　　　　　　　　227 695
　　贷：应收票据　　　　　　　　　　　　　　　　　　227 130
　　　　财务费用　　　　　　　　　　　　　　　　　　　565

4. 应收票据的贴现

贴现指持票人以未到期的票据向银行融通资金的一种行为。企业持有的商业汇票在到期前，如急需资金周转，可以持未到期的商业票据向其开户银行申请贴现，获取所需资金。贴现企业需填写贴现凭证，见表 4-3，该凭证一式五联，第一联交银行作贴现付出传票，第二联交银行作贴现申请单位收入传票，第三联交银行作贴现利息收入传票，第四联交银行给贴现申请单位的收账通知,第五联交银行会计部门按到期日排列保管,到期日作贴现收入凭证。

表4-3 贴现凭证(收款通知)

填写日期2020年4月1日   4

贴现汇票	种类	银行承兑汇票		233号	申请人	全称	江滨市宏伟建筑工程公司	此联是银行给贴现申请人的收账通知
	发票日	2020年2月1日				账号	666666888888	
	到期日	2020年5月1日				开户银行	建设银行江滨分行	
	汇票承兑人(或银行)名称	江滨市商用混凝土公司		账号	3333366666	开户银行	江滨工行办事处	
	汇票金额	壹拾万元整					百十万千百十元角分 ¥1 0 0 0 0 0 0 0	
	月日 02 1 4 汇票贴现章	贴现率	贴现息	十万千百十元角分 ¥ 1 0 2 5 0 0	实付贴现金额		百十万千百十元角分 ¥ 1 0 1 4 7 5 0 0	
	上述款项已入你单位账户2020年6月1日					备注:		

通过贴现,银行从票据到期值中扣除按银行贴现率计算的贴现利息,将余额付给持票人,作为银行对企业的短期贷款。贴现值的计算如下:

票据的到期值 = 票面值 + 票据利息

贴现息 = 票据到期值 × 贴现率 × 贴现期

贴现净额 = 票据到期值 − 贴现息

式中,贴现期是指贴现日至到期日的实际天数,贴现日和到期日只能算一个。

贴现时,按扣除贴现息后的净额,借记"银行存款"账户,按贴现息部分,借记"财务费用"账户,按应收票据的面值,贷记"应收票据"账户,如为带息票据,按实际收到的金额,借记"银行存款"账户,按应收票据的账面价值,贷记"应收票据"账户,按其差额,借记或贷记"财务费用"账户。

【例4-10】 4月1日,宏伟建筑工程公司将出票日为2月1日,面值为100 000元,年利率为10%,3个月的银行承兑汇票向银行贴现,贴现率为12%,则贴现息和贴现净额的计算如下:

票据到期值 = 100 000 × (1+10%×90/360) = 102 500(元)

贴现息 = 102 500 × 12% × 30/360 = 1 025(元)

贴现净额 = 102 500 − 1 025 = 101 475(元)

借:银行存款　　　　　　　　　　　　　　　　　　　　　　　　　101 475
　　财务费用　　　　　　　　　　　　　　　　　　　　　　　　　　1 025
　　贷:应收票据——银行承兑汇票　　　　　　　　　　　　　　　102 500

【例4-11】 若【例4-10】中的票据为无息票据,则贴现息和贴现净额的计算如下:

票据到期值 = 100 000(元)

贴现息 = 100 000 × 12% × 30/360 = 1 000(元)

贴现净额 = 100 000 − 1 000 = 99 000(元)

借:银行存款　　　　　　　　　　　　　　　　　　　　　　　　　　99 000
　　财务费用　　　　　　　　　　　　　　　　　　　　　　　　　　1 000
　　贷:应收票据——银行承兑汇票　　　　　　　　　　　　　　　100 000

如果已贴现的商业汇票到期，承兑人的银行账户不足支付，贴现银行会将已贴现的商业汇票退回申请贴现企业，同时从贴现企业的账户中将票据款划回。此时，贴现企业应按票据本息转为应收账款，借记"应收账款"账户，贷记"银行存款"账户。如果申请贴现企业的银行存款账户余额不足，银行将作为逾期贷款处理，贴现企业应借记"应收账款"账户，贷记"短期借款"账户。

任务 4.3　预付账款的核算

知识目标

1. 掌握预付账款的概念及其内容。
2. 掌握预付账款账户的使用方法。

能力目标

1. 能根据相关的原始凭证，办理预付分包单位款项业务的核算。
2. 能根据相关的原始凭证，办理预付供应单位款项业务的核算。

一、预付账款的基本知识

预付账款指企业按照合同规定预付给工程分包单位的工程款和备料款，以及按照购销合同的规定，预付给供应单位的购货款。

预付账款因支付款项在先，使用产品或享受服务在后，形成了企业的一项短期债权，主要包括预付给分包单位的工程款和备料款和预付给销货单位的购货款。

二、预付账款的核算

1. 设置的账户

企业应设置"预付账款"账户，反映款项预付、应付、补付的全过程，该账户属于资产类账户，其借方登记按合同规定预付的款项和补付的款项，贷方登记收到采购货物时按发票金额冲销的预付款数和因预付款多余而退回的款项，期末借方余额反映企业实际预付的款项，若为贷方余额，反映企业尚未补付的款项。本账户按预付分包单位款和预付供应单位款进行明细核算，并按供货单位或分包单位设置明细账。

如果企业的预付款项不多，可不设本账户，将预付的款项通过"应付账款"核算，直接记入借方，但编制会计报表时要按"预付账款"和"应付账款"项目分别列示。

2. 预付分包单位款的核算

分包工程通常按照分包合同的规定预付工程款和备料款，预付时，借记"预付账款"账户，贷记"银行存款"等账户。按工程进度结算已完分包单位工程价款时，按对方提供的分包工程款发票记载的金额借记"工程施工"账户，贷记"预付账款"账户。补付工程款时，借记"预付账款"账户，贷记"银行存款"账户。

【例4-12】 7月1日，宏伟建筑工程公司与美好建筑公司签订了桩基分包合同，按合同规定预付工程款200 000元，预付备料款100 000元，开出转账支票支付。根据对方开具的收款收据及支票存根，作会计分录如下：

借：预付账款——预付分包单位款（美好公司）——工程款　　200 000
　　预付账款——预付分包单位款（美好公司）——备料款　　100 000
　　贷：银行存款　　　　　　　　　　　　　　　　　　　　　　300 000

【例4-13】 接【例4-12】，月末，宏伟建筑工程公司与美好建筑公司办理分包价款结算，收到含税价350 000元的分包工程款发票一张，见表4-4，扣回当月预付的工程款200 000元及预付的备料款50 000元，作会计分录如下：

借：工程施工　　　　　　　　　　　　　　　　　　　　　　321 100.92
　　应缴税费——未缴增值税　　　　　　　　　　　　　　　　28 899.08
　　贷：预付账款——预付分包单位款（美好公司）　　　　　　100 000
　　　　预付账款——预付分包单位款（美好公司）——工程款　200 000
　　　　预付账款——预付分包单位款（美好公司）——备料款　50 000

下月初，宏伟公司开出转账支票补付上月所欠美好建筑公司的工程款100 000元。根据转账支票存根及对方开具的收款收据，作会计分录如下：

借：预付账款——预付分包单位款（美好公司）　　　　　　　100 000
　　贷：银行存款　　　　　　　　　　　　　　　　　　　　　100 000

表4-4　江滨市增值税专用发票

发 票 联

开票日期　　2020年10月28日

购货单位	名　称	江滨美好建筑公司	密码区		
	纳税人识别号	211847466384665			
	地　址	江滨西路16号			
	工行江滨分行5667878633				
货物或应税劳务名称	规格型号	单位	数量	单价	金　额	税　额
打桩工程款					321 100.92	28 899.08
价税合计（大写）	叁拾伍万元整		金额小写 ¥350 000.00	税率	9%
供货单位名称	江滨市宏伟建筑工程公司	备注			
纳税人识别号	112011848140889				
地　址	江滨东路668号				
开户银行及账户	建行江滨分行666666888888				

收款单位盖章　　　　　收款人　刘明　　　　开票人　李冰

3. 预付供应单位款的核算

企业购入货物或接受劳务活动，要按照购货合同的规定预付一部分货款，预付时，按预付的金额借记"预付账款"账户，贷记"银行存款"等账户。收到货物或接受劳务后，按对方提供的销货发票记载的金额，借记"材料采购"等账户，贷记"预付账款"账户。补付货款时，借记"预付账款"账户，贷记"银行存款"账户。

【例 4-14】 宏伟建筑公司与隆达公司签订了购入 50 立方米木材的购销合同，单价 2 000 元 / 立方米，按合同规定，预付 30% 的货款 30 000 元，以转账支票支付。根据对方开出的收款收据和转账支票存根，作会计分录如下：

借：预付账款——隆达公司　　　　　　　　　　　　　　30 000
　　贷：银行存款　　　　　　　　　　　　　　　　　　　　30 000

【例 4-15】 接上例，宏伟建筑公司收到隆达公司的木材 50 立方米，验收无误入库，根据其开出的增值税专用发票，增值税率为 13%，作会计分录如下：

借：原材料——木材　　　　　　　　　　　　　　　　　100 000
　　应缴税费——应缴增值税（进项税额）　　　　　　　　9 000
　　贷：预付账款——隆达公司　　　　　　　　　　　　　109 000

【例 4-16】 接上例，宏伟建筑公司通过银行转账支付余款，根据对方开出的收款收据和转账支票存根，作会计分录如下：

借：预付账款——隆达公司　　　　　　　　　　　　　　79 000
　　贷：银行存款　　　　　　　　　　　　　　　　　　　　79 000

任务 4.4　其他应收款项的核算

知识目标

1. 掌握其他应收款的概念及其内容。
2. 掌握其他应收款账户的使用方法。

能力目标

1. 能根据相关的原始凭证，办理备用金业务的核算。
2. 能根据相关的原始凭证，办理其他应收款的发生与收回业务的核算。

一、其他应收款项的基本知识

其他应收款指企业发生的除应收账款、应收票据、预付账款以外的非购销活动产生的各种应收、暂付款。主要包括以下几点。

1. 应收的各种赔款、罚款

各种赔款、罚款指因职工的过失而给企业造成了损失，应向职工本人收取的赔款、罚款或因企业财产遭受意外灾害发生了损失而应向保险公司或相关单位收取的赔款。

2. 存出保证金

存出保证金指租入包装物支付的租金。

3. 备用金

备用金指企业用于零星开支、零星采购、出差差旅费等用途的款项。

4. 应向职工收取的各种垫付款项

垫付款项如为职工垫付的水电费、医药费、租金等。

5. 预付账款的转入

预付款转入是指款项预付后，因对方不能履约而无法收到其提供的产品或劳务，而转作其他应收款的预付账款。

6. 其他各种应收及暂付款

二、其他应收款的核算

1. 设置的账户

为了反映和监督企业其他应收款的增减变动及期末结存情况，应设置"其他应收款"账户，该账户属于资产类账户，其借方登记由于非购销活动而发生的各种其他应收及暂付款，贷方登记其他应收及暂付款的收回数，期末借方余额反映尚未收回的各种其他应收及暂付款，若为贷方余额，表示多收的款项，本账户按其他应收款的种类设明细账。

2. 其他应收款的核算

企业发生各种应收及暂付款项时，借记"其他应收款"账户，贷记"银行存款"或"库存现金"账户，收回或转销其他应收及暂付款时，借记"银行存款"或"库存现金"账户，贷记"其他应收款"账户。

【例4-17】 6月8日，宏伟建筑工程公司为职工张林垫付医药费3 000元，现金支付。根据垫付的医药费等票据，作会计分录如下：

借：其他应收款——张林　　　　　　　　　　　　　3 000
　　贷：库存现金　　　　　　　　　　　　　　　　　　3 000

【例4-18】 接【例4-17】，6月28日，宏伟公司从当月发放的工资中扣回上述垫付医药费3 000元。根据工资表代扣款项目，作会计分录如下：

借：应付职工薪酬——应付工资　　　　　　　　　　3 000
　　贷：其他应收款——张林　　　　　　　　　　　　　3 000

【例4-19】 6月10日，宏伟公司购入材料一批，验收入库时发现有损毁，应由保险公司赔偿5 000元，作会计分录如下：

借：其他应收款——保险公司　　　　　　　　　　　5 000
　　贷：材料采购　　　　　　　　　　　　　　　　　　5 000

【例4-20】按【例4-19】，6月16日收到转账支票一张，系保险公司交来的赔偿款5 000元，公司将支票存入银行，根据进账单及保单，作会计分录如下：

借：银行存款　　　　　　　　　　　　　　　　　　5 000
　　贷：其他应收款——保险公司　　　　　　　　　　　5 000

三、备用金

1. 备用金的基本知识

备用金是指支付给非独立核算的内部单位（包括职能科室、施工单位）或个人备作零星采购、零星开支或差旅费等使用的款项。这些款项是占用在流通过程中的结算资金，企业应制定相应的借款报销制度，并指定专人负责。备用金一般采用先借后用，用后报销的原则。预借时应填制"借款单"见表4-5，经有关负责人审批后予以借款；备用金必须按规定的用途和开支标准使用，不得转借他人或挪作他用；备用金支用后，应在规定期限内填制报销单，见表4-6，并附费用支出的原始凭证办理报销，多余款项应同时交回。前账未清，不能再继续借支。

表4-5 借款单

2020年4月23日

借款单位	行政科	姓名	高丽	出差地点	北京
事由	开会	借款金额大写叁仟元整			
单位负责人签字	张宏伟（张宏伟印）	借款人签字	高丽		
		注意事项 1.由借款人填写。 2.凡借用公款必须使用本单。 3.第三联为正式借据由借款人和单位负责人签章。 4.出差返回后三日内结算。			

表4-6 出差旅费报销表

单位：宏伟建筑工程公司　　　2020年4月30日

月日	时间	出发地	月日	时间	到达地	机票费	车船费	夜行车补助 小时	夜行车补助 金额	市内交通费 实支	市内交通费 包干	宿费 实支	宿费 提成扣减	出差补助 天数	出差补助 金额	合计
4月23日~4月27日 江滨市至北京							800		300			2000		5	250	3350

出差任务	开会	报销金额(大写)人民币：壹仟叁佰叁拾伍元整				预借金额	3000
		单位领导	张宏伟（张宏伟印）	部门	公司技术科	出差人	高丽	报销金额	3350
						结余或超支	350

对经常使用备用金的内部单位和部门，可实行定额备用金制度，以简化核算手续，一次拨付现金，支用后持支出的原始凭证向财务部门报销，按报销金额支付现金补足余额。

2. 备用金的核算

企业应设置"备用金"账户核算和监督备用金的领用和报销情况，该账户属于资产类账户，其借方登记预支的备用金数额，贷方登记报销或收回备用金数额，期末借方余额表示尚未报销或收回的备用金数额。本账户应按借用备用金的单位或个人设置明细账进行明细核算。

不设置"备用金"账户的企业可以用"其他应收款"账户核算。

【例4-21】4月23日，宏伟建筑工程公司行政科高丽出差，借差旅费3 000元，现金支付。

根据借款单见表4-5，作会计分录如下：

借：备用金——高丽　　　　　　　　　　　　　　　　　　3 000
　　贷：库存现金　　　　　　　　　　　　　　　　　　　　　3 000

【例4-22】　4月30日，高丽出差归来，填写差旅费报销单报销，见表4-6。根据差旅费报销单，作会计分录如下：

借：管理费用——差旅费　　　　　　　　　　　　　　　　3 350
　　贷：备用金——高丽　　　　　　　　　　　　　　　　　3 000
　　　　库存现金　　　　　　　　　　　　　　　　　　　　　350

【例4-23】　5月3日，宏伟建筑工程公司对行政科实行定额备用金制度，核定定额为5 000元，开出现金支票支付。根据借款单及支票存根作会计分录如下：

借：备用金——行政科　　　　　　　　　　　　　　　　　5 000
　　贷：银行存款　　　　　　　　　　　　　　　　　　　　5 000

【例4-24】　4月23日，宏伟建筑工程公司行政科报销购买办公用品支出现金500元，经审核予以报销，补足其定额。根据购货发票，作会计分录如下：

借：管理费用——办公费用　　　　　　　　　　　　　　　　500
　　贷：库存现金　　　　　　　　　　　　　　　　　　　　　500

【例4-25】　4月30日，行政科的定额备用金不需用退回。根据原借款单，作会计分录如下：

借：库存现金　　　　　　　　　　　　　　　　　　　　　5 000
　　贷：备用金——行政科　　　　　　　　　　　　　　　　5 000

四、应收利息和应收股息

应收股利是指企业因股权投资而应向接受投资单位收取的现金股利或利润。应收利息是指因企业债权投资而应收取的利息，将在本教材的长期股权投资中介绍。

任务 4.5　坏账的核算

知识目标

1. 掌握坏账的概念及坏账的确认条件。
2. 掌握直接转销法和备抵法。
3. 掌握应收账款余额百分比法、账龄分析法、赊销百分比法。
4. 掌握坏账准备账户的使用方法。

能力目标

1. 能合理估计坏账损失，计提坏账准备。
2. 能组织坏账的发生与期末计提坏账准备业务的核算。

一、坏账的基本知识

1. 坏账的概念

坏账指企业无法收回或收回的可能性极小的应收账款。由于发生坏账而造成的损失，称为坏账损失。

2. 坏账损失的确认

企业确认坏账时，应遵循财务报告的目标和会计核算的基本原则，分析各应收账款的特性、金额的大小、信用期限、债务人的信誉和当时的经营情况等因素。一般来讲，企业的应收账款符合下列条件之一的，应确认为坏账：

① 债务人死亡，以其遗产清偿仍然无法收回；
② 债务人破产，以其破产财产清偿后仍然无法收回；
③ 债务人较长时期内未履行其偿债义务，并有足够的证据表明无法收回或收回的可能性极小。

对于已确认为坏账的应收账款，并不意味着企业放弃了追索权，一旦重新收回，应及时入账。

3. 坏账损失的核算方法

企业坏账的核算方法一般有两种：直接转销法和备抵法。

（1）直接转销法。直接转销法指企业在实际发生坏账时，确认为坏账损失，计入期间费用，同时注销应收账款，又称一次转销法。它是在应收账款收不回来而发生损失时，将实际发生的损失数计入当期的管理费用，同时冲销应收款项。

直接转销法的优点是账务处理简单、数据真实，不需要建立坏账准备金，易于理解，缺点是不符合收入与费用配比的原则，即坏账损失是计入应收款项不能收回的当期，而不是应收款项发生的当期，且核销手续繁杂，致使企业发生大量陈账、呆账、长年挂账，得不到处理，造成了虚增利润，也夸大了前期资产负债表上应收账款的可实现价值。

【例4-26】 M公司欠宏伟建筑工程公司的工程款500 000元，因其破产而无法收回，企业对由此而带来的损失认定为坏账损失，作会计分录如下：

借：管理费用——坏账损失　　　　　　　　　　　　　　500 000
　　贷：应收账款——M公司　　　　　　　　　　　　　　500 000

如果已冲销的应收账款以后又收回，应将前期冲销的坏账予以冲回，同时作收回账款的账务处理。若冲销的M公司应收账款以后又收回时，作会计分录如下：

借：应收账款——M公司　　　　　　　　　　　　　　　500 000
　　贷：管理费用——坏账准备　　　　　　　　　　　　　500 000
借：银行存款　　　　　　　　　　　　　　　　　　　　500 000
　　贷：应收账款——M公司　　　　　　　　　　　　　　500 000

（2）备抵法是为了合理计量资产价值，考虑到应收账款发生坏账的可能性，在资产负债表日，根据谨慎性原则，按期估计坏账损失计入当期损益，形成坏账准备。当实际发生坏账时，冲销应收款项的同时转销计提的坏账准备，这一方法符合会计的稳健原则。

备抵法的优点是可以将估计不能收回的应收款项所引起的损失列作当期费用，收入和与之相关的坏账损失计入同一期损益，收入与费用配比，避免了企业虚盈实亏，消除了虚列应收款项的现象，应收款项的数额接近实际情况，其缺点是计算比较烦琐。

采用这种方法，企业在资产负债表日，要按期估计坏账损失，估计方法有包括应收款项余额百分比法、账龄分析法和赊销百分比法。

① 应收款项余额百分比法。应收款项余额百分比法是根据企业会计期末应收款项余额和估计的坏账提取率来估计坏账损失，计提坏账准备金的方法。这种方法将坏账损失的估计数与应收款项的账面余额相联系。

本期应计提的坏账准备 = 期末应计提坏账的应收款项余额 × 坏账计提率 – "坏账准备"账户贷方余额

② 账龄分析法。账龄分析法是根据应收账款入账时间的长短来估计坏账损失的方法。账龄是指客户所欠账款的时间，虽然应收账款能否收回以及能收回多少，不一定完全取决于应收账款的入账时间，但一般情况下，账龄长短与发生坏账的可能性是一致的，应收账款拖欠的时间越长，客户的信用级别越低，发生坏账的可能性就越大。采用账龄分析法，应先将企业应收账款按账龄长短进行分段排列，确定各账龄段上的坏账估计比例，分别计算应提取的坏账准备金，汇总后即为期末应有的坏账准备金余额。

本期应计提的坏账准备 = ∑（期末某账龄段应收款项余额 × 该账龄段坏账估计比例）– "坏账准备"账户贷方余额

【例4-27】 宏伟建筑公司2020年12月31日应收账款账龄及估计坏账损失率见表4-7，计算应计提的坏账损失数。

表4-7 应收账款账龄及估计坏账损失率分析表

应收账款账龄	应收账款金额	估计损失 /%	估计损失金额
未到期	200 000	0.5	1000
过期 6 个月	40 000	1	400
过期 12 个月	60 000	2	1 200
过期 24 个月	40 000	3	1 200
过期 36 个月以上	20 000	5	1 000
合计	260 000		4 800

宏伟建筑工程公司2020年12月31日估计坏账损失为4 800元，企业应根据"坏账准备"账户贷方余额情况，对"坏账准备"账户进行调整处理。

③ 赊销百分比法。赊销百分比法是根据当期赊销总金额的一定百分比估计坏账确定坏账准备金的方法。

本期末应计提的坏账准备 = 本期实现赊销收入金额 × 估计坏账百分比

坏账准备提取的方法由企业自行确定，一经确定，应按要求备案，不得随意变更。如需变更，应当在当年会计报表附注中予以说明。

企业应当制定计提坏账准备的政策，明确计提坏账准备的范围、提取方法、账龄的划分和提取比例。在确定坏账准备的计提比例时，企业应当根据以往的经验、债务单位的实际财务状况和现金流量等相关信息予以合理估计。除有确凿证据表明该项应收款项不能够收回或收回的可能性不大外，如债务单位已撤销、破产、资不抵债、现金流量不足、发生严重的自然灾害等导致停产而在短时间内无法偿付债务，以及3年以上的应收款项，下列各种情况不能全额提取坏账准备：

① 当年发生的应收款项；
② 计划对应收款项进行重组；

③ 与关联方发生的应收款项；

④ 其他已逾期，但无确凿证据表明不能收回的应收款项。

企业的预付账款如有确凿证据表明其不符合预付账款性质，或者因供货单位破产、撤销等原因已无望收到所购货物的，应当将原计入预付账款的金额转入其他应收款，并按规定计提坏账准备。

企业持有的未到期的应收票据，如有确凿证据证明不能够收回或收回的可能性不大时，应将其账面余额转入应收账款，并计提相应的坏账准备。

二、坏账的核算

1. 设置的账户

采用备抵法核算坏账损失，应设置"坏账准备"和"信用减值损失"账户。

（1）"坏账准备"账户。该账户是资产类的备抵调整账户，在资产负债表中作为"应收账款"的减项，反映和监督应收款项发生坏账而计提的坏账准备及其转销情况，其贷方登记当期计提的坏账准备及以前会计期间已注销的坏账以后又收回数，借方登记实际发生坏账冲减的坏账准备金数，期末贷方余额反映已计提但尚未转销的坏账准备，期末借方余额，反映企业以前会计期间少计提的坏账准备金数额。本账户可按应收款项的类别设置明细账。

结合企业应收账款账面余额情况，当期应提取的坏账准备按下式计算：

当期应提取的坏账准备 = 按当期应收款项计算的应提取坏账准备金额 - "坏账准备"账户贷方余额

当期按应收款项计算应提坏账准备金额大于"坏账准备"账户的贷方余额，应按其差额提取坏账准备；如果当期按应收款项计算应提坏账准备金额小于"坏账准备"账户的贷方余额，应按其差额冲减已计提的坏账准备；若"坏账准备"为借方余额，则应按应提数与借方余额之和来计提本期坏账准备。

（2）"信用减值损失"账户。核算企业计提各项应收款减值准备所形成的损失，其借方登记计提的各项信用减值损失，贷方登记已计提信用减值损失的转销数，该账户期末余额转入"本年利润"账户，结转后本账户无余额。

2. 坏账损失的核算

企业提取坏账准备时，本期应提取的坏账准备大于其账面余额的，应按期差额提取，借记"信用减值损失"账户，贷记"坏账准备"账户，否则作相反分录。

当应收款项确认为坏账时，企业应按实际坏账损失转销坏账准备金，借记"坏账准备"账户，贷记"应收账款""其他应收款"等账户。

对已经确认为坏账的应收款项以后又收回时，应同时作两笔分录，借记"应收账款""其他应收款"等账户，贷记"坏账准备"账户，同时，借记"银行存款"账户，贷记"应收账款""其他应收款"等账户。

【例4-28】 宏伟建筑公司的坏账核算采用备抵法，按年末应收账款余额百分比法计提坏账准备，估计确定的计提比例为1%。第一年末的应收账款余额为500 000元。第二年客户E公司所欠的2 000元账款已超过3年，确认为坏账，第二年末，企业应收账款余额为400 000元。第三年客户H公司破产，所欠20 000元账款有10 000元无法收回，确认为坏账，第三年末，企业应收账款余额为300 000元。第四年，E公司所欠的2 000元账款又收回，年末应收账款余额为350 000元。企业各年应作的会计处理如下：

第一年末提取坏账准备：

借：信用减值损失　　　　　　　　　　　　　　　　　　　　　　　5 000
　　贷：坏账准备　　　　　　　　　　　　　　　　　　　　　　　　5 000

第二年冲销坏账：

借：坏账准备　　　　　　　　　　　　　　　　　　　　　　　　　2 000
　　贷：应收账款——E公司　　　　　　　　　　　　　　　　　　　2 000

第二年末，计提坏账准备：

提取前的"坏账准备"账户余额为贷3 000元，按年末应收账款余额估计坏账损失为4 000元，则本年应提取坏账准备数为1 000元，提取后"坏账准备"账户贷方余额为4 000元。

借：信用减值损失　　　　　　　　　　　　　　　　　　　　　　　4 000
　　贷：坏账准备　　　　　　　　　　　　　　　　　　　　　　　　4 000

第三年冲减坏账：

借：坏账准备　　　　　　　　　　　　　　　　　　　　　　　　　10 000
　　贷：应收账款——H公司　　　　　　　　　　　　　　　　　　　10 000

第三年末，计提坏账准备：

提取前的"坏账准备"账户为借方余额6 000元，按年末应收账款余额估计坏账损失为3 000元，则本年应提取坏账准备数为9 000元，提取后"坏账准备"账户贷方余额为3 000元。

借：信用减值损失　　　　　　　　　　　　　　　　　　　　　　　3 000
　　贷：坏账准备　　　　　　　　　　　　　　　　　　　　　　　　3 000

第四年E公司2 000元坏账又收回。

借：应收账款——E公司　　　　　　　　　　　　　　　　　　　　2 000
　　贷：坏账准备　　　　　　　　　　　　　　　　　　　　　　　　2 000

借：银行存款　　　　　　　　　　　　　　　　　　　　　　　　　2 000
　　贷：应收账款——E公司　　　　　　　　　　　　　　　　　　　2 000

第四年末，计提坏账准备：

提取坏账前"坏账准备"账户贷方余额为5 000元，按年末应收账款余额计提的坏账准备为贷方3 500元，则年末实际应提的坏账为−1 500元。

借：信用减值损失　　　　　　　　　　　　　　　　　　　　　　　−1 500
　　贷：坏账准备　　　　　　　　　　　　　　　　　　　　　　　　−1 500

知识梳理

应收款项是企业在生产经营过程中，因商品交易、劳务供应和其他往来形成的尚未收到的各种款项。包括应收账款、预付账款、应收票据和其他应收款等。

应收账款是企业对外销售商品、提供劳务形成尚未收回的被购货单位和接受劳务单位所占用的本企业资金。应收款项一般按实际发生额记账。有折扣条件的应收账款的计价要考虑折扣，按全额或净值计价。

预付账款是企业购买材料、物资和接受劳务供应而按合同规定事先支付给供货单位的款项。企业预付账款不多时，可将预付账款通过"应付账款"核算。

应收票据是企业采用商业汇票结算方式时，因销售商品而收到的商业汇票，包括银行承兑汇票和商业承兑汇票。应收票据按其是否带息分带息票据和不带息票据，未到期票据可以贴现。

其他应收款是指企业除应收票据、应收账款、预付账款等购销活动以外的其他各种应收、暂付款项。包括各种赔款、罚款、存出保证金、备用金、应向职工收取的各种垫付款项等。

坏账损失是由于收不回来的应收账款所产生的损失。坏账损失的核算有直接转销法和备抵法。备抵法是按期估计可能产生的坏账损失，并列入当期费用，形成企业的坏账准备，待实际发生坏账时再冲销坏账准备和应收账款的处理方法。估计坏账损失的方法有应收账款余额百分比法、账龄分析法和销货百分比法。

复习思考题

1. 什么是应收款项？应收款项包括哪些内容？
2. 什么是应收账款？应收账款如何确认？
3. 什么是预付账款？预付账款如何核算？
4. 什么是其他应收款？包括什么？
5. 什么是票据的贴现？如何计算票据的贴现值？
6. 什么是坏账？坏账确认的标准是什么？
7. 坏账损失的核算方法有哪些？
8. 什么是备抵法，采用备抵法核算坏账时，估计坏账损失的方法有哪些？

项目实训

实训项目一

【实训目的】具有对往来结算业务的核算能力。

【实训资料】ABC 公司 2020 年 11 月发生如下经济业务。

1. 12 月 1 日，行政科李东出差借差旅费 2 000 元，开出现金支票一张。
2. 12 月 6 日，李东出差回来，报销差旅费 1 850 元，余款返回，冲销原借备用金。
3. 12 月 8 日，办公室采用定额备用金制度，企业核定定额 5 000 元，一次现金支付。
4. 12 月 10 日，办公室王玲报销购办公用品款 800 元，补足定额备用金。
5. 12 月 12 日，从丰宁钢材销货中心购钢材一批，根据合同规定预付购货款 20 000 元，开出转账支票支付。
6. 12 月 16 日，从丰宁销货中心购入的钢材现已到收到，钢材价款计 80 000 元，开出转账支票支付余款。

7. 12月17日，收到原债务单位中化集团开来的无息商业承兑汇票一张，面值100 000元，用以抵偿其前欠工程款。

8. 12月18日，收到开户银行转来的收款通知，收到嘉恒公司转来的前欠工程款500 000元。

9. 12月24日，公司9月25日收到的三个月的50 000元的无息商业承兑汇票现已到期，填进账单交开户行，款项已收回。

10. 12月25日，员工刘林违规操作导致工程质量不合格，经研究决定对其实施罚款1 000元，处罚通知单已下发。

11. 12月27日，收到刘林交来的现金2 000元，开出收款收据一张。

12. 12月30日，本月实际完成工程价款1 500 000元，现已开出建筑业发票交建设单位绿景家园，款尚未收到。

13. 12月31日，经查短缺的500元现金系因多付职工陈明造成的，应向其收回多付款。

【实训要求】根据上述经济业务编制会计分录。

实训项目二

【实训目的】能独立进行坏账损失的核算。

【实训资料】ABC公司按照应收账款余额的千分之一提取坏账准备。第一年末的应收账款期末余额为8 000 000元，预收甲单位账款期末余额为2 000 000元；第二年发生坏账5 000元，其中甲单位2 000元，乙单位3 000元，年末应收账款期末余额为10 000 000元，预收甲单位账款期末余额为300 000；第三年，已冲销的上年乙单位的应收账款20 000元又收回，期末应收账款期末余额为1 100 000元。

【实训要求】根据上述资料，进行相关的会计核算。

实训项目三

【实训目的】能独立进行票据贴现业务的核算。

【实训资料】ABC公司于3月5日收到一张面值200 000元、期限90天、利率10%的商业承兑汇票抵作前欠应收账款，4月4日，企业持此票据到银行贴现，贴现率为12%，但票据到期后，出票人和该贴现企业均无款支付票据金额，现接到银行通知，该票据贴现款转作对企业的逾期贷款。

【实训要求】根据上述资料，计算票据贴现净额并进行相关的会计核算。

项目4 应收款项核算实务测试题

项目 5

存货核算实务

任务 5.1 存货的基本知识

知识目标

掌握存货的概念、确认及其分类。

能力目标

能对企业的各类材料按经济内容进行归类。

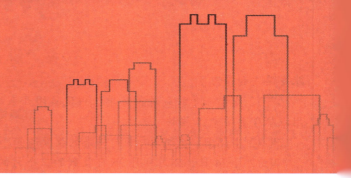

项目 5 课程思政阅读材料

一、存货的概念与确认

1. 存货的概念

存货是指企业在日常活动中持有以备出售的产成品或商品、处在生产过程中的在产品、在生产过程或提供劳务过程中消耗的材料和物料等。包括主要材料、其他材料、机械配件、在建工程、在产品、产成品、半成品、结构件等。

2. 存货的确认

确认为存货，必须要符合资产的定义，在此基础上同时满足以下两个条件时，才能确认为存货。

（1）该存货包含的经济利益很可能流入企业。存货是企业的一项重要的流动资产，而资产最重要的特征是预期会给企业带来一定的经济利益，最终是否能给企业带来经济利益或其包含的经济利益是否能流入企业很关键。

（2）该存货的成本能够可靠地计量。这是资产确认的另一项基本条件，作为资产的组成部分，其成本必须能够进行可靠计量，必须以取得的确凿、可靠的证据为依据，并且具有可验证性。

二、存货的分类

建筑企业存货品种多，用量大，为便于科学管理，需要对存货进行科学合理的分类。

1. 按存货的经济内容分类

（1）原材料。原材料是指用于建安工程施工并构成工程实体或有助于工程实体形成的材料。

① 主要材料。指用于工程施工或产品生产并构成工程或产品实体的各种材料，包括黑色金属材料、木材、硅酸盐材料、电器材料、化工材料、小五金材料等。

② 结构件。指经过吊装、拼砌、安装、就位即能构成房屋建筑物实体的各种金属的、钢筋混凝土的和木质的结构物和构件等，如塑钢窗、预制构件等。

③ 机械配件。指施工机械、运输设备、生产设备等替换、维修用的各种零配件以及为机械设备准备的各种备品备件。

④ 其他材料。指在施工生产过程中不构成工程或产品实体，但是有助于工程或产品形成或便于施工生产进行的各种材料，如各种油料和燃料等。

（2）周转材料。指在施工生产活动中能够多次使用而基本保持原有实物形态但价值逐渐转移的各种材料。包括模板、挡板、架料、其他周转材料等。

（3）委托加工物资。指企业委托外单位加工的各种材料物资。

（4）在产品和产成品。在产品是指由建筑企业的辅助生产部门生产加工而尚未完成全部生产工序的产品，产成品指完成全部生产工序而入库的产品。

（5）在建项目。指施工单位为建设单位施工的处于建设中的工程项目。

2. 按存放地点分类

（1）库存存货。指已运达企业或施工现场并已验收入库的各种材料和商品，以及已验收入库的自制半成品和库存商品。

（2）在途存货。指货款已付，尚未验收入库，正在运输途中的各种材料和商品。

（3）加工存货。指正在本企业加工中的在制品和委托外单位加工的各种材料和半成品。

3. 按取得来源分类

（1）外购存货。
（2）自制存货。
（3）委托加工存货。

任务 5.2　存货的计量

知识目标

1. 掌握采购成本、加工成本、其他成本的构成。
2. 掌握先进先出法、加权平均法、移动加权平均法。
3. 掌握材料成本差异的形成与分配的计算方法。
4. 掌握存货期末计量的核算方法。

能力目标

1. 能在实际成本计价法下计算材料取得存货的实际成本。
2. 能在实际成本计价法下计算材料发出与期末结存存货的实际成本。
3. 能在计划成本计价法下计算收入材料成本的材料成本差异。
4. 能在计划成本计价法下计算发出材料成本应负担的材料成本差异。
5. 能组织对存货期末计量的结果进行核算。

一、存货的初始计量

存货的初始计量是指存货从不同途径取得时，对取得的实际成本进行的计量。存货的实际成本包括采购成本、加工成本和其他成本，因存货取得的途径不同，其实际成本的构成内容也不一样。

1. 外购存货的实际成本

外购存货的实际成本即存货的采购成本，指在采购过程中发生的支出，包括采购价格、运杂费、相关税费以及其他可归属于存货采购成本的费用。

（1）采购价格。指企业购入材料从销货方取得的发票账单上列明的价款，但不包括按规定可抵扣的增值税进项税额。

（2）运杂费。指材料运到企业仓库或工地以前所发生的运输费、装卸费、保险费等费用。

（3）相关税费。指企业购买存货发生的相关税金，如资源费、不能抵扣的增值税进项税额及进口材料的关税等。

（4）其他可归属于存货采购成本的费用。指采购成本中除上述各项费用以外的可直接归属于存货采购成本的费用，如采购过程中发生的仓储费、包装费、运输途中的合理损耗、入库前的挑选整理费用等。

上述各项费用，凡是可以分清受益对象的，直接计入存货采购成本，凡不能直接计入有关存货的，则需要按一定的标准分配记入有关存货采购成本，分配标准可以是所购存货的数量或采购价格。

2. 自制存货的成本

自制存货的实际成本指企业自行制造的存货达到使用状态之前发生的全部支出。主要包括：①直接材料费；②直接工资；③其他制造费用。

3. 委托外单位加工的存货的实际成本

委托外单位加工的存货，其实际成本包括：①耗用存货的实际成本；②支付的加工费用；③发生的往返运杂费。

4. 投资者投入的存货的实际成本

投资者投入的存货，其实际成本按中介机构确定的评估价确定，若无评估价，可按照投资双方所签订的合同或协议约定的价值确定，但合同协议约定价值不公允的除外。

5. 接受捐赠的存货的实际成本

接受捐赠的存货的实际成本可按下列情况确定。

（1）若捐赠方提供了有关凭据（如材料的发票、协议等），应按照凭据上标明的金额加上企业应支付的相关税费作为受赠存货的入账价值。

（2）若捐赠方没有提供有关凭据的，应按照下列顺序确定受赠存货的入账价值。

① 同类或类似存货存在活跃市场的，按同类或类似存货的市场价格估计的金额，加上企业应支付的相关税费作为存货的实际成本。"同类或类似"是指具有相同的或相近的规格、型号、性能、质量等级等特征。

② 同类存货不存在活跃市场的，应按照接受捐赠存货的预计未来现金流量的现值作为存

货的实际成本。

6. 盘盈的存货的实际成本

盘盈的存货，应按同类或类似存货的市场价格确定其入账价值。

7. 以非货币性交易换入存货的成本

以非货币性交易换入的存货按换出资产的账面价值减去可抵扣的增值税进项税额后的差额，加上应支付的相关税费为实际成本。涉及补价的，要分别不同的情况加以处理。

（1）收到补价。收到补价的，按换出资产的账面价值减去可抵扣的增值税进项税额后的差额，加上应确认的收益和应支付的相关税费，减去补价后的余额，作为实际成本。

（2）支付补价。支付补价的，按换出资产的账面价值减去可抵扣的增值税进项税额后的差额，加上应支付的相关税费和补价，作为实际成本。

8. 债务重组取得的存货成本

债务重组取得的存货按照应收债权的账面价值减去可抵扣增值税进项税额后的差额，加上支付的相关税费作为实际成本。涉及补价的，要分别不同的情况加以处理。

（1）收到补价。收到补价的，按应收债权的账面价值减去可抵扣的增值税进项税额后的差额和补价，加上应支付的相关税费，作为实际成本。

（2）支付补价。支付补价的，按应收债权的账面价值减去可抵扣的增值税进项税额后的差额，加上应支付的相关税费和补价，作为实际成本。

二、发出存货的计量

1. 实际成本法下发出存货的计量

（1）先进先出法。先进先出法以先购入的存货先发出的实物流动假设前提，对发出存货进行计价。采用这种方法，先购入的存货成本在后购入存货成本之前转出，据此确定发出存货和期末存货的成本。

【例 5-1】 宏伟建筑工程公司 6 月份水泥的收、发、存数据资料见表 5-1。

表5-1 宏伟建筑工程公司水泥收、发、存表　　　　　单位：元

日期	收入		发出		结存	
	数量（吨）	单位成本	数量（吨）	单位成本	数量（吨）	单位成本
6月1日结存					200	350
6月6日购入	300	360				
6月12日发出			100			
6月18日购入	200	320				
6月26日发出			300			

采用先进先出法计价，计算本月发出材料与结存材料的实际成本，计算过程见表 5-2。

表5-2 材料明细分类账

材料名称：水泥　　　　　　　　　2020年6月30日　　　　　　　　　计量单位：吨

2020年		凭证号数	摘要	收　入			发　出			结　存		
月	日			数量（吨）	单价	金额	数量（吨）	单价	金额	数量（吨）	单价	金额
6	1		结转							200	350	70 000
6	6	略	购入	300	360	108 000				200 300	350 360	178 000
6	12		发出				100	350	35 000	100 300	350 360	143 000
6	18		购入	200	320	64 000				100 300 200	350 360 320	207 000
6	26		发出				100 200	350 360	107 000	100 200	360 320	100 000
6	30		合计	500		172 000	400		142 000			

本月发出存货成本=142 000（元）

月末存货成本＝月初结存存货成本＋本月购入存货成本－本月发出存货成本
　　　　　　　＝70 000＋172 000－142 000＝100 000（元）

采用先进先出法，发出存货成本是按最先购货确定的，期末存货成本比较接近现行的市场价格，在物价下跌时，高价购入的存货能够尽快得到补偿，而在市场物价持续上涨时，计入工程成本中的材料费则偏低，高估企业当期利润和库存存货价值，反之，会低估企业存货价值和当期利润。这种方法可以均衡日常核算工作，如果收发业务比较频繁，则计算工作量繁重。

（2）加权平均法。加权平均法亦称为一次加权平均法，指以当月全部进货数量加上月初结存的存货的数量作为权数，计算存货的加权平均单位成本，以此为基础计算当月发出存货的成本和期末存货成本的方法。其计算公式如下：

$$加权平均单位成本 = \frac{期初结存存货的成本 + 本期购入存货的成本}{期初结存存货的数量 + 本期购入存货的数量}$$

发出存货的成本＝本期发出存货的数量×加权平均单位成本
期末存货的成本＝期末结存存货的数量×加权平均单位成本
　　　　　　　＝月初存货成本＋本月购入存货成本－本月发出存货成本

【例5-2】 沿用表5-1的资料，采用加权平均法计算本月发出存货及结存存货的成本，其计算见表5-3所示。

表5-3 材料明细分类账

材料名称：水泥　　　　　　　　　　　　2020年6月30日　　　　　　　　　　　　计量单位：吨

2011年		凭证号数	摘要	收入			发出			结存		
月	日			数量	单价/(元/吨)	金额/元	数量	单价/(元/吨)	金额/元	数量	单价/(元/吨)	金额/元
6	1		结转							200	350	70 000
6	6	略	购入	300	360	108 000						
6	12		发出				100	345.71	34 571			
6	18		购入	200	320	64 000						
6	26		发出				300	345.71	103 713	300	345.71	103 716
6	30		合计	500		172 000	400		138 284			

加权平均单位成本=（70 000+108 000+64 000）/（200+300+200）=345.71（元/吨）
本月发出存货成本=345.71×400=138 284（元）
期末存货成本=70 000+172 000-138 284=103 716（元）

采用加权平均法，只在月末计算一次平均单位成本，核算工作比较简单，简化了存货的计价工作，但不能及时提供发出存货与结存存货成本的相关资料，影响了成本核算的及时性，期末工作量过于集中，不利于存货的管理。当存货价格上涨或下跌时，所计算的存货单位成本平均化，均衡了材料成本，对发出存货的计价较为折中。

（3）移动加权平均法。移动加权平均法是指每入库一批材料，平均计算一次加权平均成本，并以此作为本次发出存货的单位成本计算其实际成本的一种方法。其计算公式如下：

$$\text{移动加权平均单位成本} = \frac{\text{本批购入前结存的存货成本} + \text{本批购入存货的成本}}{\text{本批购入前结存的存货的数量} + \text{本批购入存货的数量}}$$

发出存货的成本 = 本期发出存货的数量 × 移动加权平均单位成本
期末存货的成本 = 期末结存存货的数量 × 移动加权平均单位成本

【例5-3】 沿用表5-1的资料，采用移动加权平均法计算本月发出存货及结存存货的成本。其计算见表5-4所示。

表5-4 材料明细分类账

材料名称：水泥　　　　　　　　　　　　2020年6月30日　　　　　　　　　　　　计量单位：吨

2020年		凭证号数	摘要	收入			发出			结存		
月	日			数量	单价/(元/吨)	金额/元	数量	单价/(元/吨)	金额/元	数量	单价/(元/吨)	金额/元
6	1		结转							200	350	70 000
6	6	略	购入	300	360	108 000				500	356	178 000
6	12		发出				100	356	35 600	400	356	142 400
6	18		购入	200	320	64 000				600	344	206 400
6	26		发出				300	344	103 200	300	344	103 200
6	30		合计	500		172 000	400		138 800			

6月6日购入后移动平均单价=（70 000+108 000）/（200+300）=356（元/吨）

6 月 12 日发出存货成本 =356×100=35 600（元）
6 月 18 日购入后移动平均单价 =（142 400+64000）/（400+200）=344（元/吨）
6 月 26 日发出存货成本 =344×300=103 200（元）
本月发出存货的成本 =35 600+103 200=138 800（元）
月末存货成本 =7 000+172 000-138 800=103 200（元）

采用移动加权平均法计价，要求每次进货后都要重新计算一个移动平均单位成本，材料明细账上既能反映实物数量，也能反映其实际成本，可以均衡日常的核算工作，随时掌握发出材料并及时进行核算，但平时的计算工作量烦琐，核算工作量较大。

2. 计划成本法下发出存货的计量

采用计划成本对发出存货的计量，是指存货的发出按年初制定的采购计划中的计划成本计价，实际成本与计划成本的差异叫材料成本差异，存货的计划成本和实际成本之间的差异要单独进行核算，期末将发出存货的计划成本调整为实际成本。三者之间的关系如下：

存货的实际成本 − 存货的计划成本 = 材料成本差异
发出存货的实际成本 = 发出存货的计划成本 + 发出存货应负担的材料成本差异
发出存货应负担的材料成本差异 = 发出存货的计划成本 × 材料成本差异率

$$本月材料成本差异率 = \frac{月初结存材料的成本差异 + 本月收入材料的成本差异}{月初结存材料的计划成本 + 本月收入材料的计划成本} \times 100\%$$

若各月发出和期末结存的数量和成本差距不大，发出材料成本比较均衡，为简化计算，可采用上月材料成本差异率计算发出材料实际成本。

$$上月材料成本差异率 = \frac{月初结存材料成本差异}{月初结存材料计划成本} \times 100\%$$

【例 5-4】 宏伟建筑工程公司 2020 年 6 月份材料账的期初余额 10 万元，材料成本差异账户的期初借方余额 1 万元，本月购入材料的实际成本为 41 万元，计划成本为 40 万元，本月发出材料的计划成本为 20 万元，则本月发出材料的实际成本的计算如下：

本月材料成本差异率 =（10 000+410 000-400 000）/（100 000+400 000）=4%
本月发出材料的应负担的材料成本差异 =200 000×4%=8 000（元）
本月发出材料的实际成本 =200 000+8 000=208 000（元）

三、存货的期末计量

会计期末，为了客观、真实、准确地反映企业期末存货的实际成本，在资产负债表日，要确定期末存货的价值，正确确定报表中存货项目的实际金额，按照《企业会计准则第 13 号——存货》规定，采用成本与可变现净值孰低法对期末存货进行计量。

1. 成本与可变现净值孰低法

"成本与可变现净值孰低"指对期末存货按照成本与可变现净值两者之中较低者进行计价的方法。"成本"指存货的历史成本，是以历史成本为基础计算的期末存货的实际成本，即存货的期末账面实际余额。"可变现净值"是指在日常活动中，以存货的估计售价减去至完工时将要发生的成本、销售费用及相关税费后的金额。可变现净值的计算要以确凿的证据为基础，正确反映存货的期末价值。

当可变现净值低于成本，表明该存货给企业带来的未来经济利益低于其账面金额，存货的成本发生了减值损失，应当计提存货跌价准备，将这部分损失从资产价值中扣除，并计入当期损益（资产减值损失）。否则，将会出现虚计资产的现象。当减值因素已经消失，减值的金额应在原已计提的存货跌价准备金额内予以恢复转回。

2. 存货跌价准备计提的条件

有下列情况之一的，表明存货的可变现净值低于存货成本，应当计提存货跌价准备：

① 该存货的市场价格持续下跌，并且在可预见的未来无回升的希望；
② 企业使用该项原材料生产的产品的成本大于产品的销售价格；
③ 因产品更新换代，原有库存原材料已不适应新产品的需要，而该原材料的市场价格又低于其账面成本；
④ 因企业所提供的商品或劳务过时或消费者偏好改变，使市场的需求发生变化，导致市场价格逐渐下跌；
⑤ 企业足以证明该项存货实质上已经发生减值的情形。

存货存在下列情形之一的，表明存货的可变现净值为零，企业要全额计提跌价准备：

① 已霉烂变质的存货；
② 已过期且无转让价值的存货；
③ 生产中已不再需要，并且已无使用价值和转让价值的存货；
④ 其他足以证明已无使用价值和转让价值的存货。

3. 存货跌价准备的核算

企业应当设置"存货跌价准备"账户，用于核算存货发生的跌价准备及其转回情况，其贷方登记的是各期计提的存货跌价准备金额，借方登记的是转销或转回的已提存货跌价准备金额，期末贷方余额，表示企业期末已计提的存货跌价准备的累计数。本账户可按存货项目或类别进行明细核算。

【例5-5】 宏伟建筑工程公司采用成本与可变现净值孰低法对存货进行期末计价，2019年12月末第一次计提存货跌价准备，存货的账面成本为200 000元，由于市场价格下跌，该存货可变现净值为190 000元，应计提的存货跌价准备为10 000元。作会计分录如下：

2019年年末计提存货跌价准备：

借：资产减值损失——计提的存货跌价准备　　　　　　　　　　　　　　10 000
　　贷：存货跌价准备　　　　　　　　　　　　　　　　　　　　　　　　　　10 000

2020年年末，由于市场价格下跌，该存货可变现净值为185 000元，故应计提存货跌价准备5 000元。

借：资产减值损失——计提的存货跌价准备　　　　　　　　　　　　　　　5 000
　　贷：存货跌价准备　　　　　　　　　　　　　　　　　　　　　　　　　　 5 000

2021年年末存货的可变现净值为193 000元，故应转回已计提的存货跌价准备8 000元。

借：资产减值损失——计提的存货跌价准备　　　　　　　　　　　　　　 -8 000
　　贷：存货跌价准备　　　　　　　　　　　　　　　　　　　　　　　　　　 -8 000

任务 5.3　存货收发的手续办理

知识目标

1. 掌握收入存货发生的原始凭证填制方法。
2. 掌握发出存货发生的原始凭证的填制方法。

能力目标

能办理存货收入与发出的凭证手续，并能读懂相关的凭证。

建筑企业在收发存货时，必须取得或填制收发凭证，办理收发手续，并以此为依据，进行存货收发的核算。

一、收入存货填制的原始凭证

企业从各种途径取得存货后，应按规定取得或填制相关的原始凭证并办理验收入库手续，取得存货的主要途径有外购、委托外单位加工、自制等，取得时发生的原始凭证除相应的发货票、运杂费发票、银行支付结算凭证等外，验收入库时应填制的原始凭证主要有以下几种。

1. 收料单

收料单是企业外购存货验收入库时填制的，凭以办理入库手续的原始凭证。其一式三联，一联由仓库留存，由保管员据以验收入库，并登记材料明细账，一联连同发票及其他银行结算凭证一并送财务部门据以办理货款结算和登记存货账簿，一联送供应部门据以检查合同的执行情况。

其格式见表 5-5。

表5-5　收　料　单

供货单位：异兴建材公司　　　　2020 年 6 月 3 日　　　　收料单号 008

材料编号	材料名称	计量单位	实收数量	应收数量	单价/元	合计/元	备注
	苯板	立方米	400		105	42 000	
	合计	立方米	400		105	42 000	

收料仓库：1 号库　　　稽核　　　　收料人　李红　　　　经手人　周明

2. 材料交库单

材料交库单是企业自制加工完成的材料、施工领用退回的多余材料、回收的废旧材料等在办理入库时需填制的原始凭证。其一式三联，一联留存仓库据以登记材料明细账，一联送交财务部门据以进行材料的核算，一联由交料部门留存备查。其格式见表 5-6。

表5-6 收料交库单

交料单位					年　月　日		收料仓库		收料单号	
材料类别	材料编号	材料名称	规格	计量单位	数量		实际成本		计划成本	
					交库	实收	单价	金额	单价	金额

收料：　　　　　　　　　　　　交料：　　　　　　　　　　　　记账：

3. 委托加工物资入库单

委托外单位加工完成的存货验收入库时，若这类业务不多，可填制收料单或材料交库单办理入库手续，但若委托外单位加工的存货数量较大，业务较多，应填写委托加工物资入库单办理入库手续。其一式三联，一联由仓库留存，办理入库手续，并登记材料明细账，一联送交财务部门办理款项结算并据以记账，一联作存根留存备查。其格式见表5-7。

表5-7 委托加工物资入库单

存货类别						年　月　日				加工单位		入库单号
			加工完成收中材料				耗用材料			运杂费	加工费	实际成本合计
材料编号	材料名称	单位	数量		计划单价	金额	材料名称	数量	计划单价	金额		
			应收	实收								

收料：　　　　　　　　　　　　交料：　　　　　　　　　　　　记账：

二、发出存货填制的原始凭证

建筑企业发出的存货除用于施工生产外，还有委托外单位加工、销售及非生产耗料等。在施工成本中，材料费所占的比重较大，每天存货的收发业务较为频繁，涉及的材料数量大、品种多，对成本的影响也较大，因此，企业必须严格领发料管理，正确办理出库手续。材料出库时所要填制的领料凭证主要有以下几种。

1. 领料单

领料单是一次性领用材料的原始凭证，是在办理材料出库时由领料部门或个人所填制的领料凭证。领料时，由领料人员填制"领料单"，经项目部负责人签字后，据以向仓库领料，领料单可采用一料一单的形式，也可采用一单多料的形式。通常情况下，领料单一式三联，一联仓库留存登记材料明细账，一联交财务部门作为发出材料核算的依据，一联由领料部门备查。领料单的格式见表5-8。

表5-8　领料单

领料部门：第一项目部　　　　　　　　2020年10月9日　　　　　　　　领料单号：2006

用途				电信局综合楼工程用材料		
材料类别	名　称	规　格	计量单位	实发数量	单价/（元/m³）	金额/元
大堆材料	碎石		m³	450	32	14 400
大堆材料	中砂		m³	200	32	6 400
合　计						20 800

领料：陈明　　　　　　　　发料：张孟孟　　　　　　　　项目经理：李宇

施工中若发生已领未用材料，即已经由领料部门或单位从仓库领出尚未使用，但下期仍然要继续使用的材料，期末由领料部门或领料人员用红字填本月领料单，冲减当期材料成本，同时用蓝字填下月领料单，办理"假退料"手续。

2. 限额领料单

限额领料单也称定额领料单，是一种在规定的领用限额之内，可以多次使用的累计发料凭证。领料限额是项目部材料人员和计划人员根据施工计划、施工任务、材料消耗定额以及有关资料核定出来的各种材料计划用量，领料时，只要领用的数量不超过限额，就可以连续使用，月末，结出实发数量和金额。限额领料单一式两联，一联经计划部门和材料部门签章后交领料单位据以领料，另一联送仓库据以发料。限额领料单的格式见表5-9。

表5-9　限额领料单

领料单位：　　　　　　　　　　2020年6月2日　　　　　　　　　　仓库：

材料编号	材料名称	规格	计量单位	领用限额	实际领用			备注
					数量	单位成本	金额	

日期	请　领		实　发					限额结余
	数　量	领料单位	数　量	发料人	领料人	数　量	退料人	

生产计划部门负责人：　　　　　　　供应部门负责人：　　　　　　　仓库负责人：

3. 大堆材料耗用计算单

大堆材料是存放在施工现场的砂、石、灰等材料的统称，其特点是露天堆放，不易计量耗用数量，在工地集中的地方，常常是几个工程共同使用同一堆材料，因此，大堆材料一般不必逐笔办理领料手续，通常是采用倒挤的方法，通过"算两头，扎中间"来计算当期实际耗用总量，并以各受益对象耗用材料的定额用量为分配基数，将实际耗用量分配到各受益的工程成本。大堆材料耗用计算单就可以完成这些工作，其格式见表5-10。

表5-10 大堆材料耗用计算单

领用单位：班组　　　　　　　　　2020 年 10 月 31 日　　　　　　　　　编号：

材料名称	规格	计量单位	月初结存	本月收料	月末结存	本月耗用	计划成本	
							单价	总价
受益对象＼材料名称	中砂			碎石			合计金额	
	定额用量	实际用量	计划成本	定额用量	实际用量	计划成本		

任务 5.4　实际成本计价下外购原材料收发的核算

知识目标

1. 掌握原材料账户的核算内容及使用方法。
2. 掌握在途物资账户的核算内容及使用方法。

能力目标

1. 能组织实际成本法下原材料收入的核算。
2. 能组织实际成本法下原材料发出的核算。
3. 能登记材料明细账。

原材料采购业务

原材料按实际成本计价是指原材料从购入、验收入库、从仓库发出材料、期末结存等均按实际成本计价组织核算，这种方法适用于规模较小、收发业务不多、存货品种单一的企业。

一、账户的设置

1. 原材料

"原材料"账户是实际成本法下设置的，用于核算和监督原材料的实际成本增减变动和期末结存情况的资产类账户，其借方登记验收入库原材料的实际成本，贷方登记因施工生产领用、出售等原因而减少的原材料的实际成本，期末借方余额反映库存原材料的实际成本。本账户按材料的类别、品种和规格等设置明细账户进行明细核算。

2. 在途物资

在途物资指企业已经付款或已开出承兑商业汇票但尚未到达或尚未验收入库的各种物资。"在途物资"账户的设置是用于核算企业在途材料物资的实际成本增减变动和期末结存情况，是资产类账户，其借方登记已付款或已开出承兑商业汇票的购入材料的实际成本，贷方登记已验收入库材料的实际成本，期末借方余额反映期末结存的在途物资的实际成本。本账户一般按供应单位和材料品种进行明细核算。

二、外购材料的核算

建筑企业外购材料时，若从销货方取得的是增值税专用发票（见表5-11），缴纳的增值税进项税额允许抵扣。若从销货方取得的是普通发票（见表5-12），支付的价款计入材料采购成本，缴纳的进项税额不允许抵扣。

表5-11　江滨市增值税专用发票

发　票　联

开票日期　　2020年6月3日

购货单位	名　称	江滨市宏伟建筑工程公司	密码区	
	纳税人识别号	112011848140889		
	地　址	江滨东路668号		
	开户银行及账户	建行江滨分行 666666888888		

货物或应税劳务名称	规格型号	单位	数量	单价	金额（十万千百十元角分）	税额（十万千百十元角分）
苯板		立方米	400	105	4 2 0 0 0 0 0	5 4 6 0 0 0

价款合计（大写）	肆万柒仟肆佰陆拾元整	金额小写 ¥47 460.00	税率	13%

供货单位名称	江滨异兴建材有限公司	备注	
纳税人识别号	10004665588212		
地　址	江滨西路8号		
开户银行及账户	工行江滨支行70003254889977		

收款人：　　　复核：　　　开票人：闫亮光　　　销货单位（章）

表5-12　江滨市增值税普通发票

发　票　联

开票日期　　2020年6月9日

购货单位	名　称	江滨市宏伟建筑工程公司	纳税人识别号	
	地　址		开户银行及账户	

货物或应税劳务名称	计量单位	数量	单价	金额（十万千百十元角分）	税额（十万千百十元角分）
水泥PS 32.5	吨	100	380	¥ 3 3 6 2 8 3 2	4 3 7 1 6 8

合计（大写）	叁万捌仟元整		税率	13%
供货单位	江滨市东方水泥厂	开户银行账号		

销货单位盖章　　　收款人 于飞鸿　　　开票人 王成

外购材料核算时依据的原始凭证主要有从销货方取得的发货票（表5-11、表5-12）、支付货款时发生的银行结算凭证（见教学情境2）、发生的运费结算单（见表5-13）及收料时保管人员填写的收料单（见表5-5）等。

表5-13 江滨省江滨市道路货物运输增值税专用发票

购货人：江滨市宏伟建筑工程公司　　2020年6月3日

装货地点		发货人		地址			牌照号		
卸货地点		收货人		地址			运单号		
货物名称	件数	货物体积	实际重量(吨)	计费运输量		计费里程	运价率	运费金额	增值税
				吨	吨公里				税率 / 金额
苯板运费								2 000	9% / 180.00
小计								2 000	180.00
价税合计（大写）		贰仟壹佰捌拾元整				结算方式		现金	

收款单位盖章　　　　　　　　　　　　　　　　开票人：刘丽

（盖章：江滨市货物运输公司 发票专用章 10011234561234）

② 报销凭证

外购材料，由于结算方式和采购地点的不同，材料入库和货款的支付在时间上不同步，其账务处理可以分为以下几种情况。

1. 货款已付，同时收料

货款已付，同时收料，也称钱货两清，指企业采购的原材料，款项已经支付给销货方，材料也已经验收入库。这一业务发生后，根据发货票、运费单、材料入库单及银行结算凭证等原始凭证，编制记账凭证，借记"原材料"账户，贷记"银行存款"账户。

【例5-6】 宏伟建筑工程公司于6月3日购入苯板一批，取得的增值税专用发票上注明的货款42 000元，增值税额为5 460元，材料已验收入库，货款已通过银行转账支付。以现金支付运输费用2 000元，根据增值税发票（表5-11）、收料单（表5-5）、运费单（表5-13）及银行结算凭证，作会计分录如下：

借：原材料——主要材料　　　　　　　　　　　　　　44 000
　　应缴税费——应缴增值税（进项税额）　　　　　　　 5 640
　　贷：银行存款　　　　　　　　　　　　　　　　　　47 460
　　　　库存现金　　　　　　　　　　　　　　　　　　 2 180

2. 付款在前，收料在后

付款在前，收料在后，指企业在收到销货单位开出的发票时先行支付货款，根据发票及银行结算凭证借记"在途物资"账户，贷记"银行存款"账户，待收到材料验收入库时，再结转为原材料，根据收料单借记"原材料"账户，贷记"在途物资"账户。

【例5-7】 宏伟建筑工程公司向东方水泥厂购进水泥，于6月9日收到银行转来的托收承付结算凭证承付支款通知及发票，价款38 000元，经审核无误，到期承付。根据发票（表5-12）、银行结算凭证，作会计分录如下：

借：在途物资——东方水泥厂　　　　　　　　　　　　38 000
　　贷：银行存款　　　　　　　　　　　　　　　　　38 000

【例5-8】 接【例5-7】，6月15日上述水泥运到验收入库。根据收料单编制会计分录如下：

借：原材料——主要材料 38 000
　　贷：在途物资——东方水泥厂 38 000

3. 收料在前，付款在后

在运输比较方便顺畅而结算手续不及时或票据传递时间过长，发生材料已验收入库而货款未付，通常有两种情况。其一，若材料已验收入库，购货方因存款不足而尚未支付时，货款通过"应付账款"账户核算，借记"原材料"账户，贷记"应付账款"账户；其二，若材料已验收入库，材料费发票月末尚未到达企业，货款未付，月末购货方按暂估价值对验收入库的材料估价入账，借记"原材料"账户，贷记"应付账款——暂估应付账"账户，下月初用红字冲销上述分录，等到发票到达后，按正常购料业务处理，借"原材料"账户，贷"银行存款"账户。

【例5-9】 宏伟建筑工程公司6月16日从隆兴公司购进电气材料一批，不含税价款为30 000元。企业因资金短缺暂欠货款，材料已验收入库，增值税率为13%。根据发货票及收料单作会计分录如下：

借：原材料——主要材料 30 000
　　应缴税额——应缴增值税（进项税额） 3 900
　　贷：应付账款——隆兴公司 33 900

【例5-10】 宏伟建筑工程公司6月25日从外地购进陶瓷洁具一批，发票等结算凭证未到，月末按暂估价50 000元入库，会计处理如下：

6月30日结算凭证未到，按估价入账：

借：原材料——主要材料 50 000
　　贷：应付账款——暂估应付账款 50 000

下月初用红字冲回上述分录

借：原材料——主要材料品 50 000
　　贷：应付账款——暂估应付账款 50 000

【例5-11】 7月8日，【例5-10】中的发票账单等结算凭证到达，陶瓷洁具不含税价款60 000元，增值税税率为13%，企业已通过银行转账支付该批货款。根据发票及结算凭证，作会计分录如下：

借：原材料——主要材料 60 000
　　应缴税额——应缴增值税（进项税额） 7 800
　　贷：银行存款 67 800

4. 预付货款在先，后收料结算

在销货单位发货前，购货方预付一定比例的货款，销货方根据合同发货后，双方结算货款，按"预付账款"业务处理，见前例【例4-14】～【例4-16】。

5. 货款先付，验收材料时发现短缺或损毁

在验单付款的情况下，企业付款在先，验收时发现材料短缺或毁损，应及时查明原因，

分清责任，区别不同情况分别处理。

（1）属于运输途中的合理损耗，即定额内损耗，由企业自行负担，按实际收到数量登记材料明细账，并相应提高入库材料的实际单价，不另作账务处理。

（2）超定额的损耗，处理的情况有所不同。

① 由供应单位造成的短缺，若货款未付的，可以办理拒付。拒付时，按实际短缺的数量计算出拒付金额并填写"拒付理由书"，通过开户银行传递给销货单位。拒付后，按实际支付的购货款项，进行正常的外购材料会计处理；若货款已经支付，并已计入"在途物资"账户，收料时发生的短缺应由供应单位赔偿，通过"其他应收款"核算。

② 由运输单位造成的短缺或毁损，应向运输单位提出赔偿要求，赔偿款通过"其他应收款"账户核算。

③ 发生意外灾害等非常损失及尚待查明原因的材料短缺、毁损，应暂作"待处理财产损益——待处理流动资产损益"，在查明原因后，将损失的价款扣除过失人或者保险公司、运输单位的赔偿款及残料价款后，其非常损失部分列为"营业外支出——非常损失"，属于其他情况的，计入当期"管理费用"。

【例5-12】 宏伟建筑工程公司采购玻璃一批，不含税价款200 000元，增值税税率为13%，5天后，在验收入库时发现短缺5 000元材料，货款已由银行转账支付。原因尚待查明。

会计处理如下：

按实际价款付款时：

借：在途物资——主要材料　　　　　　　　　　　　　　200 000
　　应缴税费——应缴增值税（进项税额）　　　　　　　　26 000
　　贷：银行存款　　　　　　　　　　　　　　　　　　　　226 000

材料验收入库时：

借：原材料——主要材料　　　　　　　　　　　　　　　195 000
　　待处理财产损益——待处理流动资产损益　　　　　　　5 000
　　贷：在途物资——主要材料　　　　　　　　　　　　　　200 000

若上述损耗已查明，是由于意外灾害造成的，经批准计入"营业外支出"账户。

借：营业外支出——非常损失　　　　　　　　　　　　　　5 000
　　贷：待处理财产损益——待处理流动资产损益　　　　　　5 000

6. 建设单位供料

企业承建的建筑工程，若属于包工包料的建筑工程，建设单位供应的材料应视同外购，结算价格按双方签订的合同约定，收到材料时，借记"原材料"账户，贷记"预收账款"账户。

三、发出材料的核算

企业材料领用数量多，价值高，发出业务频繁，应按领料凭证逐日进行核算，但因工作量较大，平时一般只登记材料明细账，而编制记账凭证与发出材料的核算工作在月末进行，一般根据领料凭证按部门和用途对领料凭证进行汇总，编制材料发出汇总表（见表5-14），并以此为依据办理发出材料的核算，借记领用材料的各受益对象，贷记"原材料"账户。

表5-14 材料发出汇总表（实际成本计价下）

2020 年 6 月 30 日

用途 \ 材料类别	主要材料				结构件	机械配件	其他材料	合 计
	钢材	木材	水泥	小计				
工程施工	50 000	30 000	40 000	120 000	11 000	13 000	3 000	147 000
1. 甲工程	30 000	20 000	25 000	75 000	5 000	8 000	2 000	90 000
2. 乙工程	20 000	10 000	15 000	45 000	6 000	5 000	1 000	57 000
机械作业部门	5 000	8 000	3 000	16 000		3 000	500	19 500
管理部门	3 000	2 000		5 000		1 000	500	6 500
合计	58 000	40 000	43 000	141 000	11 000	17 000	4 000	173 000

根据表 5-14，企业作会计分录如下：

借：工程施工——甲工程　　　　　　　　　　　90 000
　　工程施工——乙工程　　　　　　　　　　　57 000
　　机械作业　　　　　　　　　　　　　　　　19 500
　　管理费用　　　　　　　　　　　　　　　　 6 500
　　贷：原材料——主要材料　　　　　　　　　141 000
　　　　原材料——结构件　　　　　　　　　　 11 000
　　　　原材料——机械配件　　　　　　　　　 17 000
　　　　原材料——其他材料　　　　　　　　　 4 000

四、原材料明细核算

实际成本法下原材料的明细核算由财务部门和仓库保管部门共同进行，设置原材料明细账、在途物资明细账，仓库设置材料卡片。

在途物资明细账按购入材料的名称设置，一般采用三栏式账页，登记购入及验收入库的原材料的数量和金额，其格式略。

原材料明细账采用的是数量金额式明细账，根据收发料凭证逐步登记，其格式见表5-2等。

材料卡片是按材料品名和规格，由库管员根据收发料凭证登记收发数量，见表 5-15。

表5-15 材料卡片

材料类别：		名称规格	仓库	计量单位	计划单价	
年		凭证号数	摘要	收入数量	发出数量	结 存
月	日					数量	金额

任务 5.5 计划成本计价下外购原材料收发的核算

知识目标

1. 掌握材料采购账户的核算内容及使用方法。
2. 掌握原材料账户的核算内容及使用方法。
3. 掌握材料成本差异账户的核算内容及使用方法。

能力目标

1. 能组织计划成本法下原材料收入的核算。
2. 能组织计划成本法下原材料发出的核算。
3. 能登记材料采购和原材料明细账。

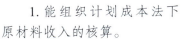
计划成本法下外购原材料的核算

原材料按计划成本计价的核算是指原材料从购入到验收入库、从仓库发出材料、期末结存均按计划成本计价组织核算。这种方法适用于规模较大、收发业务多、存货品种多样的企业。

一、账户的设置

1. 材料采购

"材料采购"账户核算的是计划成本计价下购入原材料的实际采购成本。该账户属于资产类账户,其借方登记实际支付或结算的原材料的采购成本和验收入库材料形成的材料成本节约差,贷方登记入库原材料的计划成本和验收入库原材料形成的材料成本超支差,期末借方余额反映在途物资的实际成本。该账户可按供应单位和材料品种设置明细账进行明细核算。

2. 原材料

"原材料"账户核算的是材料按计划成本计价时验收入库材料的计划成本。该账户属于资产类账户,其借方登记的是验收入库材料的计划成本,贷方登记的是从仓库发出材料的计划成本,期末借方余额反映的是期末库存材料的计划成本。该账户可按材料品种规格设置明细账进行明细核算。

3. 材料成本差异

"材料成本差异"账户核算的是实际成本与计划成本的差异,实际成本大于计划成本是超支差(借差),反之则是节约差(贷差)。该账户属于资产类账户,其借方登记的是入库材料形成的超支差,贷方登记的是入库材料形成的节约差及发出材料应负担的材料成本差异(超支差用蓝字,节约差用红字),期末借方余额反映的是库存材料应负担的超支差,贷方余额反映的是库存材料应负担的节约差。该账户按材料的类别设置明细账进行明细核算。

二、外购原材料的核算

计划成本法计价下,外购材料的核算按实付价款借记"材料采购"账户,贷记"银行存款"账户,验收入库时按计划成本借记"原材料",按实际成本贷记"材料采购",同时结转材料成本差异,借记或贷记"材料成本差异"。因结算方式的不同,分为以下几种情况。

1. 货款已付,同时收料

货款已付,同时收料业务,根据发货票、运费单及银行结算凭证等编制付款记账凭证,按实付价款借记"材料采购"账户，贷记"银行存款"账户，根据入库单办理材料入库并结转材料成本差异，借记"原材料"账户，借或贷记"材料成本差异"账户，贷记"材料采购"账户。

【例5-13】 前例【例5-6】宏伟建筑工程公司于6月3日购入苯板，若该批材料的计划成本为41 000元，企业根据发票、收料单、结算凭证等原始凭证，作会计处理如下：

购入材料按实际成本付款时：
借：材料采购——主要材料　　　　　　　　　　　　　44 000
　　应缴税费——应缴增值税（进项税额）　　　　　　5 640
　　贷：银行存款　　　　　　　　　　　　　　　　　47 460
　　　　库存现金　　　　　　　　　　　　　　　　　 2 180
材料入库并结转材料成本差异时：
借：原材料——主要材料　　　　　　　　　　　　　　41 000
　　材料成本差异——主要材料　　　　　　　　　　　 3 000
　　贷：材料采购——主要材料　　　　　　　　　　　44 000

2. 付款在前，收料在后

付款在前，收料在后业务，企业付款时，根据发票及银行结算凭证借记"材料采购"账户，贷记"银行存款"账户，待材料验收入库时，根据收料单借记"原材料"账户，贷记"材料采购"账户，同时结转材料成本差异，借或贷记"材料成本差异"账户。

【例5-14】 前例【例5-7】宏伟建筑工程公司于6月9日向东方水泥厂购进水泥，若水泥的计划成本为39 000元。根据有关原始凭证，作会计分录如下：

借：材料采购——主要材料　　　　　　　　　　　　　38 000
　　贷：银行存款　　　　　　　　　　　　　　　　　38 000
借：原材料　　　　　　　　　　　　　　　　　　　　39 000
　　贷：材料成本差异——主要材料　　　　　　　　　 1 000
　　　　材料采购——主要材料　　　　　　　　　　　38 000

3. 收料在前，付款在后

收料在前，付款在后业务，若属于购货方存款不足而尚未付款的业务，根据发票、结算凭证借记"材料采购"，贷记"应付账款"，入库时按收料单，借记"原材料"账户，贷记"材料采购"账户，同时结转成本差异，借或贷记"材料成本差异"账户；若属于发票账单等月末未达，则按暂估价值对验收入库的材料估价入账，借"原材料"账户，贷"应付账款——暂估应付账"，待下月初用红字冲销上述分录，等到发票到达后，按正常购料业务借记"材料采购"账户，贷记"银行存款"账户，同时办理入库，借记"原材料"账户，贷记"材料采购"账户，借或贷记"材料成本差异"账户。

【例5-15】 前例【例5-9】宏伟建筑工程公司6月16日从隆兴公司购进电气材料一批，若其他条件不变，材料的计划价格为35 000元，作会计分录如下：

借：材料采购——主要材料　　　　　　　　　　　　　30 000
　　应缴税费——应缴增值税（进项税额）　　　　　　3 900
　　贷：应付账款——隆兴公司　　　　　　　　　　　　33 900
借：原材料——主要材料　　　　　　　　　　　　　　35 000
　　贷：材料成本差异——主要材料　　　　　　　　　　5 000
　　　　材料采购——主要材料　　　　　　　　　　　　30 000

【例5-16】 前例【例5-10】宏伟建筑工程公司6月25日从外地购进陶瓷洁具一批，若其他条件不变，其计划成本为50 000元。会计处理如下：

6月30日结算凭证未到，按估价入账：

借：原材料——主要材料　　　　　　　　　　　　　　50 000
　　贷：应付账款——暂估应付账款　　　　　　　　　　50 000

下月初用红字冲回上述分录：

借：原材料——主要材料　　　　　　　　　　　　　　50 000
　　贷：应付账款——暂估应付账款　　　　　　　　　　50 000

【例5-17】 7月8日【例5-11】陶瓷洁具的发票账单等结算凭证到达，价款60 000元，企业已通过银行转账支付该批货款。作会计分录如下：

借：材料采购——主要材料　　　　　　　　　　　　　60 000
　　应缴税费——应缴增值税（进项税额）　　　　　　7 800
　　贷：银行存款　　　　　　　　　　　　　　　　　　67 800
借：原材料——主要材料　　　　　　　　　　　　　　50 000
　　材料成本差异——主要材料　　　　　　　　　　　10 000
　　贷：材料采购——主要材料　　　　　　　　　　　　60 000

4. 先预付货款，收到材料再结算

先行预付货款，再根据发票办理购料业务，借记"材料采购"，贷记"预付账款"，收料时，按计划价格入库，并结转材料成本差异，借记"原材料"，贷记"材料采购"，同时借记或贷记"材料成本差异"账户。

5. 货款先付，验收材料时发现短缺或损毁

材料短缺或毁损的处理同前按实际成本法计价的核算。

【例5-18】 宏伟建筑工程公司采购钢材100t，单价4000元/t，增值税税率为13%款项通过银行转账支付，5天后，在验收入库时发现短缺1t，原因尚待查明，若钢材的计划价格为4 200元/t。会计处理如下：

按实际价款付款时，根据发票及结算凭证：

借：材料采购——主要材料　　　　　　　　　　　　　400 000
　　应缴税费——应缴增值税（进项税额）　　　　　　52 000
　　贷：银行存款　　　　　　　　　　　　　　　　　　452 000

材料验收入库时，根据收料单：
借：原材料——主要材料　　　　　　　　　　　　　415 800
　　待处理财产损益——待处理流动资产损益　　　　4 000
　　贷：材料采购——主要材料　　　　　　　　　　400 000
　　　　材料成本差异——主要材料　　　　　　　　 19 800
若上述损耗已查明，是供应单位少发货造成的，应由其赔偿，作会计分录如下：
借：其他应收款——供应单位　　　　　　　　　　　4 000
　　贷：待处理财产损益——待处理流动资产损益　　4 000

三、发出原材料的核算

计划成本计价下材料发出的核算，是在月末根据月份内的领料和退料凭证，按照材料的类别和用途，编制"发出材料汇总表"，见表5-16，将发出材料的计划成本及应分配的材料成本差异计入各受益对象。

表5-16　发出材料汇总表（计划成本计价下）

2020年6月30日

受益对象 \ 材料名称	主要材料（-1%）		机械配件（2%）		合　计	
	计划成本	成本差异	计划成本	成本差异	计划成本	成本差异
工程施工——甲工程	300 000	-3 000	10 000	200	31 000	-2 800
辅助生产部门	1 000	-10			1 000	-10
管理部门	4 000	-40			4 000	-40
合计	305 000	-3 050	10 000	200	315 000	-2 850

【例5-19】　根据表5-16，宏伟公司2020年6月30日作会计分录如下：
借：工程施工——甲工程　　　　　　　　　　　　　310 000
　　生产成本——辅助生产成本　　　　　　　　　　　1 000
　　管理费用　　　　　　　　　　　　　　　　　　　4 000
　　贷：原材料——主要材料　　　　　　　　　　　305 000
　　　　原材料——机械配件　　　　　　　　　　　 10 000
借：工程施工——甲工程　　　　　　　　　　　　　 -2 800
　　生产成本——辅助生产成本　　　　　　　　　　　 -10
　　管理费用　　　　　　　　　　　　　　　　　　　 -40
　　贷：材料成本差异——主要材料　　　　　　　　 -3 050
　　　　材料成本差异——机械配件　　　　　　　　　 200

四、原材料明细核算

计划成本法下原材料的明细核算，财务部门应设置物资采购明细账、库存材料明细账和材料成本差异明细账，主要核算材料的金额。仓库保管部门设置材料卡，即核算金额还要核算数量。

材料采购明细账按材料类别设置，是反映采购材料的付款、到货、在途情况及采购实际成本、计划成本和材料成本差异情况的账簿，一般采用横线登记。其格式见表5-17。

表5-17　材料采购明细账

材料类别：

记账		发票账单编号	收料		收料单位或采购人姓名	摘要	借方					贷方		
日期	编号		日期	编号			买价	运杂费	采购保管费	其他	合计	计划成本	成本差异	合计

原材料明细账按材料类别设置，根据收发料凭证逐步登记材料的计划成本，采用的是数量金额式明细账，其格式见表5-2。

材料成本差异明细账按材料类别设置，反映材料入库时形成的材料成本差异，采用的是三栏式明细账。

材料卡片是按材料品名和规格，由库管员根据收发料凭证序时登记收发结存的数量，月末根据结存的数量和计划单价计算结存金额。其格式见表5-15。

任务 5.6　委托加工物资的核算

知识目标

1. 掌握委托加工物资的概念及其实际成本构成。
2. 掌握委托加工物资账户的核算内容与使用方法。

能力目标

能对委托加工物资的加工及验收入库业务进行核算。

一、委托加工物资的基本知识

企业外购的材料有时不能满足施工生产的要求，需要委托外单位加工，这些委托外单位加工处于加工中的各种材料物资叫委托加工物资。

委托加工物资其成本的构成一般由三部分内容组成，其一，加工中耗用的材料物资的实际成本；其二，支付的加工费用；其三，发生的往返运杂费。

委托加工物资与发出加工的材料相比，不仅实物形态发生了改变，其价值上发生了追加，改变了原有的使用功能。

企业与委托单位之间必须签订有效的委托加工合同，并以此为依据，办理各项费用支出。

二、委托加工物资的核算

1. 账户的设置

企业应设置"委托加工物资"账户核算委托外单位加工的各种材料的实际成本,该账户属于资产类账户,其借方登记耗用材料物资的实际成本,支付的加工费用和往返运杂费,贷方登记加工完成验收入库时结转的委托加工物资的实际成本,期末借方余额,表示尚未加工完成仍处于加工中的材料物资的实际成本。该账户按委托加工合同或加工单位进行明细核算。

2. 会计核算处理

企业委托外单位加工物资领用材料时,借记"委托加工物资"账户,贷记"原材料"账户,若材料按计划成本计价,还应分配材料成本差异,贷记"材料成本差异"。支付加工费、往返运杂费等,借记"委托加工物资"账户,贷记"银行存款"等账户,加工完成验收入库时,借记"原材料"账户,贷记"委托加工物质"账户,若材料按计划成本计价,还应结转入库材料的成本差异。

【例5-20】 宏伟建筑工程公司委托市金属制造厂加工钢结构,发出钢材一批,实际成本为204 000元,开出转账支票支付加工费30 000元,以现金支付运输单位往返运费5 000元,该钢结构加工完成按实际入库。会计处理如下:

发出钢材时,根据出库单:

借:委托加工物资——市金属制造厂　　　　　　　　　　　　204 000
　　贷:原材料——钢材　　　　　　　　　　　　　　　　　　204 000

支付加工费时,根据加工费凭证及银行结算凭证:

借:委托加工物资——市金属制造厂　　　　　　　　　　　　 30 000
　　贷:银行存款　　　　　　　　　　　　　　　　　　　　　 30 000

支付往返运费,根据运费单:

借:委托加工物资——市金属制造厂　　　　　　　　　　　　　5 000
　　贷:库存现金　　　　　　　　　　　　　　　　　　　　　　5 000

加工完成验收入库,根据委托加工物资入库单:

借:原材料——结构件　　　　　　　　　　　　　　　　　　239 000
　　贷:委托加工物资——市金属制造厂　　　　　　　　　　　239 000

任务 5.7　自制材料的核算

知识目标

1. 掌握自制材料的概念及其实际成本构成。
2. 掌握用生产成本-辅助生产成本账户核算自制材料的方法。

能力目标

能对自制材料的制造及验收入库业务进行核算。

一、自制材料的基本知识

自制材料是指企业按照施工活动的需求，将外购材料交由企业内部非独立核算的辅助生产单位加工成为另一种新的材料。

自制材料的实际成本由直接人工、直接材料、其他费用构成。

二、自制材料的核算

企业应设置"生产成本——辅助生产成本"账户，核算自制材料的实际成本。该账户属于成本类账户，其借方登记自制材料在加工过程中发生的各项费用，贷方登记加工完成验收入库的自制材料的实际成本，期末借方余额表示尚在加工中的在产品的实际成本。该账户按辅助生产部门和材料名称、类别设置明细账进行明细核算。

【例5-21】 宏伟建筑工程公司领用木材一批，实际成本为49 500元，交由本企业的辅助生产部门加工成木门，自制过程中发生工资2 000元，现金支付其他费用3 000元，木门加工完成验收入库。会计处理如下：

发出木材时，根据领料单：
借：生产成本——辅助生产成本——木门　　　　　　　　　　　49 500
　　贷：原材料——木材　　　　　　　　　　　　　　　　　　　49 500

分配工资时，根据工资分配表：
借：生产成本——辅助生产成本——木门　　　　　　　　　　　 2 000
　　贷：应付职工薪酬——应付工资　　　　　　　　　　　　　　 2 000

支付其他费用时，根据相关发票及结算凭证：
借：生产成本——辅助生产成本——木门　　　　　　　　　　　 3 000
　　贷：库存现金　　　　　　　　　　　　　　　　　　　　　　 3 000

加工完成验收入库时，根据收料单等：
借：原材料——木门　　　　　　　　　　　　　　　　　　　　　54 500
　　贷：生产成本——辅助生产成本——木门　　　　　　　　　　54 500

任务 5.8　周转材料的核算

知识目标

1. 掌握周转材料概念、分类及摊销方法。
2. 掌握周转材料的摊销方法。
3. 掌握周转材料账户的核算内容及使用方法。

能力目标

1. 能对周转材料购入、领用业务进行核算。
2. 能对周转材料摊销、报废业务进行核算。
3. 会登记周转材料明细账。

一、周转材料的基本知识

1. 周转材料的概念与分类

周转材料是指企业能够多次使用、逐渐转移其价值但保持原有形态,不确认为固定资产的材料。包括模板、挡板、架料、其他周转材料等。

(1) 模板。模板是指用于混凝土工程浇灌用的钢模、木模、组合模板及配合模板使用的支撑材料、滑模材料、卡扣等。

(2) 挡板。挡板是指在土方工程施工时用于挡土的木板,包括配合挡板使用的支撑材料等。

(3) 架料。架料是指施工中搭设脚手架用的竹竿、钢管脚手架、跳板等。

(4) 其他周转材料。其他周转材料是指除以上各类外,作为流动资产管理的其他周转材料,如塔吊用的枕木、轻轨等。

2. 周转材料的摊销方法

(1) 一次摊销法。一次摊销法是指在领用周转材料时,将其全部价值一次计入当期成本费用。这种方法适用于一次性领用数量不多且价值低、易腐烂、易受潮、易损坏、使用期限短的周转材料。

(2) 分次摊销法。分次摊销法是指根据周转材料的预计使用次数分次摊销计入成本费用的方法。此方法适用于模板、挡板等周转材料的摊销。其计算公式如下:

周转材料每次摊销额 = 周转材料原值 × (1− 残值率) / 预计使用次数

(3) 分期摊销法。分期摊销法是指根据周转材料的预计使用期限分期摊销计入成本费用的方法。此方法适用于模板、挡板等周转材料的摊销。其计算公式如下:

$$周转材料月摊销额 = \frac{周转材料原价 × (1-残值率)}{预计使用月数}$$

(4) 定额摊销法。即根据实际完成的工程量和预算定额规定的周转材料消耗定额,计算周转材料摊销额的方法。计算公式如下:

某期周转材料摊销额 = 该期实际完成的工程量 × 单位工程量周转材料消耗定额

【例5-22】 宏伟建筑工程公司甲工程5月份的周转材料的情况如下:

① 木模板每平方米单位成本120元,预计能使用24个月,预计残值率为4%,本月在用木模板10立方米,则

木模板本月摊销额 =10×120×(1-4%)/24=48(元)

② 假设组合钢模一套,原值40 000元,预计可使用40次,预计残值率为4%,则

该套组合模板每次摊销额 =40 000×(1-4%)/40=960(元)

③ 假设现场浇筑混凝土楼板,本期完成30立方米,每立方米的模板消耗定额为40元,则本期应负担的模板摊销额为 30×40=1 200(元)

二、周转材料的核算

1. 应设置的账户

企业应设置"周转材料"账户核算周转材料购入、领用、摊销、报废的价值,并在其

下按"在库周转材料""在用周转材料""周转材料的摊销"设置明细账户,分别核算周转材料的价值。

"在库周转材料"明细账户,核算的是库存周转材料的价值,与"原材料"的登记内容一致。实际成本计价时,其借方登记验收入库周转材料的实际成本,贷方登记领用周转材料的实际成本,期末借方余额反映库存周转材料的实际成本。若按计划成本计价,本账户核算的是周转材料的计划成本。

"在用周转材料"明细账户,核算的是周转材料的领用、报废和在用周转材料的价值,其借方登记在用的周转材料的实际成本,贷方登记各种原因而减少的周转材料转销的实际成本,期末借方余额反映在用周转材料的实际成本。若按计划成本计价,本账户核算的是周转材料的计划成本。

"周转材料摊销"明细账户,是"在用周转材料"账户的备抵调整账户,核算企业周转材料在使用中的价值损耗。其贷方登记按一定的方法计提和补提的在用周转材料摊销额,借方登记结转的报废周转材料的已提摊销额,期末贷方余额表示在用周转材料的累计摊销额。

2. 周转材料购进的核算

因周转材料具有材料的通用性,与原材料一样即可按计划成本计价,也可按实际成本计价,其购进的核算与原材料购入业务的核算相同。

3. 周转材料领用的核算

(1)一次摊销法下领用周转材料时,根据领料单,将领用周转材料的价值一次性的全部计入相关的成本和费用账户,借记相关成本费用,贷记"周转材料——在库周转材料",按计划成本计价时应分配材料成本差异,贷记"材料成本差异——周转材料"。

(2)其他摊销法下领用周转材料时,根据领料单,将领用周转材料的价值从在库转为在用,借记"周转材料——在用周转材料",贷记"周转材料——在库周转材料"。

4. 周转材料摊销的核算

周转材料在施工生产过程中可以多次周转使用,并在使用中基本保持原有实物形态,其价值逐渐地转移。在实际工作中采用摊销的方法,将周转材料的价值逐渐转移到成本费用中。摊销时,编制在用周转材料摊销计算表,见表5-18,计算其摊销金额并据以编制记账凭证,借记有关成本费用账户,贷记"周转材料——周转材料摊销"。

表5-18 在用周转材料摊销计算

材料类别 受益对象	模板(每次摊销500元)		架料(月摊销率=5%)		摊销额合计
	使用次数	摊销额(元)	计划成本	摊销额(元)	
甲工程	5	2 500	10 000	500	3 000
乙工程	6	3 000	20 000	1 000	4 000
合计		5 500		1 500	7 000

根据表5-18,作会计分录如下:

借：工程施工——甲工程（材料费）	3 000	
工程施工——乙工程（材料费）	4 000	
贷：周转材料——在用周转材料摊销		7 000

5. 周转材料报废的核算

报废的周转材料，其账务处理一般包括四个环节：补提摊销额；残料回收；冲销原值（扣除残料价值）和已提摊销额；分配材料成本差异。

补提摊销额的计算公式如下：

报废周转材料应补提的摊销额 = 应提摊销额 - 已提摊销额

应提摊销额 = 报废周转材料的实际成本 - 残料价值

已提摊销额 = 报废周转材料的实际成本 × $\dfrac{该类周转材料账面已提摊销}{该类周转材料账面实际成本}$

【例 5-23】 宏伟建筑工程公司 5 月甲工程报废架料一批，实际成本 6 000 元，回收残料作价 200 元入废料库，该类周转材料账面情况是：在用架料的实际成本 200 000 元，累计摊销价值为 120 000 元，周转材料的成本差异率为 1%。会计处理如下：

应提摊销额 = 6 000-200 = 5 800（元）

已提摊销额 = 6 000 × 120 000/200 000 = 3 600（元）

应补提摊销额 = 5 800-3 600 = 2 200（元）

补提摊销时：

| 借：工程施工——甲工程（材料费） | 2 200 | |
| 贷：周转材料——在用架料摊销 | | 2 200 |

回收残料入库时：

| 借：原材料——其他材料 | 200 | |
| 贷：工程施工——甲工程 | | 200 |

冲销已提摊销额时：

借：周转材料——在用架料摊销	5 800	
工程施工——甲工程	200	
贷：周转材料——在用架料		6 000

若按计划成本计价进行核算，报废时还应分配材料成本差异，作如下分录：

| 借：工程施工——甲工程（材料费） | 60 | |
| 贷：材料成本差异——周转材料 | | 60 |

三、周转材料的明细核算

周转材料的明细核算按"在库"和"在用"分设明细账，在库周转材料明细账与原材料明细账的登记方法相同，在用周转材料按周转材料的类别和使用部门设置明细账，将在用周转材料的计划成本、摊销价值和结余价值集合在一张明细账上，见表 5-19。

表5-19　在用周转材料及其摊销明细账

使用部门			类别：					计量单位：			单价：	
2011年		凭证号数	摘要	在用计划成本						摊销价值		结余		
月	日			借方		贷方		余额		借方	贷方	余额	成色	净值
				数量	金额	数量	金额	数量	金额					

任务 5.9　存货清查的核算

知识目标

1. 掌握存货清查的内容与方法。
2. 掌握待处理财产损益账户的核算内容及使用方法。

能力目标

1. 能对存货的盘盈业务进行核算。
2. 能对存货的盘亏业务进行核算。

一、存货清查的基本知识

存货清查是指企业对存货进行盘点，确定存货的实有数量，并与账面资料核对，确定实有数与账面数是否相符的一种专门方法。通过存货清查，可以发现存货管理工作中存在的问题，建立健全存货管理制度。

存货清查按照清查的时间分为定期清查和不定期清查；按照清查的对象和范围的不同分为全面清查和局部清查，全面清查是指对企业所有的存货进行的清查，局部清查是根据需要对一部分存货进行的清查。通常情况下企业的存货，每年至少盘点一次，在以下情况出现时应进行全面清查，①编制年度会计决算之前；②实行租赁、承包时；③停办、破产、改变隶属关系时；④清产核资时；⑤企业主要领导人更换、离任或上任，工作交接时。

存货清查时，成立由企业领导、专业人员、企业职工等人员组成的清查小组，深入施工现场通过点数、过磅、量尺、计方等方法，查清各种存货的实有数量，并鉴定其质量，将各种存货的实存数与账存数逐一核对。盘点结束后，凡账实不符的存货，要核实盘存数量，查明原因，分清责任，凡毁损变质的存货，应查明原因及责任人员。最后根据盘点结果编制"存货盘盈盘亏报告表"见表5-20，标注真实原因，并根据企业的管理权限，报经股东大会或董事会、或经理（厂长）会议等类似机构批准后，在期末结账前处理完毕。

表5-20 存货盘盈盘亏报告表

单位名称：				年　　月　　日								仓库：
存货类别	存货编号	存货名称及规格	计量单位	计划单价	账面		实点		盘盈		盘亏		原因
					数量	金额	数量	金额	数量	金额	数量	金额	
		合　计											

二、存货清查的账务处理

查明的存货盘盈、盘亏和毁损数，报经批准前应通过"待处理财产损益"账户下设的"待处理流动资产损益"明细账户核算，经有关部门审批后再按批复意见予以转销。

盘盈的存货，按同类或类似存货的市场价格冲减当期管理费用。盘亏和毁损的存货，在扣除过失人或保险公司赔款和残料价值后的净损失，属于自然灾害造成的，计入企业的营业外支出，属于收发计量差错导致的，计入企业的管理费用，这二种情况进项税额不予转出，因管理不善造成的，计入管理费用，进项税额要转出。

【例5-24】　宏伟建筑工程公司在存货清查中发现盘盈水暖件一批，经查，同类材料的市场价格为6 000元。作会计分录如下：

发现盘盈时：
借：原材料——主要材料　　　　　　　　　　　　　　　　　6 000
　　贷：待处理财产损益——待处理流动资产损益　　　　　　　　6 000
报经批准转销时：
借：待处理财产损益——待处理流动资产损益　　　　　　　　6 000
　　贷：管理费用　　　　　　　　　　　　　　　　　　　　　　6 000

【例5-25】　宏伟建筑工程公司在存货清查中发现盘亏一批洁具，贴面价值为5 000元。作会计分录如下：

发现盘亏时：
借：待处理财产损益——待处理流动资产损益　　　　　　　　5 000
　　贷：原材料　　　　　　　　　　　　　　　　　　　　　　　5 000
查明原因，属于保管人员收发计量差错，报经批准转销时：
借：管理费用　　　　　　　　　　　　　　　　　　　　　　　5 000
　　贷：待处理财产损益——待处理流动资产损益　　　　　　　　5 000

知识梳理

存货是指企业在日常活动中持有以备出售的产成品或商品、处在生产过程中的在产品、在生产过程或提供劳务过程中消耗的材料和物料等。包括主要材料、其他材料、机械配件、在建工程、在产品、产成品、半成品、结构件等。存货在同时满足以下两条件时，才能得以确认：①该存货包含的经济利益很可能流入企业；②该存货的成本能够可靠地计量。

存货的初始计量是指对存货取得的实际成本进行的计量。存货的实际成本包括采购成本、加工成本和其他成本，因存货取得的途径不同，其实际成本的构成内容也不一样。

外购存货的采购成本，包括采购价格、运杂费、相关税费以及其他可归属于存货采购成本的费用。自制存货的实际成本包括直接材料费、直接工资、其他制造费用。委托外单位加工的存货的实际成本包括耗用存货的实际成本、支付的加工费用、发生的往返运杂费。投资者投入的存货，其实际成本按中介机构确定的评估价确定，若无评估价，可按照投资双方所签订的合同或协议约定的价值确定，但合同协议约定价值不公允的除外。接受捐赠的存货的实际成本可按对方是否提供有关凭证来确定。

实际成本计价下，发出及库存存货的计价方法有先进先出法、加权平均法、移动平均法，各种计价方法，企业可以根据实际需要选用，但一经确定不得随意变更，以保持会计数据的一致性和可比性。

计划成本计价下，发出材料的实际成本等于发出材料的计划成本加发出材料应分配的材料成本差异。

周转材料是建筑企业具有特殊用途的存货，在施工生产过程中起劳动资料的作用，其价值损耗以摊销的形式计入有关成本费用。

企业应定期或不定期对存货进行清查盘点，通常采用实地盘点法，对账实不符的，要查明原因及时进行调整。

复习思考题

1. 什么是存货？其确认条件是什么？
2. 存货收发业务的原始凭证有哪些？存货取得的途径有哪些？
3. 实际成本计价法下，原材料的核算应设置哪些账户？
4. 计划成本计价法下，原材料的核算应设置哪些账户？
5. 材料成本差异是什么，怎样计算？
6. 什么是周转材料？其摊销方法有哪些？
7. 存货清查的方法是什么？

项目实训

实训项目一

【实训目的】能对原材料购入业务进行核算。

【实训资料】ABC 公司 2011 年 4 月发生如下经济业务。

1. 4 月 13 日，收到钢筋 50t，发票价格 200 000 元，运费 12 000 元，开出转账支票支付。钢材的计划单价为 3 800 元/t。

2. 4 月 14 日，购入水泥 100t，单价 320 元/t，货已收到，运费 1 600 元现金支付，货款尚未支付。其计划单价为300元/t。

3. 4月19日，购入落叶木材10m³，材料已到，但发票账单尚未到达，其计划单价820元/m³。

4. 4月20日，上月按暂估价320元/t估价入账的50t水泥的发货票现已到达，实际单价为340元/t，款项通过电汇支付。

5. 4月21日，购入静压桩一批，按合同规定预付给供应单位100 000元货款，款项通过银行转账支付。

6. 4月22日，上述静压桩已到现场，合同总价为350 000元，结转原预付款，余款通过银行转账支付，计划成本320 000元。

7. 4月25日，购入钢材100t，单价为4 000元/t，发票金额400 000元，已通过银行转账支付，但材料尚未到达，计划单价同上。

8. 4月28日，上月购入的8 000m单价8元的电线现已运达现场，办理验收入库，其计划单价为9元/m。

9. 4月30日，支付本月购入的木材、钢材、水泥的运费40 000元，由银行存款支付。

【实训要求】1. 按实际成本计价，为上述各项经济业务编制会计分录。
2. 按计划成本计价，为上述各项经济业务编制会计分录。

实训项目二

【实训目的】实际成本法下能计算发出和结存材料实际成本。

【实训资料】ABC公司6月份购入与发出材料的情况见下表：

日期	收入		发出		结存	
	数量/t	单位成本	数量/t	单位成本	数量/t	单位成本
6月1日结存					200	650
6月8日购入	500	600				
6月15日发出			400			
6月20日购入	400	620				
6月26日购入	300	580				
6月30日发出			600			

【实训要求】根据上表，采用先进先出法、加权平均法、移动加权平均法分别计算本月发出材料和期末结存材料的实际成本。

实训项目三

【实训目的】计划成本法下能计算材料实际成本。

【实训资料】ABC公司7月初结存的某材料的计划成本为100 000元，材料成本差异为超支差5 000元，当月购进该材料的实际成本为300 000元，计划成本为280 000元；本月领用该种材料的计划成本为250 000元，其中，A工程施工领用200 000元，辅助生产车间自制材料领用10 000元，管理部门领用20 000元，委托外单位加工材料领用20 000元。

【实训要求】计算本月材料成本差异率和本月发出材料的实际成本,并进行相应的账务处理。

实训项目四

【实训目的】能对周转材料业务进行核算。

【实训资料】ABC公司采用实际成本计价,5月发生的周转材料业务如下:

1. 5月3日,购入安全网一批,价款13 000元,开出转账支票支付,料已到。该安全网被A工程全部领用,采用一次摊销法核算。

2. 5月3日,B工程领用分期摊销的全新模板一批,实际成本为30 000元,使用期限为24个月。

3. 5月10日,B工程领用一次摊销的工器具一批,实际成本5 000元。

4. 5月23日,A工程领用木板一批,实际成本30 000元,转作为模板。

5. 5月25日,B工程报废分次摊销的模板一批,实际成本为80 000元,报废时回收残料价值2 000元。

6. 5月30日,月末盘点A工程钢脚手架,估计成色为55%,账面成色为52%,在用钢管架料的实际成本60 000元。

【实训要求】为上述各项经济业务编制会计分录。

项目5 存货核算实务测试题

项目 6

长期股权投资核算实务

任务 6.1 长期股权投资的基础知识

知识目标

1. 掌握长期股权投资的概念及内容。
2. 掌握长期股权投资的核算范围。
3. 掌握长期股权投资应设置的账户及使用方法。

能力目标

能对长期股权投资、投资收益、长期股权投资减值准备账户熟练应用。

项目 6 课程思政阅读材料

一、长期股权投资的核算范围

1. 长期股权投资的概念

长期股权投资是指企业投出的期限在 1 年以上(不含 1 年)的各种股权性质的投资,包括股票投资和其他股权投资等。

股票投资是指企业以购买股票的方式对其他企业进行的投资,企业购买并持有某股份公司的股票后,即成为该公司的股东,投资企业有权参与被投资企业的经营管理,并根据股份有限公司经营的好坏,按持股比例分享利润、分担亏损。

其他股权投资是指除股票投资以外具有股权性质的投资,一般是企业直接将现金、实物或无形资产等投入其他企业而取得股权的一种投资。其他股权投资是一种直接投资,在我国主要指联营投资,资产一经投出,除联营期满或由于特殊原因(如联营企业解散),一般不得抽回投资,投资企业根据被投资企业经营的好坏,按其投资比例分享利润或分担亏损。其他股权投资和股票投资一样,也是一种权益性投资。

2. 长期股权投资核算范围

(1)企业持有的能够对被投资单位实施控制的权益性投资,即对子公司投资。控制,是指有权决定一个企业的财务和经营政策,并能据以从该企业的经营活动中获取利益。

(2)企业持有的能够与其他合营方一同对被投资单位实施共同控制的权益性投资,即对合营企业投资。共同控制,是指按照合同约定对某项经济活动所共有的控制,仅在与该项经济活动相关的重要财务和经营决策需要分享控制权的投资方一致同意时存在。

（3）企业持有的能够对被投资单位施加重大影响的权益性投资，即对联营企业投资。重大影响，是指对一个企业的财务和经营政策有参与决策的权力，但并不能够控制或者与其他方一起共同控制这些政策的制定。

二、长期股权投资核算账户的设置

企业核算长期股权投资，应当设置"长期股权投资""投资收益""长期股权投资减值准备"等账户。

"长期股权投资"账户核算企业持有的采用成本法和权益法核算的长期股权投资，其借方登记长期股权投资取得时的成本以及采用权益法核算时按被投资单位实现的净利润计算的应分享的份额，贷方登记收回长期股权投资的价值或采用权益法核算时被投资单位宣告分派现金股利或利润时企业按持股比例计算应享有的份额，以及按被投资单位发生的净亏损计算应分担的份额，期末借方余额，反映企业持有的长期股权投资的价值。"长期股权投资"按权益法核算的一般要设置"成本""损益调整""其他权益变动"三个明细账户。

"投资收益"账户核算企业确认的投资收益或投资损失，其贷方登记投资企业采用成本法核算时应按被投资单位宣告发放的现金股利或利润中属于本企业的部分、资产负债表日采用权益法核算时，根据被投资单位实现的净利润或经调整的净利润计算应享有的份额以及处置长期股权投资时实现的收益；借方登记按权益法核算的被投资单位发生亏损而冲减的长期股权投资账面价值以及处置长期股权投资时发生的亏损。期末，应将本账户余额转入"本年利润"账户，结转后应无余额。

"长期股权投资减值准备"账户核算企业计提的长期股权投资的减值准备，一般在资产负债表日，由于长期股权投资发生减值的而计提的减值准备，贷方登记计提的减值准备，借方登记处置长期股权投资时转销的已提减值准备，期末贷方余额，反映企业已计提但尚未转销的长期股权投资减值准备。

三、长期股权投资的核算方法

企业取得的长期股权投资，在确定其初始投资成本后，持续持有期间，视对被投资单位的影响程度等情况的不同，应分别采用成本法及权益法进行核算。

任务 6.2　长期股权投资的成本法

知识目标

1. 掌握成本法的概念及其适用范围。
2. 掌握成本法核算的要点。
3. 掌握成本法的核算方法。

能力目标

1. 能采用成本法对长期股权投资取得的业务进行核算。
2. 能采用成本法对接受投资单位宣告发放股利或利润的业务进行核算。
3. 能采用成本法对长期股权投资处置的业务进行核算。

一、成本法的适用范围

成本法是指长期股权投资按投资成本计价的方法。成本法适用于以下两种情形。

1. 投资企业能够对被投资单位实施控制的长期股权投资

投资企业能够对被投资单位实施控制主要有以下几种情况。

（1）投资企业直接拥有被投资单位半数以上的表决权。表决权是指具有投票权的股本权益，包括以下几种情况：投资企业直接拥有被投资单位50%以上的表决权；投资企业间接拥有被投资单位50%以上的表决权；投资企业直接和间接拥有被投资单位50%以上的表决权。

（2）投资企业虽然直接拥有被投资单位半数或以下的表决权，但具有实质控制权的。投资企业对被投资单位是否具有实质控制权，包括以下几种情况。

① 通过与其他投资者的协议，投资企业拥有被投资单位半数以上表决权。例如，甲股份有限公司拥有被投资企业35%的表决权，乙股份有限公司拥有被投资企业30%的表决权。甲股份有限公司与乙股份有限公司达成协议，乙股份有限公司在被投资企业的权益由甲股份有限公司代表。这样，甲股份有限公司实质上拥有被投资企业65%的表决权，表明甲股份有限公司实质上控制了被投资企业。

② 根据章程或协议，投资企业有权控制被投资单位的财务和经营政策。例如，甲股份有限公司拥有被投资企业40%的表决权，但同时根据协议，被投资企业的生产经营决策由甲股份有限公司控制。

③ 有权任免被投资单位董事会等类似权力机构的多数成员。例如，虽然甲股份有限公司拥有被投资企业半数或以下的表决权，但是依据章程、协议，甲股份有限公司有权任免被投资企业董事会的董事，从而达到实质上控制的目的。

④ 在董事会或类似权力机构会议上有半数以上投票权。例如，虽然甲股份有限公司拥有被投资企业半数或以下表决权，但是能够控制被投资企业董事会等类似权力机构的会议，从而达到控制其财务政策和经营政策，达到实质上的控制。

投资企业能够对被投资单位实施控制的，被投资单位为其子公司，投资企业对子公司的长期股权投资，应当采用成本法核算，但在编制合并财务报表时按照权益法进行调整。

2. 投资企业对被投资单位不具有共同控制或重大影响，并且在活跃市场中没有报价、公允价值不能可靠计量的长期股权投资。

二、成本法核算的要点

在成本法下，长期股权投资的账面价值在持有期间一般不随着被投资单位所有者权益的变动而变动。

（1）初始投资时，按照初始投资成本作为长期股权投资的账面价值。

（2）持有期间，被投资单位宣告分派的利润或现金股利，投资企业按应享有的部分，确认为当期投资收益。

（3）持有期间，长期股权投资如果存在减值迹象的，应当按照相关规定计提减值准备。

（4）处置时，应相应结转与所售股权相对应的长期股权投资的账面价值，差额确认为处置损益。

（5）在追加投资或处置时，由于持股比例上升或下降，其核算方法可能由成本法转为权益法。

三、成本法的核算

1. 长期股权投资初始投资成本的确定

企业发生的与取得长期股权投资直接相关的费用、税金及其他必要支出应计入长期股权投资的初始投资成本。支付现金取得的长期股权投资，应当按照实际支付的购买价款作为初始投资成本。若实际支付价款或对价中包含的已宣告但尚未发放的现金股利或利润，作为应收项目处理，不构成长期股权投资的成本。

取得长期股权投资时，应按初始投资成本计价。除企业合并形成的长期股权投资以外，以支付现金、非现金资产等其他方式取得的长期股权投资，应按照上述规定确定长期股权投资初始投资成本，借记"长期股权投资"账户；如果实际支付的价款中包含已宣告但尚未发放的现金股利或利润，借记"应收股利"账户；按实际支付现金、非现金资产等对价，贷记"银行存款"等账户。

【例6-1】 宏伟建筑工程公司2019年1月购买甲股份有限公司发行的股票50 000股准备长期持有，从而拥有甲股份有限公司5%的股份。每股买入价为6元，另外，在购买该股票时发生有关税费5 000元，款项已由银行存款支付。

计算初始投资成本：

股票成交金额（50 000×6）	300 000
加：相关税费	5 000
小　　计	305 000

购入股票时的会计分录：

借：长期股权投资　　　　　　　　　　　　305 000
　　贷：银行存款　　　　　　　　　　　　　　　305 000

2. 长期股权投资持有期间被投资单位宣告发放现金股利或利润

长期股权投资持有期间被投资单位宣告发放现金股利或利润时，企业按应该享有的部分确认为投资收益，借记"应收股利"账户，贷记"投资收益"账户。

【例6-2】 宏伟建筑工程公司2020年5月12日购入乙公司股票100 000股，每股价格12元，另支付相关税费3 000元，所得股份占乙公司有表决权资本的15%，并准备长期持有。同年6月12日，乙公司宣告分派2010年度的现金股利，每股0.20元。会计处理如下：

购入乙公司的股票时，长期股权投资的成本为：100 000×12+3 000=1 203 000(元)。

借：长期股权投资　　　　　　　　　　　　1 203 000
　　贷：银行存款　　　　　　　　　　　　　　　1 203 000

乙公司宣告分派股利，应收股利金额为：100 000×0.20=20 000(元)

借：应收股利　　　　　　　　　　　　　　20 000
　　贷：投资收益　　　　　　　　　　　　　　　20 000

3. 长期股权投资的处置

处置长期股权投资时，按长期股权投资账面价值与实际取得价款的差额确认为投资损益，并同时结转已计提的长期股权投资减值准备。

企业处置长期股权投资时，按实际收到的价款等对价金额，借记"银行存款"等账户，按原已计提的长期股权投资减值准备，借记"长期股权投资减值准备"账户，按该项长期股权投资的账面余额，贷记"长期股权投资"账户，按尚未领取的现金股利或利润，贷记"应收股利"账户，按其差额，贷记或借记"投资收益"账户。

【例6-3】 宏伟建筑工程公司将其作为长期投资持有的丙股份有限公司15 000股股票，以每股10元的价格卖出，支付相关税费1 000元，取得价款149 000元，款项已由银行收妥。该长期股权投资账面价值为140 000元，假定没有计提减值准备。

应该计算的投资收益：

股票转让取得价款	149 000
减：投资账面余额	140 000
小　计	9 000

编制出售股票时的会计分录：

借：银行存款　　　　　　　　　　　　　　　149 000
　　贷：长期股权投资　　　　　　　　　　　　　　140 000
　　　　投资收益　　　　　　　　　　　　　　　　　9 000

4. 长期股权投资的成本法向权益法的转换

因处置投资导致对被投资单位的影响能力由控制转为具有重大影响或者与其他投资方一起实施共同控制的情况下，其核算方法应该自成本法核算转为权益法核算；原持有的对被投资单位不具有控制、共同控制或重大影响、在活跃市场中没有报价、公允价值不能可靠计量的长期股权投资，因追加投资导致持股比例上升，能够对被投资单位施加重大影响或是实施共同控制的，应该自成本法核算转为权益法核算。

任务6.3　长期股权投资的权益法

知识目标

1. 掌握权益法的概念及其适用范围。
2. 掌握权益法核算的要点。
3. 掌握成本法的核算方法。

能力目标

1. 能采用权益法对长期股权投资取得的业务进行核算。
2. 能采用权益法对接受投资单位宣告发放股利或利润的业务进行核算。
3. 能采用权益法对长期股权投资处置的业务进行核算。

一、权益法的概念及其适用范围

权益法是指投资最初以投资成本计价，以后根据投资企业享有被投资单位所有者权益份额的变动对投资的账面价值进行调整的方法。

投资企业对被投资单位具有共同控制或重大影响的长期股权投资，应当采用权益法核算。

投资企业与其他方对被投资单位实施共同控制的，被投资单位为其合营企业。这里所指的共同控制，是指由两个及多个企业或个人共同投资建立的企业，该被投资企业的财务政策和经营政策必须由投资双方或若干方共同决定。

投资企业能够对被投资单位施加重大影响的，被投资单位为其联营企业。当投资企业直接拥有被投资单位20%或以上至半数的表决权时，一般认为对被投资单位具有重大影响。此外，虽然投资企业直接拥有被投资单位20%以下的表决权，但只要符合下列情况之一的，也认为其对被投资单位具有重大影响。

（1）在被投资单位的董事会或类似的权力机构中派有代表。由于在被投资单位的董事会或类似的权力机构中派有代表，并享有相应的实质性的参与决策权，投资企业可以通过该代表参与被投资单位政策的制定，从而达到对该被投资单位施加重大影响。

（2）参与被投资单位的政策制定过程，包括股利分配政策等的制定。由于可以参与被投资单位的政策制定过程，在制定政策过程中可以为其自身利益而提出建议和意见，由此可以对该被投资单位施加重大影响。

（3）与被投资单位之间发生重要交易。有关的交易因对被投资单位的日常经营具有重要性，进而在一定程度上可以影响到被投资单位的生产经营决策。

（4）向被投资单位派出管理人员。通过投资企业对被投资单位派出管理人员，管理人员有权利并负责被投资单位的财务活动和经营活动，从而能对被投资单位施加重大影响。

（5）依赖投资企业的技术资料。由于被投资单位的生产经营需要依赖对方的技术或技术资料，从而表明投资企业对被投资单位具有重大影响。

（6）其他能足以证明投资企业对被投资单位具有重大影响的情形。

企业在确定能否对被投资单位实施控制或重大影响时，还应当考虑投资企业和其他方持有的被投资单位当期可转换公司债券、当期可执行认股权证等潜在表决权因素。

二、权益法核算的要点

在权益法下，长期股权投资的账面价值随着被投资单位所有者权益的变动而变动，包括被投资单位实现净利润或发生净亏损以及其他所有者权益项目的变动。

（1）初始投资时，按照初始投资成本作为长期股权投资的账面价值，计入"成本"明细账户。

（2）持有期间，投资企业按照持股比例计算被投资单位实现的利润或发生的亏损计入长期股权投资的账面价值；被投资单位宣告分派利润或现金股利时，投资企业按应享有的比例减记长期股权投资账面价值，通过"损益调整"明细账户核算。

（3）持有期间，投资企业对于被投资单位除净损益以外所有者权益的其他变动，应按照持股比例相应调整长期股权投资的账面价值，通过"其他权益变动"明细账户核算。

（4）持有期间，长期股权投资如果存在减值迹象的，应当按照相关规定计提减值准备。

（5）处置时，应相应结转与所售股权相对应的长期股权投资的账面价值，差额确认为处置损益。原记入"资本公积"中的金额，在处置时应相应转入当期损益。

（6）在追加投资或处置时，由于持股比例上升或下降，其核算方法可能由权益法转为成本法。

三、权益法的核算

1. 取得长期股权投资

取得长期股权投资，长期股权投资的初始投资成本大于投资时应享有被投资单位可辨认净资产公允价值份额的，不调整已确认的初始投资成本，借记"长期股权投资——成本"账户，贷记"银行存款"等账户。

长期股权投资的初始投资成本小于投资时应享有被投资单位可辨认净资产公允价值份额的，该部分差额可以看做是被投资单位的股东给予投资企业的让步，或是出于其他方面的考虑，被投资单位的原有股东无偿赠予投资企业的价值，因而应确认为当期收益，同时调整长期股权投资的成本，借记"长期股权投资——成本"账户，贷记"银行存款"等账户，按其差额，贷记"营业外收入"账户。

【例6-4】 2020年4月1日，宏伟建筑工程公司以银行存款4 000 000元向甲股份有限公司投资，占甲公司有表决权股份的25%，采用权益法核算。当日，甲股份有限公司可辨认净资产公允价值为15 000 000元。假定不考虑其他因素。会计处理如下：

借：长期股权投资——成本　　　　　　　　　　　　　4 000 000
　　贷：银行存款　　　　　　　　　　　　　　　　　　　　4 000 000

由于长期股权投资的初始投资成本4 000 000元大于甲股份有限公司可辨认净资产公允价值为15 000 000元的25%(3 750 000元)，不调整已确认的初始投资成本。

【例6-5】 宏伟建筑工程公司2020年1月20日购买乙股份有限公司发行的股票5 000 000股准备长期持有，占乙股份有限公司股份的30%，每股买入价为6元，另外，购买该股票时发生有关税费500 000元，款项已由银行存款支付。2020年12月31日，乙股份有限公司的所有者权益的账面价值(与其公允价值不存在差异)100 000 000元。会计处理如下：

计算初始投资成本：

股票成交金额（5 000 000×6）	30 000 000
加：相关税费	5 000
小　计	30 500 000

编制购入股票的会计分录：

借：长期股权投资——成本　　　　　　　　　　　　　30 500 000
　　贷：银行存款　　　　　　　　　　　　　　　　　　　　30 500 000

由于长期股权投资的初始投资成本30 500 000元大于乙股份有限公司可辨认净资产公允价值100 000 000元的30%(30 000 000元)，不调整已确认的初始投资成本。

【例 6-6】 承上例，假设 12 月 31 日，乙股份有限公司的所有者权益的账面价值(与其公允价值不存在差异)110 000 000 元。作会计处理如下：

借：长期股权投资——成本　　　　　　　　　　　30 500 000
　　贷：银行存款　　　　　　　　　　　　　　　　　　30 500 000
借：长期股权投资——成本　　　　　　　　　　　 2 500 000
　　贷：营业外收入　　　　　　　　　　　　　　　　　 2 500 000

由于长期股权投资的初始投资成本 30 500 000 元小于乙股份有限公司可辨认净资产公允价值 110 000 000 元的 30%(33 000 000 元)，调整已确认的长期股权投资的成本，其差额 2 500 000 元 (33 000 000-30 500 000) 计入"营业外收入"账户。

2. 持有长期股权投资期间被投资单位实现净利润或发生净亏损

根据被投资单位实现的净利润计算应享有的份额，借记"长期股权投资——损益调整"账户，贷记"投资收益"账户。被投资单位发生净亏损作相反的会计分录，但以本账户的账面价值减记至零为限，借记"投资收益"账户，贷记"长期股权投资——损益调整"账户。这里的以本账户减记至零为限所指的"本账户"是指长期股权投资的一级账户，该账户由"成本""损益调整""其他权益变动"三个明细账户组成，账面价值减至零是指这三个明细账户的合计为零，即一级账户的账面价值为零。

被投资单位以后宣告发放现金股利或利润时，企业计算应分得的部分，借记"应收股利"账户，贷记"长期股权投资——损益调整"账户。被投资单位宣告发放的股票股利，不进行账务处理，但应在备查簿中登记。

【例 6-7】 2020 年乙股份有限公司实现净利润 10 000 000 元。宏伟建筑工程公司按照持股比例确认投资收益 3 000 000 元。2021 年 3 月 15 日，乙股份有限公司已宣告发放现金股利，每 10 股派发 3 元，宏伟建筑工程公司可分派到 1 500 000 元。2021 年 4 月 15 日，宏伟建筑工程公司收到分派的现金股利。宏伟建筑工程公司应作如下会计处理：

确认乙股份有限公司实现的投资收益时：

借：长期股权投资——损益调整　　　　　　　　　 3 000 000
　　贷：投资收益　　　　　　　　　　　　　　　　　　 3 000 000

乙股份有限公司宣告发放现金股利时：

借：应收股利　　　　　　　　　　　　　　　　　 1 500 000
　　贷：长期股权投资——损益调整　　　　　　　　　　 1 500 000

收到乙股份有限公司宣告发放的现金股利时：

借：银行存款　　　　　　　　　　　　　　　　　 1 500 000
　　贷：应收股利　　　　　　　　　　　　　　　　　　 1 500 000

3. 持有长期股权投资期间被投资单位所有者权益的其他变动

在持股比例不变的情况下，被投资单位除净损益以外所有者权益的其他变动，企业按照持股比例计算应享有或分担的部分，调整长期股权投资的账面价值，借记或贷记"长期股权投资——其他权益变动"账户,贷记或借记"资本公积——其他资本公积"账户。

【例6-8】 承【例6-7】,2020年乙股份有限公司可供出售金融资产的公允价值增加了4 000 000元。宏伟建筑工程公司按照持股比例确认相应的资本公积1 200 000(4 000 000×30%)元。宏伟建筑工程公司应作如下会计处理:

借:长期股权投资——其他权益变动　　　　　　　　　1 200 000
　　贷:资本公积——其他资本公积　　　　　　　　　　　1 200 000

4. 长期股权投资的处置

根据企业会计准则的规定,处置长期股权投资时,其账面价值与实际取得价款的差额确认为投资损益,并应同时结转已计提的长期股权投资减值准备。处置时,按实际收到的金额,借记"银行存款"等账户,按原已计提的长期股权投资减值准备,借记"长期股权投资减值准备"账户,按该项长期股权投资的账面余额,贷记"长期股权投资"账户,按尚未领取的现金股利或利润,贷记"应收股利"账户,按其差额,贷记或借记"投资收益"账户。

同时,还应结转原记入资本公积的相关金额,借记或贷记"资本公积——其他资本公积"账户,贷记或借记"投资收益"账户。

【例6-9】 承【例6-5】、【例6-7】和【例6-8】2021年5月20日,宏伟建筑工程公司出售所持有乙股份有限公司的股票5 000 000股,每股出售价为10元,款项已收回。会计处理如下:

借:银行存款　　　　　　　　　　　　　　　　　　　50 000 000
　　贷:长期股权投资——成本　　　　　　　　　　　　 30 500 000
　　　　　　　　　　——损益调整　　　　　　　　　　　1 500 000
　　　　　　　　　　——其他权益变动　　　　　　　　　1 200 000
　　　　投资收益　　　　　　　　　　　　　　　　　　16 800 000

同时:
借:资本公积——其他资本公积　　　　　　　　　　　　1 200 000
　　贷:投资收益　　　　　　　　　　　　　　　　　　　1 200 000

5. 长期股权投资的权益法向成本法的转换

因追加投资原因导致原持有的对联营企业或合营企业的投资转变为对子公司投资的,长期股权投资的核算方法应该从权益法核算转向成本法核算;因减少投资导致原持有的对联营企业或合营企业的投资转变为投资企业对被投资单位不具有共同控制或重大影响的,长期股权投资的核算方法由权益法核算转换为成本法核算。

任务 6.4　长期股权投资减值与披露

知识目标
1. 掌握长期股权投资减值的判断标准。
2. 掌握长期股权投资减值的核算方法。
3. 掌握长期股权投资披露的内容。

能力目标
能对长期股权投资发生的减值业务进行核算。

一、长期股权投资减值的判断标准

企业持有的长期股权投资，是否发生了减值应该区分以下情况进行判断。

1. 有市价的长期股权投资判断减值的标准

① 市价持续两年低于账面价值。
② 该项投资暂停交易一年或一年以上。
③ 被投资单位当年发生严重亏损。
④ 被投资单位持续两年发生亏损。
⑤ 被投资单位进行清理整顿、清算或出现其他不能持续经营的迹象。

2. 无市价的长期股权投资判断减值的标准

① 影响被投资单位经营的政治或法律环境的变化，如税收、贸易等法规的颁布或修订，可能导致被投资单位出现巨额亏损。
② 被投资单位所供应的商品或提供的劳务因产品过时或消费者偏好改变而使市场的需求发生变化，从而导致被投资单位财务状况发生严重恶化。
③ 被投资单位所在行业的生产技术等发生重大变化，被投资单位已失去竞争能力，从而导致财务状况发生严重恶化，如进行清理整顿、清算等。
④ 有证据表明该项投资实质上已经不能再给企业带来经济利益的其他情形。

二、长期股权投资减值的核算

企业持有的长期股权投资，应当定期对其账面价值逐项进行检查，至少于每年年末检查一次，以判断是否发生了减值。

如果由于市价持续下跌或被投资单位经营状况变化等原因导致其可收回金额低于投资的账面价值，应将可收回金额低于长期股权投资账面价值的差额，确认为当期投资损失。可收回金额是指企业资产的出售净价与预期从该资产的持有和投资到期处置中形成的预计未来现金流量的现值两者之中的较高者。其中，出售净价是指资产的出售价格减去所发生的资产处置费用后的余额。

为了核算企业提取的长期股权投资减值准备，企业应设置"长期股权投资减值准备"账户。期末，如果预计可收回金额低于其账面价值，按其差额，借记"资产减值损失——计提的长期股权投资减值准备"账户，贷记"长期股权投资减值准备"账户。

长期股权投资减值损失一经确定，在以后会计期间不得转回。只有企业处置长期股权投资时，才能同时结转已经计提的减值准备。

【例6-10】 承【例6-4】2020年4月1日宏伟建筑工程公司持有甲股份有限公司的长期股权投资并采用权益法进行核算，由于甲股份有限公司当年经营不善，资金周转发生困难，使得宏伟建筑工程公司持有的股票市价下跌至3 000 000元，短期内难以恢复。假设宏伟建筑工程公司本年度还未对其持有的长期股权投资计提减值准备。会计处理如下：

跌价准备数＝4 000 000－3 000 000＝1 000 000(元)

借：资产减值损失——计提的长期股权投资减值准备　　1 000 000
　　贷：长期股权投资减值准备　　　　　　　　　　　　　　　　1 000 000

长期股权投资减值损失一经确认，在以后会计期间不得转回。

三、长期股权投资的披露内容

根据企业会计准则的规定，投资企业应当在财务报告附注中披露与长期股权投资有关的下列信息。

① 子公司、合营企业和联营企业清单，包括企业名称、注册地、业务性质、投资企业的持股比例和表决权比例。

② 合营企业和联营企业当期的主要财务信息，包括资产、负债、收入、费用等合计金额。

③ 被投资单位向投资企业转移资金的能力受到严格限制的情况。

④ 当期及累计未确认的投资损失金额。

⑤ 与对子公司、合营企业及联营企业投资相关的或有负债。

知识梳理

长期股权投资是指企业投出的期限在1年以上(不含1年)的各种股权性质的投资，包括股票投资和其他股权投资等。核算范围有：①对子公司投资；②对合营企业投资；③对联营企业投资；④企业对被投资单位不具有控制、共同控制或重大影响、在活跃市场上没有报价且公允价值不能可靠计量的权益性投资。长期股权投资的核算方法有成本法和权益法。

成本法是指长期股权投资按投资成本计价的方法。长期股权投资成本法核算适用以下情形：①投资企业能够对被投资单位实施控制的长期股权投资；②投资企业对被投资单位不具有共同控制或重大影响，并且在活跃市场中没有报价、公允价值不能可靠计量的长期股权投资。

采用成本法核算，长期股权投资取得时，应按照初始投资成本计价；长期股权投资持有期间被投资单位发放现金股利或利润时，按应享有的部分确认为投资收益；处置长期股权投资时，按实际取得的价款与长期股权投资账面价值的差额确认为投资损益，并应同时结转已计提的长期股权投资减值准备。

权益法是指投资以初始投资成本计量后，在投资持有期间根据投资企业享有被投资单位所有者权益份额的变动对投资的账面价值进行调整的方法。长期股权投资权益法核算适用于投资企业对被投资单位具有共同控制或重大影响的长期股权投资。

采用权益法核算长期股权投资的，长期股权投资初始投资成本大于投资时应享有被投资单位可辨认净资产份额的，不调整已确认的初始投资成本。长期股权投资初始投资成本小于投资时应享有被投资单位可辨认净资产份额的部分，计入营业外收入。根据被投资单位实现的净利润计算应享有的份额，确认为投资收益。在持股比例不变的情况下，被投资单位除净损益以外所有者权益的其他变动，企业按持股比例计算应享有的份额，调整资本公积。处置长期股权投资时，按实际取得的价款与长期股权投资账面价值的差额确认为投资损益，并应同时结转已计提的长期股权投资减值准备。同时，还应结转原已记入资本公积的相关金额。长期股权投资要至少每年进行一次减值测试，如果发生减值要进行相关处理，长期股权投资当在财务报告附注中披露相关信息。

复习思考题

1. 什么是长期股权投资？其核算方法有哪些？
2. 长期股权投资的成本法与权益法的核算范围是什么？
3. 如何对长期股权投资的成本法的进行相关的账务处理？
4. 如何对长期股权投资的权益法的进行相关的账务处理？
5. 如何判断长期股权投资是否发生减值以及如何进行账务处理？

项目实训

实训项目一

【实训目的】长期股权投资中成本法的运用。

【实训资料】2020年1月5日，ABC公司以3 000 000元的价款（包括相关税费）取得甲公司2%的股份作为长期股权投资，采用成本法核算。2020年3月10日，甲公司宣告分派2019年度利润。ABC公司应享有现金股利100 000元。2020年度甲公司由于受客观因素的影响，本年发生巨额亏损。该影响预计在短期内难以消除，2020年12月31日，宏伟建筑工程公司计提减值准备150 000元。

【实训要求】编制ABC公司有关长期股权投资的会计分录：

1. 2020年1月5日，取得甲公司2%的股份。
2. 2020年3月10日，甲公司宣告分派2019年度利润。
3. 2020年12月31日，ABC公司计提减值准备。

实训项目二

【实训目的】长期股权投资中权益法的运用。

【实训资料】ABC公司2019年1月10日购买乙公司发行的股票1 000万股并准备长期持有，占乙公司股份的25%，采用权益法核算，每股买入价为6元，另外购买该股票时发生相关税费40万元,2019年12月31日,乙公司的所有者权益的公允价值30 000万元,2019年乙公司实现净利润1 000万元,2020年3月10日乙公司宣告发放现金股利,每10股派发1元,2020年4月5日,ABC公司收到乙公司分派的现金股利。2019年乙公司可供出售金融资产的公允价值增加200万元,2020年5月,ABC公司出售所持有的乙公司的股票1 000万股,每股出售价格为10元,款项已经收回。

【实训要求】编制ABC公司上述业务的相关会计分录。

项目6　长期股权投资核算实务测试题

项目 7

固定资产核算实务

任务 7.1 固定资产的基本知识

知识目标

1. 掌握固定资产的概念、特征、分类和计价方法。
2. 掌握固定资产初始计量方法。

能力目标

能确定从不同的渠道取得的固定资产的实际成本。

项目 7 课程思政阅读材料

一、固定资产的概述

1. 固定资产的概念与特征

固定资产是指企业为生产商品、提供劳务、出租或经营管理而持有的,使用寿命超过一个会计年度的有形资产。固定资产具备以下两个特征。

(1)企业持有固定资产的目的是为了生产商品、提供劳务、出租或经营管理的需要,而不是对外出售,这是固定资产区别于商品的重要的一个标志。

(2)固定资产的使用期限较长。其使用寿命一般超过一个会计年度,多则达到几十年、上百年,这一特征表明固定资产的收益期超过一年,它能在一年以上的时间里为企业创造经济利益。

固定资产是生产经营活动主要的劳动资料,企业拥有固定资产的数量和质量在一定程度上表明生产经营规模的大小和技术装备水平的高低,不同的固定资产在经营活动中所起的作用不同,有的直接参与企业的施工生产活动,直接作用于劳动对象上,有的在施工生产过程中起辅助的作用,有的是企业进行施工活动必要的物资条件,表明该企业的生产能力,对于企业的发展起重要的作用。

企业固定资产的种类繁多,为便于管理,根据固定资产的定义,结合本企业的具体情况,制订适合于本企业的固定资产目录。

2. 固定资产的确认

作为企业的固定资产,除必须符合资产的两个特征外,还必须同时满足下列两个条件,才能予以确认。

（1）与该固定资产有关的经济利益很可能流入企业。判断与固定资产有关的经济利益能否流入企业的关键在于企业是否持有该固定资产，即与该固定资产所有权相关的风险和报酬是否转移给了企业。与固定资产所有权有关的风险，指由于经营情况变化造成的相关收益的变动，以及由于资产闲置、技术陈旧等原因造成的损失。与固定资产所有权相关的报酬是指在固定资产使用寿命内直接使用该资产而获得的收入以及处置该资产所实现的利得等。凡是所有权属于企业，不论企业是否收到或持有该固定资产，均可作为企业的固定资产，反之，即使固定资产存放在企业，也不能作为企业的固定资产。有时某项固定资产的所有权不属于企业，但企业能够控制该固定资产所包含的经济利益流入企业，也可以认为与固定资产所有权相关的风险和报酬实质上已转移给企业，作为企业的固定资产加以确认。

（2）该固定资产的成本能可靠计量。固定资产作为企业资产的重要组成部分，要予以确认，其为取得该固定资产而发生的支出也必须能够可靠地计量，才能予以确认，否则不能予以确认。企业在确定固定资产成本时，有时需要根据所获得的最新资料，对固定资产的成本进行合理的估计。如企业对于已达到预定可使用状态的固定资产，在尚未办理竣工决算前，需要根据工程预算、施工签证或者工程实际发生的成本资料，按估计价值确定固定资产的成本，待办理竣工决算后，再按实际成本调整原来的暂估价值。

二、固定资产的分类

固定资产可以按不同的标准进行分类，主要有以下几种分类方法。

1. 固定资产按经济用途分类

固定资产按经济用途分类，可分为生产经营用固定资产和非生产经营用固定资产。

（1）生产经营用固定资产是指在用的、直接用于施工生产过程或为生产经营服务的各种固定资产。如生产经营用的房屋、货场、仓库和道路、围墙等建筑物以及机器、设备、器具、机动车辆、管理用房屋等。

（2）非生产经营用固定资产是指在使用中的、不直接服务于施工生产过程和不直接服务于生产经营的各种固定资产。如职工宿舍、食堂、招待所、医院、浴室等用房、设备和其他固定资产等。

按照固定资产的经济用途分类，可以清楚地反映和监督各类固定资产的组成和变化情况，便以考核和分析企业固定资产的利用情况，促进企业固定资产的合理配备，充分发挥其效用。

2. 按固定资产使用情况分类

固定资产按使用情况分类，可分为使用中的固定资产、未使用固定资产和不需用固定资产。

（1）使用中的固定资产是指正在使用中的固定资产，包括经营性和非经营性固定资产。由于季节性经营或修理等原因暂时停止使用的固定资产、经营性出租固定资产和内部替换使用的固定资产属于使用中的固定资产。

（2）未使用固定资产是指已完工或已购建的尚未交付使用的新增固定资产以及因进行改建、扩建等原因停用的固定资产。如企业购建的尚未正式使用的固定资产、经营任务变更停止使用的固定资产等。

（3）不需用固定资产是指本企业多余或不适用的，需要调配处理的固定资产。

固定资产按使用情况分类，有利于掌握企业固定资产的使用情况及其比例关系，便于分析固定资产的利用效率，挖掘固定资产的使用潜力，促使企业合理地使用固定资产。

3. 固定资产按所有权分类

固定资产按所有权进行分类，可以分为自有固定资产和租入固定资产。

（1）自有固定资产是指企业拥有的可自由支配使用的固定资产。一般情况下，除了经营性租入固定资产外，企业拥有或控制的固定资产都是企业的固定资产。

（2）租入固定资产是指企业采用租赁方式从其他单位租入的固定资产。租赁分为经营性租赁和融资租赁，经营性租赁是指企业按合同支付租金，在合同规定期间归企业使用的固定资产，在租赁期内其所有权仍归属于出租人，所以租入的固定资产不能列为企业的固定资产，应单独设置租赁固定资产登记簿，反映它的租入、使用、归还情况。融资租赁固定资产在租赁期，其所有权尚未归属于企业，但企业可以自主支配使用，在租赁期满时所有权将归属于承租人。因此按"实质重于形式的原则"，企业在承租期内，应该将融资租入固定资产视同自有固定资产加以核算和管理。

按固定资产所有权分类，可以划清自有固定资产和非自有固定资产的界限，反映企业固定资产的实有数额，便于分析和考核自有固定资产和租入固定资产的经济效益。

4. 固定资产按经济用途和使用情况综合分类

固定资产按经济用途和使用情况等综合分类，可把固定资产分为七大类。

① 生产经营用固定资产。
② 非生产经营用固定资产。
③ 租出固定资产（企业以经营租赁方式出租给外单位使用的固定资产）。
④ 不需用固定资产。
⑤ 未使用固定资产。
⑥ 土地（过去已经估价单独入账的土地）。因征地而支付的补偿费，应计入与土地有关的房屋、建筑物的价值内，不单独作为土地价值入账。企业取得的土地使用权应作为无形资产管理，不作为固定资产管理。
⑦ 融资租入固定资产，指企业以融资租赁方式租入的固定资产，在租赁期内，应视同自有固定资产进行管理。

这种分类有助于反映企业固定资产的构成情况、使用情况和所有权状况，促使企业合理使用和配备固定资产，充分挖掘固定资产的潜力，不断提高固定资产的利用率。

企业除可以按上述方法进行分类以外，还可以根据自身的经营状况和经营规模，选择适合于本企业的分类方法。但实际工作中，企业大多采用综合分类作为编制固定资产目录，进行固定资产核算的依据。

三、固定资产的初始计量

企业应当在固定资产取得时根据固定资产的定义和确认条件进行判断和计量。其计量属性包括历史成本、现值、公允价值等，一般情况下，取得、形成的固定资产在确认时，应当按照成本进行初始计量，确定固定资产的初始投资成本。

固定资产原始成本指企业购建某项固定资产达到预定可使用状态前所发生的一切合理、必要的支出，也称原始价值、实际成本。包括买款、运杂费、包装费、安装成本以及发生的其他一些费用，如应承担的借款利息、外币借款折算差额以及应分摊的其他间接费用。

（1）外购固定资产的原始价值包括实际支付的价款加上支付的运输费、装卸费、包装费、途中保险费、安装调试费、专业人员服务费及相关税费等。

（2）自行建造固定资产的原始价值是指建造该项固定资产达到预定可使用状态前所发生的必要支出。包括建造过程中的各种材料费、人工费、机械使用费、其他建造费及计入建造成本的借款利息支出等。

（3）在原有基础上改建扩建的固定资产的原始价值是指改扩建前的原价加上改扩建支出减去改扩建过程中发生的变价收入后的余额。

（4）投资者投入固定资产的原始价值是按照评估价或投资合同、协议约定的价值确定，但合同或协议约定价值不公允的除外。实际上是按照双方确认的公允价值确认固定资产成本。

（5）接受捐赠固定资产的原始价值的确定有两种方法，其一，若取得相关发票的，按照发票票面上记载的金额加上发生的运输费等相关税费来确认其入账价值，其二，若没有取得相关发票的，应合理估价入账，在未来收益期间，每年应按照受益金额转入营业外收入。

（6）融资租入固定资产，应在租赁开始日，按租赁固定资产的公允价值与最低租赁付款额现值两者中较低者作为租入固定资产的入账价值。将最低租赁付款额作为长期应付款的入账价值，其差额作为未确认融资费用。

（7）盘盈固定资产，若存在活跃市场的，按同类或类似固定资产的市场价格减估计的折旧的差额作为入账价值；否则，按固定资产的预计未来现金流量现值作为入账价值。

以借款购置建造固定资产发生的借款利息或外币折合差额，若是在固定资产建造期内发生，计入所购建固定资产的成本当中，若是在建造期后发生，一般计入当期费用。对企业已入账的固定资产，一般情况下是不得更改的。

任务 7.2　固定资产增加的核算

知识目标

1. 掌握固定资产和累计折旧账户的核算内容及使用方法。
2. 掌握在建工程和工程物资账户的核算内容及使用方法。
3. 掌握固定资产清理账户的核算内容及使用方法。

能力目标

1. 能对购入、自行建造、改扩建固定资产的业务进行核算。
2. 能对投资者投入、接受捐赠、盘盈、租入固定资产的业务进行核算。

一、固定资产核算设置的账户

1. 固定资产

"固定资产"账户是用来核算企业固定资产原值增减变动的，属于资产类账户，其借方记录因固定资产增加而增加的固定资产原始价值，贷方登记因固定资产减少而减少的固定资产原始价值，期末借方余额反映固定资产的原始价值。该账户按固定资产的类别、使用部门设置明细账进行明细核算，并设置"固定资产登记簿"和"固定资产卡片"，见表 7-1～表 7-3。

表7-1　固定资产登记簿

类别：　　　　　　　　　　　　　　　　　　　　　　　　　　　　　　　　　　　　　　　单位：元

年		记账凭证		摘要	借方				贷方				余额			
月	日	字	号		一项目部	二项目部	…	合计	一项目部	二项目部	…	合计	一项目部	二项目部	…	合计

表7-2　固定资产卡片（正面）

类别：　　　　　　　　　　　　　　　　　　　　　　　　　　　　　　　　　　　　　　　序号：

编号		使用单位		预计使用年限	
名称		所在地点		资金来源	
规格		启用时间		折旧率	
技术特征		建造时间		原值	
附属装置				转移记录		
名称	规格	数量	金额	日期	调入单位	保管人

表7-3　固定资产卡片（背面）

计提折旧					大修理记录					中间停用记录				
年		凭证号数	摘要	金额	年		凭证号数	摘要	金额	年		原因	持续时间	
月	日				月	日				月	日			

报废清理记录						
年	月	日	原因	残值收入	清理费用	备注

固定资产登记簿是按照固定资产的大类和明细开设账页，按使用和保管单位设置专栏，按固定资产增减日期序时登记，期末，结出各部门或各保管单位固定资产增减数和结余情况，并与固定资产总账余额核对相符。

固定资产卡片记载着每项固定资产的详细信息，按每一独立登记对象分别设置，每一对象一张卡片，固定资产卡片一式二份，一份由固定资产保管人或使用人保存，一份由固定资产管理部门保存，管理部门和保管使用部门应定期核对相符，固定资产卡片随同固定资产实物一并从调出单位转入调入单位。期末各类固定资产卡片原值的合计数应与固定资产登记簿原值余额相符。

2. 在建工程

"在建工程"账户用以核算和反映固定资产购建工程所发生的支出。在建工程包括新建固定资产工程、购入需要安装的固定资产工程、自行建造的固定资产工程、改扩建工程、建造临时设施、固定资产大修理等。本账户属于资产类账户,其借方登记企业进行各项在建工程的施工而发生的各种支出,贷方登记在建工程完工交付使用时结转的实际成本,期末借方余额反映尚未完工交付使用的在建工程的实际支出。该账户按工程项目设置明细账进行明细核算。

3. 工程物资

"工程物资"账户是用以核算和反映企业为在建工程而准备的各种物资的实际成本,属于资产类账户,其借方登记企业购入各种工程物资的实际成本,贷方登记在建工程领用的工程物资的实际成本,期末借方余额反映企业为在建工程准备的各种物资的成本。本账户按"专用材料""专用设备""预付大型设备款""为生产准备的工具及器具"等设置明细账进行明细核算。

4. 累计折旧

"累计折旧"账户用来核算和反映企业固定资产磨损的价值,是固定资产的调整账户,其贷方登记计提的固定资产折旧,借方登记因各种原因减少固定资产而转出的账面已提折旧。期末贷方余额,反映固定资产账面累计折旧数。本账户只进行总分类核算,不进行明细分类核算。如果需要查明某项固定资产详细情况,可以根据固定资产卡片上所记载的资料进行核算。

5. 固定资产清理

"固定资产清理"账户是用以核算和反映因出售、报废和毁损等原因转入清理的固定资产的价值,其借方登记转入清理的固定资产账面价值,清理过程中应支付的清理费用、相关税费及其他费用及结转的清理净收益,贷方登记固定资产清理的变价收入及责任人、保险公司的赔款、残料收入,以及结转的清理净损失,清理固定资产的净收益或净损失分别自本账户转入"营业外收入"或"营业外支出"账户,结转后本账户无余额,若有借方余额反映尚未结转的清理净损失,贷方余额反映尚未结转的清理净收益,年末无余额。

此外,固定资产、在建工程、工程物资发生减值的,还应当设置"固定资产减值准备""在建工程减值准备""工程物资减值准备"等账户进行核算。

二、固定资产增加的核算

1. 购入固定资产的核算

固定资产购进业务的核算

购入不需要安装的固定资产指购置的固定资产可以直接交付有关单位或部门使用。购入时应按实际支付的价款直接计入固定资产的原始价值,借记"固定资产"账户,贷记"银行存款"等账户。购入需要安装的固定资产,将购入时实际支付的价款先由"在建工程"账户进行归集,待安装完毕交付时再结转为"固定资产"。

【例7-1】 2020年10月24日，宏伟建筑工程公司购入办公用车一辆，买价及提车费用计180 000元，支付车船购置税15 384.62元，另付保险费2 123元，款项以银行存款支付。取得的发货票及银行结算凭证见表7-4～表7-8。

表7-4 机动车销售统一增值税专用发票

开票日期　2020年10月24日　　　　发票代码10033885566　发票号码00094567

购货单位	江滨市宏伟建筑工程公司		组织机构代码		33448866	
车辆类型	轿车	厂牌型号	BH7156AX	产地	北京	
发动机号码	9B834455		车辆识别代码		LBSDDKFKF0047447	
价税合计	壹拾捌万元整				180 000	
销货单位	江滨市汽车贸易有限公司					
开户银行	江滨市工行营业部		账号		00334865333999	
增值税率或征收率	17%	增值税额		主管税务机关	江滨市国家税务局	
不含税价	小写	159292.04		限乘人数	5	

表7-5 中国平安保险公司江滨分公司保险费专用发票（发票联）

2020年10月24日

付款人： 江滨市宏伟建筑工程公司

承保险种： 机动车辆保险费

金　额：贰仟壹佰贰拾叁元整　（2 123.00）

第二联报销凭证

表7-6 税收通用缴款书

注册类型：国有企业　　填发日期 2020年10月24日　　征收机关：滨海市税务局

缴款单位	代　码	011064233448 866	预算单位	编　码	0765	
	全　称	江滨市宏伟建筑工程公司		名　称	一般营业税	
	开　行	江滨市工行营部		级　次	市级	
	账　号	00334865333999		收款国库	人民银行中心库	
税款所属日期		2019年10月27日	税款缴款日期		2019年10月	
品目名称	课税数量	计税金额或销售收入	税率或单位税额	已缴或扣除额	实缴金额	
车辆购置税	1	159 292.04	10%		15 929.20	
金额合计大写		壹万伍仟玖佰捌拾玖元贰角整				
缴款单位盖章		税务机关盖章	上列款项已收妥并划转收款单位账			

第后一退联缴国款库单银位行的收完款税盖凭章证

表7-7　中国建设银行转账支票存根　　　　　表7-8　中国建设银行转账支票存根
　　　　　VIV:00245206　　　　　　　　　　　　　　VIV: 00245207

科　目　　　　　　　　　　　　　　　　　　科　目
对方账户　　　　　　　　　　　　　　　　　对方账户
出票日期　2020年10月24日　　　　　　　　　出票日期　2020年10月24日
收款人：江滨市宏伟建筑工程公司　　　　　　收款人：江滨市汽车贸易有限公司
金　额：　2 123.00　　　　　　　　　　　　 金　额：　180 000.00
用　途：　保险费　　　　　　　　　　　　　 用　途：　购车款

宏伟建筑工程公司根据上述原始凭证作会计分录如下：
借：固定资产——生产用固定资产（运输设备）　　　175 221.24
　　应缴税费——应缴增值税（进项税额）　　　　　 20 707.96
　　管理费用　　　　　　　　　　　　　　　　　　 2 123.00
　　贷：银行存款　　　　　　　　　　　　　　　　198 052.20

【例7-2】 宏伟建筑工程公司购入一台需要安装的生产设备，增值税专用发票上记载的设备买价为100 000元，增值税额为17 000元，增值税率为13%，支付的运输费为2 000元，增值税率为9%。安装设备时，领用材料物资价值1 500元，支付的安装费为2 500元，设备安装完毕交付使用。会计处理如下：
购入生产设备，根据发货票及付款凭证：
借：在建工程——设备安装工程　　　　　　　　　　102 000
　　应缴税费——应缴增值税（进项税额）　　　　　 13 180
　　贷：银行存款　　　　　　　　　　　　　　　　115 180
领用安装材料，支付工资等费用，根据领料单及工资单：
借：在建工程——设备安装工程　　　　　　　　　　4 000
　　贷：原材料——主要材料　　　　　　　　　　　1 500
　　　　应付职工薪酬——应付工资　　　　　　　　2 500
设备安装完毕交付使用，根据固定资产交付使用记录：
借：固定资产——生产用固定资产　　　　　　　　　106 000
　　贷：在建工程——设备安装工程　　　　　　　　106 000

2. 自行建造固定资产的核算

自行建造固定资产是指利用自有的人力、物力条件，自行建造房屋及建筑物、各种设施及进行大型机器设备的安装工程，也称自建固定资产。自行建造的固定资产在建造过程中发生的费用应先通过"在建工程"账户归集，待建造完成交付使用时，再将其实际成本结转为"固定资产"。

自行建造固定资产分为自营和出包两种方式，由于建设方式不同，会计处理也不同。

（1）自营工程的核算。自营工程指由企业自行组织材料采购、自行组织施工的建安工程。

主要通过"在建工程"和"工程物资"二个账户核算。

以自营方式建造的工程，企业按建造该资产达到预定使用状态前发生的必要支出借记"在建工程"账户，贷记相关账户，达到预定可使用状态后结转其建造成本时，借记"固定资产"账户，贷记"在建工程"账户。

所建造的固定资产达到预定可使用状态，但尚未办理竣工决算的，应当自达到预定可使用状态之日起，根据工程预算或者工程实际成本，估价结转为固定资产，并按规定计提固定资产的折旧，待办理竣工决算手续后再作调整。

【例7-3】 宏伟建筑工程公司自行建造仓库一座，以转账方式购入工程用的各种物资价税合计200 000元，增值税税率为13%，建造过程中实际领用工程物资180 000元，剩余物资转作企业存货，施工中领用水泥及木材一批，实际成本为30 000元，自营工程人员发生人工费80 000元，企业辅助生产车间为自营工程提供有关劳务支出50 000元，工程完工交付使用。相关会计处理如下：

购入为工程准备的物资，根据发货票和付款凭证：
借：工程物资　　　　　　　　　　　　　　　　　　　　　200 000
　　贷：银行存款　　　　　　　　　　　　　　　　　　　　　200 000
工程领用物资，根据领料单：
借：在建工程——自营仓库建造　　　　　　　　　　　　　180 000
　　贷：工程物资　　　　　　　　　　　　　　　　　　　　　180 000
工程领用材料，支付工资。根据领料单、工资单等：
借：在建工程——自营仓库建造　　　　　　　　　　　　　110 000
　　贷：原材料——主要材料　　　　　　　　　　　　　　　　30 000
　　　　应付职工薪酬——应付工资　　　　　　　　　　　　　80 000
辅助生产车间提供劳务，根据辅助生产费用分配表：
借：在建工程——自营仓库建造　　　　　　　　　　　　　　50 000
　　贷：生产成本——辅助生产成本　　　　　　　　　　　　　50 000
工程完工交付使用时：
借：固定资产——生产用——仓库　　　　　　　　　　　　340 000
　　贷：在建工程——自营仓库建造　　　　　　　　　　　　340 000
剩余工程物资转作库存材料，根据入库单：
借：原材料——主要材料　　　　　　　　　　　　　　　　17 699.12
　　应缴税额——应缴增值税（进项税额）　　　　　　　　　2 300.88
　　贷：工程物资　　　　　　　　　　　　　　　　　　　　　20 000

（2）出包工程的核算。出包工程指企业通过招标的方式将工程发包给建造商，由建造商组织施工的工程。企业支付给承包单位的工程价款通过"在建工程"账户核算。企业按合同或工程进度预付给承包单位的工程价款，借记"在建工程"账户，贷记"银行存款"，按合同或进度补付工程价款时，借记"在建工程"账户，贷记"银行存款"账户，工程完工交付使用时，按实际发生的全部支出，借记"固定资产"账户，贷记"在建工程"账户。

【例7-4】 宏伟建筑公司将办公楼建设工程出包给美华公司承建，按发包工程进度和合同规定向美华公司结算工程进度款不含税价 1 800 000 元，开出转账支票支付，工程完工决算，补付不含税工程款 200 000 元，以转账支票支付。办公楼现已达到预定可使用状态。

相关会计处理如下：

按工程进度和合同规定向甲公司结算进度款时，根据其提供的工程款发票：

借：在建工程——办公楼建设　　　　　　　　　　　　1 800 000
　　应缴税费——应缴增值税（进项税额）　　　　　　　162 000
　　贷：银行存款　　　　　　　　　　　　　　　　　　　　　1 962 000

补付工程款时，根据其提供的工程款发票：

借：在建工程——办公楼建设　　　　　　　　　　　　200 000
　　应缴税费——应缴增值税（进项税额）　　　　　　　18 000
　　贷：银行存款　　　　　　　　　　　　　　　　　　　　　218 000

厂房达到预定可使用状态，结转其实际成本时，根据固定资产交付使用清单：

借：固定资产——生产用固定资产　　　　　　　　　　2 000 000
　　贷：在建工程——办公楼建设　　　　　　　　　　　　　　2 000 000

3. 改扩建固定资产的核算

改扩建固定资产是指在原有基础上进行的改建和扩建的固定资产，改扩建工程也可采用自营方式或出包方式，其改扩建支出通过"在建工程"账户核算。改扩建完成后，该项固定资产的价值较之改扩建之前有所增加（增加数为改扩建支出减去改扩建过程中发生的变价收入后的差额），需相应调整"固定资产"账户。

【例7-5】 宏伟建筑公司采用增加层数的方式扩建原办公楼，账面原值 1 200 000 元，扩建前拆除部分设施回收残料估价 8 000 元入库，工程委托第一建筑公司修建，预付工程款 200 000 元已通过银行支付。工程完工，第一建筑公司提出工程价款结算账单，结算工程价款 450 000 元，已签字认付，扣除预付工程款后，开出转账支票结清工程余款 250 000 元，工程竣工交付使用。相关会计处理如下：

办公楼进行改扩建、停止使用，应转作未使用固定资产时：

借：固定资产——未使用固定资产　　　　　　　　　　1 200 000
　　贷：固定资产——生产用固定资产　　　　　　　　　　　　1 200 000

回收残料验收入库时：

借：原材料——其他材料　　　　　　　　　　　　　　8 000
　　贷：在建工程——办公楼扩建工程　　　　　　　　　　　　8 000

预付工程款时：

借：预付账款——预付工程款　　　　　　　　　　　　200 000
　　贷：银行存款　　　　　　　　　　　　　　　　　　　　　200 000

结算工程价款时：

借：在建工程——办公楼扩建工程　　　　　　　　　　450 000

　　　　应缴税费——应缴增值税（进项税额）　　　　　　　　40 500
　　　　　贷：应付账款——应付工程款　　　　　　　　　　　　　490 500
用预付款抵作结算工程价款时：
　借：应付账款——应付工程款　　　　　　　　　　　　　200 000
　　　　　贷：预付账款——预付工程款　　　　　　　　　　　　　200 000
结付工程余款时：
　借：应付账款——应付工程款　　　　　　　　　　　　　290 500
　　　　　贷：银行存款　　　　　　　　　　　　　　　　　　　　290 500
结转在建工程支出时：
　借：固定资产——未使用固定资产　　　　　　　　　　　442 000(450 000-8 000)
　　　　　贷：在建工程——办公楼扩建工程　　　　　　　　　　　442 000
办公楼交付使用时：
　借：固定资产——生产用固定资产　　　　　　　　　　1 642 000
　　　　　贷：固定资产——未使用固定资产　　　　　　　　　　1 642 000

4. 投资者投入的固定资产

　　企业对投资者投资转入的固定资产，一方面反映本企业固定资产的增加，另一方面反映投资者投资额的增加。增加的固定资产原值一般按投资合同或协议约定的价值确定，但不公允的除外，主要有三层含义：投资双方要签订投资合同或投资协议；双方合同或协议约定的价值必须是公允价值，不公允的不能作为入账的依据；以公允价值作为初始投资成本入账。

【例7-6】 宏伟建筑公司收到 A 公司出资的一台设备，该设备的原值 7 000 000 元，已提折旧为 1 200 000 元，经评估该固定资产的价值为 6 000 000 元，作会计分录如下：
　借：固定资产——生产用固定资产　　　　　　　　　　6 000 000
　　　　　贷：实收资本——A 公司　　　　　　　　　　　　　　6 000 000

5. 接受捐赠的固定资产

　　若接受捐赠的固定资产有相关的发票单证的，应按其发票账单所列金额及企业所负担的相关费用支出为原价，若无发票账单，可参照其市价为原价，在接受捐赠日作为企业的营业外收入，若为一般纳税人取得增值税专用发票，发票上记载的增值税允许扣除。

【例7-7】 宏伟建筑公司接受捐赠新搅拌机一台，发票总金额 15 000 元，增值税率为 13%，通过银行转账支付运杂费等计 1 500 元，增值税率为 9%。作会计分录如下：
　借：固定资产——生产用固定资产　　　　　　　　　　14 650.49
　借：应交税费——应交增值税（进项税额）　　　　　　 1 849.51
　　　　　贷：营业外收入——捐赠收入　　　　　　　　　　　　15 000
　　　　　贷：银行存款　　　　　　　　　　　　　　　　　　　1 500

6. 盘盈的固定资产

盘盈的固定资产是指在清查中发现的账外固定资产，按会计前期差错处理，具体核算方法见任务 7.5。

7. 租入的固定资产

租赁指在约定的期间内，出租人将资产使用权让与承租人以获取租金的协议。租赁按其性质和形式的不同可分为融资租赁和经营租赁两种。

（1）融资租赁。融资租赁是指在实质上转移了与资产所有权相关的全部风险和报酬的一种租赁。从法律形式上看，采用融资租赁方式租入固定资产，资产的所有权在租赁期间仍然属于出租方，但由于资产租赁期基本上包括了资产的有效使用年限，承租企业实质上获得了租赁资产所提供的主要经济利益，同时承担与资产有关的风险。因此企业应将融资租入资产作为一项固定资产计价入账，同时应向融资公司支付的租赁费，构成企业的长期负债，通过"长期应付款——应付融资租赁费"账户核算，并计提固定资产的折旧。

企业对融资租入的固定资产应单设"融资租入固定资产"明细账户核算。在租赁开始日，按当日租赁资产的原账面价值与最低租赁付款额的现值两者中较低者作为入账价值，借记"固定资产"账户，按最低付款额，贷记"长期应付款——应付融资租赁款"账户，按其差额，借记"未确认融资费用"账户。

【例7-8】 宏伟建筑工程公司下属的构件加工厂采用融资租赁方式租入生产线一条，按租赁协议确定的租赁价款为 2 000 000 元，另外支付运杂费、途中保险费、安装调试费等 200 000 元（包括租期结束购买该生产线应付的价款）。按双方签订的租赁协议规定，租赁价款分五年于每年年初支付，该生产线的折旧年限为 5 年，采用直线法计提折旧（不考虑净残值），租赁期满，该生产线转归承租的构件加工厂拥有。该企业融资租赁资产占全部资产总额的 5%。构件加工厂的账务处理如下：

租入生产线时：

借：在建工程——生产线工程　　　　　　　　　2 000 000
　　贷：长期应付款——应付融资租赁款　　　　　　　2 000 000

支付运费、保险费、安装费时：

借：在建工程——生产线工程　　　　　　　　　200 000
　　贷：银行存款　　　　　　　　　　　　　　　　　200 000

资产交付使用时：

借：固定资产——融资租入固定资产　　　　　　2 200 000
　　贷：在建工程——生产线工程　　　　　　　　　　2 200 000

每期（分五年）支付融资租赁费 =2 000 000/5=400 000 元，分期支付时：

借：长期应付款——应付融资租赁费　　　　　　400 000
　　贷：银行存款　　　　　　　　　　　　　　　　　400 000

计提折旧时：

借：生产成本——辅助生产成本　　　　　　　　440 000
　　贷：累计折旧　　　　　　　　　　　　　　　　　440 000

租赁期满，资产产权转入企业时：

借：固定资产——生产经营用固定资产　　　　　　　　　　　　　2 200 000
　　贷：固定资产——融资租入固定资产　　　　　　　　　　　　　2 200 000

在租赁谈判和签订租赁合同过程中承租人发生的、可直接归属于租赁项目的初始直接费用，如印花税、佣金、律师费、差旅费等，应当确认为当期费用。

（2）经营租赁。经营性租赁指除融资性租赁方式以外的租赁。经营性租赁租入的固定资产，主要是为了解决生产经营的季节性、临时性的需要，并不是长期拥有，租赁期限相对较短，资产的所有权仍归属出租方，承租企业只是在租赁期内拥有资产的使用权及合同协议约定支付的租赁费，租赁期满，企业将资产退还给出租人，停止支付租金。在这种租赁方式下，与租赁资产相关的风险和报酬仍然归属于出租人。企业对租入的资产不需要也不应该作为本企业的资产计价入账，也无需计提折旧。

【例7-9】 宏伟建筑公司由于季节性生产经营的需要，于2011年9月租入吊车5辆，租期为4个月，每月租金30 000元（不含税），共120 000元，增值税率为13%。租金于开始时一次付清，企业开出转账支票支付。作会计处理如下：
预付租金时根据租赁费发票及支票存根：
借：待摊费用　　　　　　　　　　　　　　　　　　　　　　　120 000
　　应缴税费——应缴增值税（进项税额）　　　　　　　　　　　15 600
　　贷：银行存款　　　　　　　　　　　　　　　　　　　　　　135 600
分四期摊销时：
借：工程施工——间接费用　　　　　　　　　　　　　　　　　　30 000
　　贷：待摊费用　　　　　　　　　　　　　　　　　　　　　　 30 000

任务 7.3　固定资产的后续计量核算

知识目标

1. 掌握折旧的概念及其影响因素。
2. 掌握折旧的计算方法及折旧的范围。
3. 掌握累计折旧账户核算的内容及使用方法。
4. 掌握固定资产资本化的后续支出与费用化的后续支出的区别。

能力目标

1. 能计算固定资产折旧额及折旧率。
2. 能编制固定资产折旧计算表并进行相关的账务处理。
3. 能对发生的固定资产后续支出进行相应的账务处理。

固定资产的后续计量是指企业在取得固定资产之后，运用合理计量属性对固定资产价值发生变化适当地予以计量。包括固定资产的折旧以及固定资产的后续支出。

一、固定资产折旧

1. 固定资产折旧的基本知识

（1）折旧的概念。折旧是固定资产因损耗而磨损的价值。损耗包括有形损耗和无形损耗，固定资产由于使用而发生的损耗叫有形损耗，有形损耗是可见的。由于科学技术的进步和劳动生产率的提高而引起的固定资产在价值上的损失叫无形损耗，无形损耗是不可见的。我们把固定资产在使用寿命内由于损耗而磨损的价值称为折旧。折旧从固定资产的实物中分离出来，转移到承建的工程成本或相关的费用中，最终以折旧费的形式在收入中得到补偿，因此，折旧的过程也是固定资产量价分离的过程。正确确定各期应计提的固定资产折旧，对于维持企业再生产、正确计算工程成本和利润以及提供固定资产更新的资金来源，具有一定的意义。

企业应当在固定资产的使用寿命内，按照确定的方法对应计折旧额进行系统分摊。固定资产应折旧总额，等于应当计提折旧的固定资产原价扣除其预计净残值后的差额。

（2）固定资产折旧的影响因素。影响固定资产折旧的因素主要有以下几点。

① 固定资产原价。固定资产原价是固定资产的初始投资成本，也称为固定资产的原始价值。

② 固定资产预计净残值。固定资产预计净残值是指假设固定资产预计使用寿命已满并处于使用寿命终了时的预期状态，企业目前从该资产处置中获得扣除预计处置费用后的金额。净残值不应分摊到固定资产的各服务期间，在计算固定资产应计折旧额时应予以扣除。

③ 固定资产减值准备。固定资产减值准备是指在资产负债表日由于固定资产成本超过其可收回金额产生损失而预先计提的固定资产减值准备的累计金额。固定资产计提减值准备后，应当在固定资产剩余使用寿命内根据调整后的固定资产账面价值(调整后的固定资产账面价值等于固定资产账面余额减累计折旧和累计减值准备后的金额)和预计净残值重新计算确定折旧率和折旧额。

④ 固定资产使用寿命。固定资产使用寿命是指固定资产的预计使用期间或者固定资产所能生产或提供劳务的数量。确定固定资产的使用寿命要考虑的因素有：a.固定资产的预计生产能力或实物产量；b.固定资产的预计的有形损耗和无形损耗；c.法律或者类似规定对固定资产使用的限制等因素。

（3）固定资产折旧的计算方法

① 平均年限法。平均年限法又称直线法。是指按固定资产预计使用年限，将固定资产应提折旧额平均分摊到各期的一种折旧方法。其计算公式如下：

$$固定资产年折旧额 = 固定资产原值 \times 年折旧率$$

$$固定资产年折旧率 = \frac{1-预计净残值率}{固定资产预计使用年限} \times 100\%$$

$$预计净残值率 = \frac{预计净残值}{固定资产原值} \times 100\%$$

$$固定资产年折旧率 = 固定资产月折旧率 \times 12$$

$$固定资产月折旧额 = 固定资产原值 \times 月折旧率$$

固定资产折旧的计算方法

【例7-10】 宏伟建筑工程公司有一办公楼原值为8 000 000元,预计使用年限为40年,预计净残值率为4%,该办公楼的月折旧率和月折旧额的计算如下:

年折旧率=(1-4%)/40×100%=2.4%

月折旧率=2.4%/12=0.2%

月折旧额=8 000 000×0.2%=16 000(元)

采用此种方法,对于单项固定资产而言,各期折旧额的大小只与原值、残值(或残值率)、预计使用期限有关,各期的折旧额均是相等的,因此也称为直线法。

平均年限法是按固定资产的服务时间计提折旧,能充分反映无形损耗的影响,操作简单,应用范围广,适用于大多数固定资产,但其忽略了固定资产在不同的期间使用强度的不均衡所导致的不同期间固定资产有形损耗的差异。

② 工作量法。工作量法是指按照固定资产预计完成的工作量计算各期应提折旧额的一种方法。其计算公式如下:

$$单位工作量折旧额 = \frac{固定资产原值 - 预计净残值}{固定资产预计总工作量}$$

$$= 固定资产原值 \times \frac{1 - 预计净残值率}{固定资产预计总工作量}$$

某项固定资产月折旧额 = 单位工作量折旧额 × 该固定资产当月实际完成的工作量

固定资产预计工作量的表示方法有多种,对机械设备或运输设备常用行驶里程、工作台班(或台时)表示,因此,建筑企业常用的工作量法主要有行驶里程法和工作小时法,适合以行驶里程表示工作量的大型运输设备及以工作台班(台时)计量的大型生产设备。

【例7-11】 宏伟建筑工程公司的一辆大型塔吊账面原值500 000元,预计总工作台班为1 000台班,预计净残值率为4%,本月共工作28个台班,该大型设备的月折旧额计算如下:

单位台班折旧额=500 000元×(1-4%)/1 000台班=480(元/台班)

本月折旧额=480×28=13 440(元)

工作量法的优点是简单明了、易于计算、计算准确率高、符合配比原则,但其缺点是只重视固定资产有形损耗,把使用作为折旧的唯一因素,忽视了无形损耗对折旧的影响,同时,在实际工作中,固定资产的总工作量往往是很难估计的,因此适用于一些容易取得实际工作量资料、特殊类型的固定资产,如大型运输设备、生产设备及大型施工机械等固定资产。

使用年限法计算各年或各月折旧额相等,称之为匀速折旧法,工作量法虽然各年或各月的折旧额不等,但其单位工作量折旧额是固定不变的,因此也称为匀速折旧法。

③ 双倍余额递减法。双倍余额递减法是指在不考虑固定资产预计净残值的基础上,根据每期期初固定资产账面净值即折余价值和双倍直接法折旧率计算固定资产折旧的一种方法。其计算公式如下:

$$年折旧率 = \frac{2}{折旧的使用年限} \times 100\%$$

年折旧额 = 每年年初固定资产账面净值 × 年折旧率

年折旧率 = 月折旧率 × 12

月折旧额 = 每月初固定资产账面净值 × 月折旧率

由于双倍余额递减法计算年折旧率时不考虑预计净残值，应用此种方法进行折旧时必须注意不能使固定资产的折余价值低于预计净残值。为此，特作规定如下：采用双倍余额递减法计提折旧时，在固定资产预计使用期限满的前两年，改按平均年限法计提折旧，即将固定资产期初折余价值扣除预计净残值后的余额除以2平均摊销，作为固定资产到期前最后二年的年折旧额。

【例7-12】 宏伟建筑工程公司的一项固定资产原价为100 000元，预计使用年限为5年，预计净残值2 000元。按双倍余额递减法计算每年折旧额，计算如下：

双倍直线折旧率 = 2/5 × 100% = 40%

第一年应计提的折旧额 = 100 000元 × 40% = 40 000(元)

第二年应计提的折旧额 = (100 000-40 000)元 × 40% = 24 000(元)

第三年应计提的折旧额 = (100 000-40 000-24 000)元 × 40% = 14 400(元)

第四、第五年计提的年折旧额 = (100 000-40 000-24 000-14 400-2 000)元/2 = 9 800(元)

④ 年数总和法。年数总和法是指将固定资产的原价减去预计净残值后的余额乘以一个逐年递减的折旧率计算折旧的一种方法。其计算公式如下：

$$年折旧率 = \frac{尚可使用年限}{预计使用年数的总和} \times 100\%$$

$$= \frac{预计使用年限 - 已使用年限}{预计使用年限（预计使用年限 + 1）/2}$$

年折旧额 = (固定资产原值 - 预计净残值) × 年折旧率

【例7-13】 宏伟建筑工程公司的一项固定资产的原值为47 000元，预计使用年限为5年，预计净残值为2 000元。采用年数总和法计算各年折旧额，列表计算见表7-9。

表7-9 年数总和法固定资产折旧计算表

年份	尚可使用年限	原值-净残值	各年折旧率	各年折旧额	累计折旧
第1年	5	45 000	5/15	15 000	15 000
第2年	4	45 000	4/15	12 000	27 000
第3年	3	45 000	3/15	9 000	36 000
第4年	2	45 000	2/15	6 000	42 000
第5年	1	45 000	1/15	3 000	45 000

双倍余额递减法和年数总和法，在固定资产使用的早期多提折旧，后期少提折旧，其递减的速度逐年加快，因此，也称为加速折旧法。采用加速折旧法计提折旧，加快了折旧的速度，目的是使固定资产在估计耐用年限内加快得到补偿。

建筑企业可以根据具体情况选用上述四种折旧方法之一来计提折旧，折旧方法一经确定，不得随意调整。

上述四个案例中折旧率是按某一单项固定资产计算的，称为个别折旧率，按分类固定资产计算的折旧率称为分类折旧率，按全部固定资产计算的折旧率称为综合折旧率。其计算公式如下：

$$某类固定资产年折旧率 = \frac{该类固定资产的年折旧额}{该类固定资产原值} \times 100\%$$

$$固定资产综合年折旧率 = \frac{\sum 固定资产的原值 \times 各项固定资产年折旧率}{\sum 各项固定资产原值} \times 100\%$$

个别折旧率计算的折旧额结果比较准确，但计算的工作量偏大，一般适用于单位固定资产数量不多或数量虽多但各月之间变化不大的企业。综合折旧率工作量虽然不大，但其计算结果不精确，因此，在实际工作中，为提高工作效率，减轻会计人员的工作量，充分体现会计核算的重要性的原则，通常采用分类折旧率来计算固定资产的折旧额。这种方法虽然减少了会计核算工作量，但与个别折旧率比较，仍存在折旧额计算的准确性较差的问题。

（4）固定资产折旧计提的范围。企业应在会计期末对应计提折旧的固定资产计提折旧。应计提折旧的固定资产如下。

① 房屋和建筑物。房屋和建筑物不管是否使用，因其自然损耗较大，从入账的次月起计提折旧。

② 在用的机器设备、仪器及试验设备、运输工具、工具器具等。

③ 季节性和大修理停用的固定资产。

④ 融资租入固定资产和以经营租赁方式租出的固定资产。

不应计提折旧的固定资产如下。

① 除房屋建筑物外的未使用、不需用的固定资产。

② 以经营租赁方式租入的固定资产。

③ 已提足折旧仍在继续使用的固定资产。固定资产提足折旧后，不管是否继续使用，均不再计提折旧。已提足折旧是指已经提足该项固定资产的应计折旧额。应计折旧额等于应当计提折旧的固定资产的原价扣除其预计净残值后的金额。已计提减值准备的固定资产，还应当扣除已计提的固定资产减值准备累计金额。

④ 提前报废的固定资产。提前报废的固定资产不管是否提足折旧，均不再计提折旧。

⑤ 单独作价作为固定资产入账的土地。

此外，应注意以下几点。

① 各类固定资产在各月之间甚至在一个月之内由于新增和报废等原因而有变动，为了一致起见，固定资产应按月计提折旧，企业一般应根据月初在用固定资产的账面原价和月折旧率按月计提折旧。当月增加的固定资产，当月不提折旧，从下月开始计提，当月减少的固定资产，当月照常提折旧，从下月起不提。

② 已达到预定可使用状态但尚未办理竣工决算的固定资产，应当按照估计价值确定其成本，并计提折旧，但在办理竣工决算后，再按实际成本调整原暂估价，但不需要调整原已计提折旧额。

③ 因处于更新改造过程而停止使用的固定资产，将期账面价值转入在建工程后不再计提折旧，待更改项目达到预定使用状态，重新确定尚可使用年限和净残值，选用合适的折旧方法计提折旧。

2. 固定资产折旧的核算

固定资产折旧的核算

企业按规定的折旧方法计提折旧时，应根据固定资产的使用部门和用途将计提的折旧额计入相关的成本或者费用。施工生产用固定资产，计提的折旧应计入"工程施工"账户，管理部门用固定资产，计提的折旧应计入"管理费用"账户，自有的施工机械，计提的折旧应计入"机械作业"账户，辅助生产车间用固定资产，计提的折旧应计入"生产成本——辅助生产成本"账户，采购保管部门用固定资产，计提的折旧应计入"采购保管费"账户，自行建造固定资产计提的折旧应计入"在建工程"账户，经营性租出的固定资产，计提的折旧应计入到"其他业务成本"账户。

企业在计提折旧时应编制固定资产折旧计算表，作为折旧核算的依据，见表7-10。

表7-10　固定资产折旧计算表

2020年8月31日　　　　　　　　　　　　　　　　　　　　　单位：元

固定资产类别及使用部门	固定资产类别	应计折旧的固定资产原价	月分类折旧率/%	月折旧额	受益对象
管理部门用	房屋建筑物	1 000 000	0.8	8 000	管理费用
	仪器及试验设备	200 000	1.0	2 000	管理费用
仓库	房屋建筑物	500 000	0.8	4 000	采购保管费
辅助生产部门	生产设备	800 000	0.6	4 800	生产成本－辅助生产成本
出租	施工机械	800 000	0.5	4 000	其他业务成本
施工项目部	施工机械	1 200 000	0.5	6 000	机械作业
合计				28 800	

【例7-14】　宏伟建筑工程公司8月份，根据固定资产的类别及使用部门计提折旧，编制折旧计提表，见表7-10，以此为依据，作会计分录如下：

借：采购保管费　　　　　　　　　　　　　　　　4 000
　　管理费用　　　　　　　　　　　　　　　　　10 000
　　工程施工　　　　　　　　　　　　　　　　　6 000
　　生产成本——辅助生产成本　　　　　　　　　4 800
　　其他业务成本　　　　　　　　　　　　　　　4 000
　　贷：累计折旧　　　　　　　　　　　　　　　28 800

二、固定资产后续支出

固定资产投入使用后，由于使用和自然损耗，其各个组成部分的磨损程度是不同的，为了保持固定资产的正常运转，保证施工生产的正常运行，或为了延长固定资产的使用寿命，提高其使用效能，有必要对现在固定资产进行更新改造或维护修理，以提高或维持其使用价值。固定资产后续支出是指固定资产使用过程中发生的更新改造支出、修理支出等。

固定资产后续支出的处理原则是：与固定资产有关的更新改造等后续支出，符合固定资产确认条件的，应当计入固定资产成本，进行资本化处理。如有被替换的部分，应扣除其账面价值。与固定资产有关的修理费用等后续支出，不符合固定资产确认条件的，应当计入当期损益，进行费用化处理。

1. 资本化的后续支出

资本化的后续支出的条件：使流入企业的经济利益超过原先、延长固定资产的使用寿命、使产品质量实质性提高、使产品成本实质性降低。

在发生资本化的后续支出时，应将该固定资产的原价、已计提的累计折旧和减值准备转销，将固定资产转入在建工程，并停止计提折旧。可资本化的后续支出通过"在建工程"账户核算，在后续支出完工并达到预定可使用状态时，从在建工程转为固定资产，重新确定固定资产原价，并按新的原价、使用年限、预计净残值和折旧方法重新开始计提折旧。

如果可资本化的固定资产后续支出涉及替换原固定资产的某组成部分，应当将被替换部分的账面价值从原固定资产价值中扣除。

以经营租赁方式租入的固定资产发生的改良支出，应予资本化，作为长期待摊费用，在租赁期内合理进行摊销。

【例7-15】 2020年5月，宏伟建筑公司将对仓库进行大修理，该仓库原值为60万元，已提折旧35万元，大修理支出15万元，修理过程中发生的变价收入为2万元。同年8月改建完成交付使用。作会计分录如下：

仓库转入修理时：
借：在建工程——仓库修理工程　　　　　　250 000
　　累计折旧　　　　　　　　　　　　　　350 000
　　贷：固定资产——生产用固定资产　　　　　　600 000

发生改建支出时：
借：在建工程——仓库修理工程　　　　　　150 000
　　贷：银行存款等　　　　　　　　　　　　　　150 000

获得的变价收入时：
借：银行存款　　　　　　　　　　　　　　20 000
　　贷：在建工程——仓库修理工程　　　　　　　20 000

8月，修理仓库交付使用时：
借：固定资产　　　　　　　　　　　　　　380 000
　　贷：在建工程——仓库修理工程　　　　　　　380 000

2. 费用化的后续支出

固定资产投入使用后，由于磨损及各部件耐用程度不同，可能导致局部损坏，为了维护固定资产的正常运转和使用，充分发挥其使用效能，企业有必要对固定资产进行维护。

费用化的后续支出指固定资产日常维护支出，它只是保证固定资产的正常工作状况，一般不产生未来的经济利益，在费用发生时计入当期管理费用或销售费用。

【例7-16】 宏伟建筑工程公司对现有一台办公用设备进行修理，修理过程中发生的修理费用为不含税价款8 000元，增值税税率为13%。公司开出转账支票支付。作会计分录如下：

借：管理费用　　　　　　　　　　　　　　　　　　　　　8 000
　　应缴税费——应缴增值税（进项税额）　　　　　　　　1 040
　　贷：银行存款　　　　　　　　　　　　　　　　　　　　　9 040

任务7.4　固定资产处置的核算

知识目标

1. 掌握固定资产处置包括的内容。
2. 掌握固定资产终止确认的条件。
3. 掌握固定资产处置的程序。

能力目标

能对转入清理的固定资产的业务进行账务处理。

固定资产处置包括固定资产的出售、报废、毁损、对外投资、非货币资产交换、债务重组等，也叫固定资产终止确认和计量。

一、固定资产终止确认的条件

1. 该固定资产处于处置状态

2. 该固定资产预期通过使用或处置不能产生经济利益

上述两个条件的出现使得固定资产已不具备固定资产的定义和确认的条件，因此应予终止确认。

二、固定资产处置的核算

1. 固定资产处置的程序

（1）固定资产转入清理。企业因出售、报废、毁损、对外投资、非货币资产交换、债务重组等原因而转出的固定资产转入清理，要按清理的固定资产的账面价值借记"固定资产清理"，按已计提的累计折旧，借记"累计折旧"账户，按已计提的减值准备，借记"固定资产减值准备"账户，按其账面原价，贷记"固定资产"账户。

（2）固定资产清理过程中支付的清理费用及相关税费，借记"固定资产清理"账户，贷记"银行存款"账户、"应缴税费"等账户。

（3）收回出售固定资产的价款、变价收入、残料价值等，借记"银行存款""原材料"等账户，贷记"固定资产清理""应缴税费——应缴增值税"等账户。

（4）企业收到的应收保险公司或过失人赔偿的损失，应冲减清理支出，借记"银行存款""其他应收款"等账户,借记"固定资产清理"账户。

(5)固定资产清理完成发生的净损益的处置。如因丧失使用功能或因自然灾害发生毁损等原因而报废清理产生的利得或损失应计入营业外收支科目;因出售、转让等原因而产生的固定资产处置利得或损失,计入资产处置收益,产生的净损失,借记"资产处置损益"科目,贷记"固定资产清理"科目,如为净收益,作相反分录。

2. 固定资产出售

【例7-17】 宏伟建筑工程公司三层办公楼因闲置多年,原值3 500 000元,已提折旧3 000 000元,现经研究决定出售给M公司,经双方协商作价2 000 000元,款已收到存入银行,按2%支付增值税,其他税暂不考虑,支付给清理人员工资30 000元。企业的账务处理如下:

将设备转入清理时:

借:固定资产清理	500 000
累计折旧	3 000 000
贷:固定资产——不需用固定资产	3 500 000

收到出售价款时:

借:银行存款	2 000 000
贷:固定资产清理	1 960 000
应缴税费——应缴增值税(销项税额)	40 000

支付清理人员工资时:

| 借:固定资产清理 | 30 000 |
| 贷:应付职工薪酬——应付工资 | 30 000 |

结转清理净收益1 430 000元(1 960 000-500 000-30 000):

| 借:固定资产清理 | 1 430 000 |
| 贷:资产处置收益 | 1 430 000 |

3. 固定资产报废与毁损

【例7-18】 宏伟建筑工程公司被新技术淘汰的机械一台报废,该机械的账面原值为60 000元,已提折旧40 000元,报废时残料作价2 000元入库,企业开出转账支票支付清理费用1 000元。账务处理如下:

将机械转入清理时:

借:固定资产清理	20 000
累计折旧	40 000
贷:固定资产——不需用固定资产	60 000

残料作价入库时:

| 借:原材料——机械配件 | 2 000 |
| 贷:固定资产清理 | 2 000 |

支付清理费用时：
借：固定资产清理　　　　　　　　　　　　　　　　1 000
　　贷：银行存款　　　　　　　　　　　　　　　　　　1 000
结转清理净损失 19 000 元 (20 000-2 000+000) 时：
借：营业外支出——处置非流动资产净损失　　　　　19 000
　　贷：固定资产清理　　　　　　　　　　　　　　　19 000

【例7-19】　宏伟建筑工程公司的一辆小汽车因火灾而毁损，该汽车账面原价200 000元，已提折旧8 000元，应由保险公司赔偿150 000元，回收残料出售后获得收入2 000元已存入银行，以现金支付清理费用500元。账务处理如下：

将汽车转入清理时：
借：固定资产清理　　　　　　　　　　　　　　　　192 000
　　累计折旧　　　　　　　　　　　　　　　　　　　8 000
　　贷：固定资产——生产经营用固定资产　　　　　　200 000
应由保险公司赔偿时：
借：其他应收款——保险公司　　　　　　　　　　　150 000
　　贷：固定资产清理　　　　　　　　　　　　　　　150 000
回收残料入库时：
借：银行存款　　　　　　　　　　　　　　　　　　2 000
　　贷：固定资产清理　　　　　　　　　　　　　　　2 000
支付清理费用时：
借：固定资产清理　　　　　　　　　　　　　　　　500
　　贷：库存现金　　　　　　　　　　　　　　　　　500
结转清理净损失 40 500 元 (192 000-150 000-2 000+500) 时：
借：营业外支出——非常损失　　　　　　　　　　　40 500
　　贷：固定资产清理　　　　　　　　　　　　　　　40 500

4. 固定资产对外投资

固定资产对外投资，是企业根据投资协议或合同，将固定资产投入到其他企业，以获得对其他企业的股权。企业向其他单位投资转出的固定资产，已不再为本企业的施工生产经营活动提供服务，属于长期股权投资范畴，其核算实务见项目6。

5. 对外捐赠转出的固定资产

对外捐赠转出的固定资产发生的净损失作为企业的"营业外支出——捐赠支出"。转出时，按固定资产的账面净值，借记"固定资产清理"账户，按该项固定资产已提折旧，借记"累计折旧"账户，按固定资产账面原价贷记"固定资产"账户。捐赠转出固定资产应支付的相关税费，借记"固定资产清理"账户，贷记"银行存款"账户，按"固定资产清理"账户的余额，借记"营业外支出——捐赠支出"账户，贷记"固定资产清理"账户。

【例7-20】　宏伟建筑工程公司将原值为50 000元的设备一台捐赠转出企业，该设备已提折旧 28 000 元，以现金支付运杂费 300 元，账面已计提减值准备 1 000 元。企业的账务处理如下：

将设备转入清理时：

借：固定资产清理	21 000	
累计折旧	28 000	
固定资产减值损失	1 000	
贷：固定资产——生产经营用固定资产		50 000

以现金支付清理费用时：

借：固定资产清理	300	
贷：库存现金		300

结转捐赠净损失 21 300 元 (21 000+300) 时：

借：营业外支出——捐赠支出	21 300	
贷：固定资产清理		21 300

任务 7.5　固定资产的清查与期末计价的核算

知识目标

1. 掌握固定资产清查的方法。
2. 掌握对固定资产清查结果的核算方法。
3. 掌握对固定资产期末计价的方法。

能力目标

1. 能对固定资产清查结果进行相应的账务处理。
2. 能对固定资产期末计价业务进行相应的账务处理。

一、固定资产的清查

1. 固定资产清查的基本知识

企业的固定资产种类、型号繁多，分布面广，在收入、保管、报废清理、对外出租出售等方面，若交接手续不严密、保管制度不健全，极易使固定资产发生短缺或毁损，造成账实不符，为此必须建立健全固定资产的清查盘点制度，定期或不定期地对固定资产进行清查，及时发现固定资产在使用和管理过程中出现的问题，采取措施堵塞漏洞，提高固定资产的使用效益。

固定资产的清查一般分为日常清查和年度清查两种。按清查的范围可分为全面清查和局部清查，通常将四种清查的方法结合起来。日常清查进行的是局部清查，年度清查进行的是全面清查。企业应定期或不定期地对固定资产进行清查，至少每年清查一次。通常在年终决算以前组织专人盘点，以保证年终决算的正确性。

清查前，财务部门应核对固定资产账目，将固定资产总账与固定资产登记簿核对相符，将固定资产登记簿与固定资产卡片核对相符，做到账账相符、账卡相符。清查时，应在企业有关负责人的领导下，组成由财务部门、保管部门和使用部门等有关人员共同参加的清查小组，具体负责清查盘点工作。清查时采用的方法是实地盘点法，将固定资产登记簿或固定资产卡片同实物进行核对。

在清查过程中，要及时编制"固定资产清查盘点表"（见表7-11），将盘点结果如实填写到报告表中，如果发现有盘盈或盘亏的固定资产，要编制"固定资产盘盈盘亏报告单"（见表7-12），查明原因，报经批准后，在期末结账前处理完毕。

表7-11　固定资产清查盘点表

使用(保管)单位：　　　　　　　　　　　年　　月　　日

固定资产编号	固定资产名称	计量单位	账面结存数	实际结存数	备注

表7-12　固定资产盘盈盘亏报告单

年　　月　　日

固定资产编号	固定资产名称	计量单位	盘盈			盘亏			原因
			数量	同类市场价格	估计折旧	数量	原价	累计折旧	

2. 固定资产清查的账务处理

企业在清查中发现盘盈或盘亏的固定资产，要及时查明原因并按管理权限报经审批后进行账务处理。

（1）固定资产盘盈。固定资产盘盈是指在清查中发现的账外固定资产，是以前会计期间没有记载到账上，所以在会计核算上应作为前期差错处理。在按管理权限报经批准前通过"以前年度损益调整"账户核算。盘盈固定资产入账价值的确定有两种方法，如果同类或类似的固定资产存在活跃市场的，按同类或类似固定资产的市场价格，减去估计折旧后的余额入账，否则按盘盈固定资产的预计未来现金流量的现值入账。

【例7-21】　宏伟建筑工程公司在财产清查中，发现有账外弯曲机二台，按同类设备的市场价格，减去按该项资产的新旧程度估计的价值损耗后的余额为5 000元（假定与其计税基础不存在差异）。该公司适用的所得税税率为25%，按净利润的10%计提法定盈余公积。会计处理如下：

盘盈固定资产时：

借：固定资产　　　　　　　　　　　　　　　　　　　　5 000
　　贷：以前年度损益调整　　　　　　　　　　　　　　　　　5 000

确定应缴纳的所得税时：

借：以前年度损益调整　　　　　　　　　　　　　　　　1 250

  贷：应缴税费——应缴所得税   1 250
结转为留存收益时：
借：以前年度损益调整   3 750
  贷：盈余公积——法定盈余公积   375
    利润分配——未分配利润   3 375

  （2）固定资产盘亏。固定资产盘亏指在清查中发现账上有记载而实物缺少的固定资产。盘亏的固定资产的价值，通过"待处理财产损益——待处理非流动资产"账户核算。固定资产盘亏造成的损失，按管理权限报经批准处理时，扣除过失人的赔偿款和保险公司的保险赔偿，净损失记入"营业外支出——盘亏损失"账户。

【例 7-22】 宏伟建筑工程公司在固定资产清查过程中，发现盘亏搅拌机一台，其账面原价为 12 000 元，已提折旧为 5 000 元，会计处理如下：
盘亏固定资产时：
借：待处理财产损益——待处理非流动资产损益   7 000
  累计折旧   5 000
  贷：固定资产   12 000
报经批准转销时：
借：营业外支出——盘亏损失   7 000
  贷：待处理财产损益——待处理非流动资产损益   7 000

二、固定资产期末计价

  企业应当在资产负债表日对各项资产进行全面检查，判断资产是否存在可能发生减值的现象。固定资产减值，是指固定资产发生损毁、技术陈旧或其他原因导致其可收回金额低于账面价值。

  在资产负债表日，固定资产可收回金额低于账面价值的，企业应当将该固定资产的账面价值减记至可收回金额，减记的金额确认为减值损失，计入当期损益，同时计提相应的资产减值准备，借记"资产减值损失——计提的固定资产减值准备"账户，贷记"固定资产减值准备"账户。固定资产减值损失一经确认，在以后会计期间不得转回。

【例 7-23】 2020 年 12 月 31 日，宏伟建筑工程公司的一台大型设备存在可能发生减值的迹象。经计算，该设备的可收回金额合计为 650 000 元，账面价值为 700 000 元，以前年度末对设备计提过减值准备。
由于该大型设备的可收回金额为 650 000 元，低于账面价值 700 000 元，按两者之间的差额 50 000 元计提固定资产减值准备。作会计分录如下：
借：资产减值损失——计提的固定资产减值准备   50 000
  贷：固定资产减值准备   50 000

知识梳理

固定资产是企业施工生产活动的主要劳动资料，是为生产商品、提供劳务、出租或经营管理而持有的，使用寿命超过一个会计年度的有形资产。企业拥有固定资产的数量和质量在一定程度上表明了企业经营规模的大小和技术装备水平的高低。

固定资产具有下列特征，一是为了生产商品、提供劳务、出租或经营管理的需要，而持有的，二是使用期限较长。

固定资产的初始计量是按取得的固定资产的成本入账，即购建固定资产达到预定可使用状态前所发生的一切合理、必要的支出。固定资产的取得途径不同，其取得成本也不同。

固定资产在使用寿命内，由于损耗而形成的价值转移称为折旧。折旧的计算方法有年限平均法、工作量法、双倍余额递减法、年数总和法等。固定资产应在其允许折旧范围内，按期计提折旧。当月增加的固定资产，当月不提折旧，当月减少的固定资产，当月照提折旧。计提的折旧根据其使用部门计入相关的成本或者当期损益。

固定资产后续支出包括资本性支出和收益性支出，其处理原则是：与固定资产有关的更新改造等后续支出，符合固定资产确认条件的，应当计入固定资产成本，如有被替换的部分，应扣除其账面价值；与固定资产有关的修理费用等后续支出，不符合固定资产确认条件的，应当计入当期损益。

固定资产处置包括固定资产的出售、报废、毁损、对外投资、非货币资产交换、债务重组等，处置固定资产应通过“固定资产清理”账户核算。企业在财产清查中盘盈的固定资产，作为前期差错处理。盘亏的固定资产，通过“待处理财产损益”账户核算。

复习思考题

1. 什么是固定资产，其特征有哪些?
2. 固定资产初始计价的方式有哪些? 如何确定固定资产的原始价值?
3. 固定资产折旧的计算方法有哪些? 其影响因素有哪些?
4. 哪些固定资产该计提折旧? 哪些固定资产不该计提折旧?
5. 固定资产的后续支出有哪些?
6. 资本性支出和收益性支出的区别是什么?
7. 什么情况下使用固定资产清理账户核算?

项目实训

实训项目一

【实训目的】能正确组织固定资产业务的核算。

【实训资料】ABC 公司于 2020 年 12 月发生如下经济业务。

1. 购入一台办公用汽车，发票价格 220 000 元，增值税率为 13%，企业开出转账支票支付。

2. 购入一台需要安装的施工机械一台，发票价格 100 000 元，增值税率为 13%，发生的运杂费 2 000 元，款项已由开户行汇出。该机械委托外单位进行安装，开出 6 000 元的转账支票一张支付安装费用，安装完毕交付使用。

3. 采用自营方式建设行政办公楼一幢，建造中购置专项工程物资 600 000 元，领用 550 000 元。以转账方式支付机械租赁费 20 000 元，应付施工人员工资 120 000 元，现该工程已完工交付使用，其剩余的专项物资转为原材料。

4. 采用出包的方式建造厂房一幢，该工程出包光明建筑公司施工，合同造价 2 200 000 元，按合同的规定预付对方 30% 的工程款，其余款项待工程完工交付时一次结清。

5. 某投资单位以办公用房屋对 ABC 公司投资，投出单位的固定资产的账面原价为 1 800 000 元，已提折旧 1 200 000 元。经评估机构确认的评估价 900 000 元，该房屋现已使用。

6. 对一台在用施工机械进行技术改造，其原价为 180 000 元，累计折旧 60 000 元。在技术改造中回收的旧配件等变价收入 10 000 元，领用原材料 15 000 元，负担工资 3 000 元，用银行存款支付其他各种费用 5 000 元，工程完工交付使用，经过改造，该固定资产的性能得到了提高。

7. 对某一机械进行日常维护保养，共支出 600 元，以银行存款支付。

8. 一仓库因火灾而报废，该仓库原值 80 000 元，已提折旧 35 000 元，报废时发生清理费用 2 000 元，残料收入 5 000 元已存入银行，应由保险公司赔偿 40 000 元，过失人孙忠赔偿 2 000 元，现已清理完毕。

9. 盘点时发现盘亏搅拌机一台，账面原值 12 000 元，已提折旧 8 000 元，按规定程序报主管部门批准后入账。

【实训要求】为上述经济业务编制会计分录。

实训项目二

【实训目的】固定资产折旧的计算方法的训练。

【实训资料】ABC 公司购入施工机械一台，原价 200 000 元，该设备预计使用 10 年，预计净残值率为 4%。

【实训要求】用直线法、双倍余额递减法、年数总和法计算该固定资产的年折旧率和折旧额。

项目 7　固定资产核算实务测试题

项目 8

无形资产及其他资产核算实务

任务 8.1 无形资产的核算

知识目标

1. 掌握无形资产的概念、特征、内容、确认条件。
2. 掌握无形资产取得成本的构成及核算方法。
3. 掌握无形资产使用寿命、摊销期、摊销方法的确定。
4. 掌握无形资产摊销、处置与减值的核算方法。

能力目标

1. 能对购入、自行开发等渠道取得的无形资产进行核算。
2. 能对无形资产摊销、处置与减值业务的进行核算。

项目 8 课程思政阅读材料

一、无形资产的基本知识

1. 无形资产的概念及特征

无形资产是指企业拥有或者控制的没有实物形态的可辨认非货币性资产。具有以下特征。

（1）不具有实物形态。不具有实物形态是无形资产区别于其他资产的特征之一。无形资产看不见，摸不着，是隐形存在的资产，通常表现为某种权利、某项技术或是某种获取高于同行业一般水平的盈利能力，体现的是一种权力或获得超额利润的能力。某些无形资产的存在需要依赖实物载体（如计算机软件需要存储在光盘中），但是就无形资产本身而言，并没有改变无形资产本身不具有实物形态的特性。

（2）属于非货币性资产。非货币性资产是指企业持有的货币资金和将以固定或可确定的金额收取的资产以外的其他资产，如存货、固定资产等。无形资产区别于货币性资产的主要特征就在于它属于非货币性资产。无形资产由于没有发达的市场交易，一般很难转化为现金，在持有过程中能给企业带来的经济利益的情况不确定，不属于以固定或可确定的金额收取的资产，是非货币性资产。另外，无形资产是用于生产商品或提供劳务、出租给他人或为了行政管理而持有的，能在多个生产经营周期内使用，使企业受益，所以它是一种长期资产。

（3）具有可辨认性。可辨认性满足以下两个条件之一。

① 能够从企业中分离或者划分出来，并能单独或者与相关合同、资产或负债一起，用于出售、转移、授予许可、租赁或者交换。

② 源自合同性权利或其他法定权利，无论这些权利是否可以从企业或其他权利和义务中转移或者分离。

无形资产必须能够单独辨认，如企业持有的专利权、非专利技术、商标权、土地使用权、特许权等。由于商誉是企业整体价值的组成部分，无法与企业自身分离，不具有可辨认性，所以不构成无形资产。

（4）由企业拥有或控制并能为其带来经济利益的资源。

2. 无形资产的内容

无形资产通常包括专利权、非专利技术、商标权、著作权、特许权、土地使用权等。

（1）专利权。专利权是指国家专利主管机关依法授予发明创造专利申请人，对其发明创造在法定期限内所享有的专有权利，包括发明专利权、实用新型专利权和外观设计专利权。《中华人民共和国专利法》(以下简称《专利法》) 规定，专利人拥有的专利权受到法律保护。专利权的法律保护具有时间性，发明专利权的期限为 20 年，实用新型专利权和外观设计专利权的期限为 10 年，均自申请日起计算。发明者在取得专利权后，在有效期限内将享有专利的独占权。并不是所有的专利权都能给企业持有者带来经济利益，有的专利权可能没有经济价值或具有很小的经济价值，有的专利权会被另外更具有经济价值的专利权所淘汰。只有那些能够给企业带来较大经济价值，并且企业为此花费了支出的专利权才能作为无形资产核算。

（2）非专利技术。非专利技术也称专有技术，是指未公开的，在生产经营活动中已采用了的、可以带来经济效益的、不受法律保护的各种技术和诀窍，一般包括工业专有技术、商业贸易专有技术、管理专有技术等。非专利技术用自我保密的方式来维持其独占性，具有经济性、机密性和动态性，不受专利法的保护，没有法律上的有效年限，只有经济上的有效年限。

（3）商标权。商标是用以区别商品和服务不同来源的商业性标志，由文字、图形、字母、数字、三维标志、颜色组合或者上述要素的组合构成。商标一经注册登记即为注册商标。商标权是商标专用权的简称，是指商标主管机关依法授予商标所有人对其注册商标受国家法律保护的专有权。商标注册人依法支配其注册商标并禁止他人侵害的权利，包括商标注册人对其注册商标的排他使用权、收益权、处分权、续展权和禁止他人侵害的权利。注册商标的有效期为 10 年，自核准注册之日起计算。注册商标有效期满，需要继续使用的，应当在期满前 6 个月内申请续展注册，在此期间未能提出申请的，可以给予 6 个月的宽展期。宽展期满仍未提出申请的，注销其注册商标。每次续展注册的有效期为 10 年。

企业自创商标并将其注册登记，花费一般不大，是否将其本金化并不重要。能够给拥有者带来获利能力的商标，往往是通过多年的广告宣传和其他传播商标名称的手段以及客户的信赖等树立起来的。

（4）著作权。著作权又称版权，指著作权人对其著作依法享有的出版、发行等方面的专有权利。包括两个方面的权利，即精神权利 (人身权利) 和经济权利 (财产权利)。前者包括作品署名权、发表权、修改权和保护作品完整权，后者包括复制权、发行权、出租权、展览权、表演权、放映权、广播权、信息网络传播权、摄制权、改编权、翻译权、汇编权以及应当由著作权人享有的其他权利。

（5）特许权。特许权，又称经营特许权、专营权，指企业在某一地区经营或销售某种特定商品的权利，或是一家企业接受另一家企业使用其商标、商号、技术秘密等的权利。通常有两种形式，一种是由政府机构授权，准许企业使用或在一定地区享有经营某种业务的特权，如水、电、邮电通信等专营权、烟草专卖权等；另一种指企业间依照签订的合同，有限期或无限期使用另一家企业的某些权利，如连锁店分店使用总店的名称等。通常在特许权转让合同中规定了特许权转让的期限、转让人和受让人的权利和义务。转让人一般要向受让人提供商标、商号等使用权，传授专有技术，并负责培训营业人员，提供经营所必需的设备和特殊原料。受让人则需要向转让人支付取得特许权的费用，开业后则按营业收入的一定比例或其他计算方法支付享用特许权费用。此外，还要为转让人保守商业秘密。

（6）土地使用权。土地使用权指国家准许某企业在一定期间内对国有土地享有开发、利用、经营的权利。根据我国土地管理法的规定，我国土地实行公有制，任何单位和个人不得侵占、买卖或者以其他形式非法转让。企业取得土地使用权的方式大致有行政划拨取得、外购取得（例如以缴纳土地出让金方式取得）及投资者投资取得几种。通常情况下，作为投资性房地产或者作为固定资产核算的土地，按照投资性房地产或者固定资产核算；以缴纳土地出让金等方式外购的土地使用权、投资者投入等方式取得的土地使用权，作为无形资产核算。

3. 无形资产的确认条件

无形资产应当在符合资产定义的前提下，同时满足以下两个确认条件时，才能予以确认：
① 与该资产有关的经济利益很可能流入企业；
② 该无形资产的成本能够可靠地计量。

二、无形资产的初始计量与核算

无形资产的初始计量是指无形资产在取得时按取得时的实际成本计量，即以取得无形资产并使之达到预定用途发生的全部支出作为无形资产的成本。因无形资产取得的来源不同，无形资产取得的成本有所不同。

企业应设置"无形资产"账户，核算持有的无形资产成本，该账户是资产类账户，其借方登记增加的无形资产的成本，贷方登记减少的无形资产的成本，期末借方余额反映结存的无形资产账面价值。本账户按无形资产的项目设置明细账进行明细核算。

1. 外购无形资产的核算

外购无形资产的实际成本包括购买价款、相关税费以及直接归属于使该项资产达到预定用途所发生的其他支出。无形资产已经达到预定用途以后发生的费用，以及为引入新产品宣传发生的广告费、管理费用等间接费用，均不应计入无形资产的初始成本。

购买无形资产的价款超过正常信用条件延期支付的，实质上具有融资性质，无形资产的成本以购买价款的现值为基础确定。实际支付的价款与购买价款的现值之间的差额，除按照《企业会计准则第17号——借款费用》应予资本化的以外，应当在信用期间内计入当期损益。

【例8-1】 宏伟建筑工程公司以100 000的价格购入一项专利技术,购买时发生相关税费20 000元,用银行存款支付,作会计分录如下:

借:无形资产——专利权　　　　　　　　　　　　120 000
　　贷:银行存款　　　　　　　　　　　　　　　　　120 000

2. 投资者投入无形资产的核算

投资者投入的无形资产应当按照投资评估值或合同、协议约定的价值作为无形资产的取得成本,但合同或协议约定价值不公允的除外。倘若投资合同或协议约定价值不公允,应按无形资产的公允价值作为其初始成本入账。

【例8-2】 宏伟建筑工程公司于2011年1月1日接受甲公司以一项专利技术作为投入资本,经评估,双方确认该专利技术价值10 000元,作会计分录如下:

借:无形资产——专利技术　　　　　　　　　　　10 000
　　贷:实收资本　　　　　　　　　　　　　　　　　10 000

3. 自行开发无形资产的核算

自行开发的无形资产,其成本包括自企业进入开发阶段至达到预定用途前所发生的符合资本化确认条件的支出总额,但对于以前研究期间已经费用化的支出不再调整。企业自行进行的项目研发,分为研究阶段和开发阶段两个阶段。

(1)研究阶段。研究阶段是指为获取新技术和知识等进行的有计划的调查,研究阶段是探索性的,为进一步开发活动进行资料及相关方面的准备,已进行的研究活动将来是否会转入开发、开发后是否会形成无形资产等均具有较大的不确定性,因此,将内部研究开发项目研究阶段的支出,在发生时计入当期损益,全部费用化。

(2)开发阶段。开发阶段是指在进行商业性生产或使用前,将研究成果或其他知识应用于某项计划或设计,以生产出新的或具有实质性改进的材料、装置、产品等。在开发阶段,很大程度上已经具备形成一项新产品或新技术的基本条件,开发阶段的特点在于开发更具有针对性,并且形成成果的可能性较大。在开发阶段发生的支出,符合资本化条件的确认为无形资产,否则计入当期损益。若无法区分研究阶段支出和开发阶段的支出,应当将发生的研发支出全部费用化,计入当期损益,全部费用化。

企业内部研究开发项目开发支出必须同时满足下列条件的,才能计入无形资产成本,否则计入当期损益(管理费用):

①完成该无形资产以使其能够使用或出售在技术上具有可行性。
②具有完成该无形资产并使用或出售的意图。
③无形资产产生经济利益的方式,包括能够证明运用该无形资产生产的产品存在市场或无形资产自身存在市场,无形资产将在内部使用的,应当证明其有用性。
④有足够的技术、财务资源和其他资源支持,以完成该无形资产的开发,并有能力使用或出售该无形资产。
⑤归属于该无形资产开发阶段的支出能够可靠地计量。

为核算企业进行研究与开发无形资产发生的各项支出，企业应设置"研发支出"账户，该账户属于成本类账户，借方登记研发过程中发生的费用化支出及资本化支出，贷方登记研发完成形成的无形资产的成本及转销的研发中费用化支出，期末借方余额反映企业未形成无形资产的资本化支出。本账户按"费用化支出"和"资本化支出"设置明细账进行明细核算。

企业自行开发无形资产的研发支出，满足资本化条件的，借记"研发支出——资本化支出"账户，贷记"银行存款"等相关账户；不满足资本化条件的，借记"研发支出——费用化支出"账户，贷记"银行存款"等相关账户。

企业研发项目形成无形资产的，借记"无形资产"账户，贷记"研发支出——资本化支出"账户。期末，应将研发支出账户归集的费用化金额借记"管理费用"账户，贷记"研发支出——费用化支出"账户。

【例8-3】 宏伟建筑工程公司自行研发一项技术，截至2020年12月31日，发生研发支出合计80 000元。从2021年1月1日开始进入开发阶段，发生研发支出30 000元，假定符合开发支出资本化的条件，12月31日，该项研发活动结束并开发出一项非专利技术。有关会计处理如下：

2020年12月31日，发生的研发支出时：

借：研发支出——费用化支出　　　　　　　　　　　80 000
　　贷：银行存款等　　　　　　　　　　　　　　　　　80 000

12月31日，研发支出费用化，计入当期损益时：

借：管理费用　　　　　　　　　　　　　　　　　　80 000
　　贷：研发支出——费用化支出　　　　　　　　　　　80 000

2021年，发生满足资本化确认条件的开发支出时：

借：研发支出——资本化支出　　　　　　　　　　　30 000
　　贷：银行存款等　　　　　　　　　　　　　　　　　30 000

12月31日，该技术研发完成并形成无形资产时：

借：无形资产　　　　　　　　　　　　　　　　　　30 000
　　贷：研发支出——资本化支出　　　　　　　　　　　30 000

4. 通过非货币性资产交换取得的无形资产

非货币性资产交换具有商业实质且公允价值能够可靠计量的，在发生补价的情况下，支付补价方应当以换出资产的公允价值加上支付的补价（即换入无形资产的公允价值）和应支付的相关税费，作为换入无形资产的成本；收到补价方，应当以换入无形资产的公允价值（或换出资产的公允价值减去补价）和应支付的相关税费，作为换入无形资产的成本。企业通过上述方式取得的无形资产，账务处理类同于固定资产的账务处理。

5. 通过债务重组取得的无形资产

通过债务重组取得的无形资产，是指企业作为债权人取得的债务人用于偿还债务的非现金资产，且企业作为无形资产管理的资产。通过债务重组取得的无形资产成本，应当以其公允价值入账。

6. 通过政府补助取得的无形资产

通过政府补助取得的无形资产成本，应当按照公允价值计量，公允价值不能可靠取得的，按照名义金额计量。通过这一形式取得的无形资产，按其公允价值或名义金额，借记"无形资产"，贷记"递延收益"。

7. 土地使用权的处理

企业取得的土地使用权，通常应当按照取得时所支付的价款及相关税费确认为无形资产。土地使用权用于自行开发建造厂房等地上建筑物时，土地使用权的账面价值不与地上建筑物合并计算其成本，而仍作为无形资产进行核算，土地使用权与地上建筑物分别进行摊销和提取折旧。但下列情况除外。

（1）房地产开发企业取得的土地使用权用于建造对外出售的房屋建筑物，相关的土地使用权应当计入所建造的房屋建筑物成本。

（2）企业外购的房屋建筑物，实际支付的价款中包括土地以及建筑物的价值，则应当对支付的价款按照合理的方法(例如，按公允价值比例)在土地和地上建筑物之间进行分配；如果确实无法在地上建筑物与土地使用权之间进行合理分配的，应当全部作为固定资产，按照固定资产确认和计量的规定进行处理。

企业改变土地使用权的用途，将其用于出租或增值目的时，应将其转为投资性房地产。

8. 企业合并中取得的无形资产

企业合并中取得的无形资产，按照企业合并的分类，分别处理。

（1）同一控制下吸收合并，按照被合并企业无形资产的账面价值确认为取得时的初始成本；同一控制下控股合并，合并方在合并日编制合并报表时，应当按照被合并方无形资产的账面价值作为合并基础。

（2）非同一控制下的企业合并，购买方取得的无形资产应以其在购买日的公允价值计量，包括：

① 被购买企业原已确认的无形资产；

② 被购买企业原未确认的无形资产，但其公允价值能够可靠计量，购买方就应在购买日将其独立于商誉，确认为一项无形资产。

三、无形资产的后续计量及核算

无形资产的后续计量是指企业对无形资产进行初始计量确定其成本之后，对其价值变动的计量，主要包括摊销、减值测试及计提减值准备。

1. 无形资产后续计量

（1）无形资产使用寿命的确定。企业的无形资产属于长期资产，能在较长的时间里给企业带来经济利益。但无形资产通常也有一定的有效期限，它所具有的价值权利或特权会终结或消失，因此，企业应当于取得无形资产时分析判断其使用寿命。

无形资产的使用寿命为有限的，应当估计该使用寿命的年限或者构成使用寿命的产量等类似计量单位的数量，其应摊销金额应当在使用寿命内系统合理摊销；无法预见无形资产为企业带来经济利益期限的，应当视为使用寿命不确定的无形资产，使用寿命不确定的无形资产不应摊销，但应在每个会计期间进行减值测试，其测试方法按照判断资产减值的原则进行处理，如经测试，表明已经发生减值，要计提相应的减值准备。企业估计无形资产的使用寿命应考虑的因素如下。

① 运用该资产生产的产品通常的寿命周期、可获得的类似资产使用寿命的信息。
② 技术、工艺等方面的现阶段情况及对未来发展趋势的估计。
③ 该资产生产的产品或提供的服务的市场需求情况。
④ 现在或潜在的竞争者预期将采取的行动。
⑤ 为维持该资产带来经济利益能力的预期维护支出，以及企业预计支付有关支出的能力。
⑥ 对资产控制期限的相关法律规定或类似限制，如特许使用期、租赁期等。
⑦ 与企业持有其他资产使用寿命的关联性等。

源自合同性权利或其他法定权利取得的无形资产，其使用寿命不应超过合同性权利或其他法定权利的期限。但如果企业使用该资产预期的使用期限短于合同性权利或其他法定权利规定的期限的，则应当按照企业预期使用的期限确定其使用寿命。如果合同性权利或其他法定权利能够在到期时因续约等延续，当有证据表明企业续约不需要付出重大成本时，续约期应当计入使用寿命。

没有明确的合同或法律规定无形资产的使用寿命的，企业应当综合各方面情况，如聘请相关专家进行论证、与同行业的情况进行比较以及参考企业的历史经验等，来确定无形资产为企业带来未来经济利益的期限。如果经过努力，仍确定无法合理确定无形资产为企业带来经济利益的期限的，将该无形资产作为使用寿命不确定的无形资产。

（2）无形资产使用寿命的复核。企业至少应当于每年年度终了，对无形资产的使用寿命及摊销方法进行复核，如果有证据表明寿命有限的无形资产，应改变其摊销年限及摊销方法，并按照会计估计变更进行处理。对于使用寿命不确定的无形资产，如果有证据表明其使用寿命有限的无形资产应当估计其使用寿命，并按规定进行摊销。

2. 无形资产的摊销

使用寿命有限的无形资产，应在预计的使用寿命内采用系统合理的方法，将无形资产的价值分期摊入各受益期间。

（1）账户的设置。企业应设置"累计摊销"账户，该账户是"无形资产"账户的备抵账户，核算企业对使用寿命有限的无形资产计提的累计摊销额。其借方登记处置无形资产时转销的账面已提摊销额，贷方登记使用寿命有限期的无形资产计提的摊销额，期末贷方余额，反映企业无形资产的账面累计摊销额。本账户按无形资产项目进行明细核算。

（2）应摊销额。无形资产的应摊销金额为其成本扣除预计残值后的金额。已计提减值准备的无形资产，还应扣除已计提的减值准备累计金额。

（3）摊销期。无形资产的摊销期是自其可供使用（即其达到预定用途）时起至不再作为无形资产确认时止。当月增加的无形资产，当月开始摊销；当月减少的无形资产，当月不再摊销。

（4）摊销方法。无形资产摊销时可以采用直线法、生产总量法等多种方法，要能够反映与该无形资产有关的经济利益的预期实现方式，并一致地运用于不同会计期间。无法可靠预期实现方式的，采用直线法摊销。所谓直线法是指按照无形资产应摊销价值总额和预计使用寿命平均摊销无形资产的方法。其摊销金额一般计入企业当期损益，同时冲减无形资产的账面价值。如果无形资产是专门用于施工生产过程的，其摊销金额计入施工成本。

（5）残值的确定。无形资产的残值一般为零。除非有第三方承诺在无形资产使用寿命结束时，愿意以一定的价格购买该项无形资产，或者可以根据活跃市场得到无形资产预计残值信息，并且该市场在无形资产使用寿命结束时还很可能存在。

（6）摊销的账务处理。使用寿命有限的无形资产应当在其使用寿命内摊销。摊销时，应当考虑该项无形资产所服务的对象，并以此为基础将其摊销价值计入相关资产的成本或者当期损益。借记"管理费用""其他业务成本"等账户，贷记"累计摊销"账户。

【例8-4】 2020年1月1日，宏伟建筑工程公司从外单位购得一项商标权，支付价款318 000万元，增值税率为6%，款项已支付，估计该商标权的使用寿命为10年。假定无净残值，按直线法摊销。作会计处理如下：

取得无形资产时：
借：无形资产——商标权　　　　　　　　　　　　　　300 000
　　应缴税费——应缴增值税（进项税额）　　　　　　　1 800
　　　贷：银行存款　　　　　　　　　　　　　　　　　　318 000
按年摊销时：
借：管理费用——商标权　　　　　　　　　　　　　　30 000
　　　贷：累计摊销　　　　　　　　　　　　　　　　　　30 000

四、无形资产的处置和报废

无形资产的处置，主要是指无形资产出售、对外出租，或者是无法为企业带来未来经济利益时，应予终止确认并转销。

1. 无形资产的出售

企业出售某项无形资产，表明企业放弃无形资产的所有权，应将所取得的价款与该无形资产账面价值的差额作为资产处置利得或损失（营业外收入或营业外支出），与固定资产处置性质相同，计入当期损益。

出售无形资产时，应按实际收到的金额，借记"银行存款"等账户，按已计提的累计摊销，借记"累计摊销"账户，原已计提减值准备的，借记"无形资产减值准备"账户，按应支付的相关税费，贷记"应缴税费"等账户，按其账面余额，贷记"无形资产"账户，按其差额，贷记"资产处置损益"。

【例8-5】 2020年6月30日，宏伟建筑工程公司将其拥有的一项专利出售，出售前成本为30 000元，已摊销10 000元，应缴增值税2 400元，取得收入40 000元。作会计分录如下：

借：银行存款　　　　　　　　　　　　　　　　　　　　40 000
　　累计摊销　　　　　　　　　　　　　　　　　　　　　10 000

贷：无形资产——专利权　　　　　　　　　　　　　　　　　　30 000
　　　　应缴税费——应缴增值税　　　　　　　　　　　　　　　　2 400
　　　　资产处置损益　　　　　　　　　　　　　　　　　　　　　17 600

2. 无形资产的出租

无形资产的出租是指企业以收取租金的方式将所拥有的无形资产的使用权让渡给他人而取得的租金收入，借记"银行存款"等账户，贷记"其他业务收入"等账户。摊销出租无形资产的成本及发生与转让有关的各种费用支出时，借记"其他业务成本"账户，贷记"累计摊销"账户。

【例8-6】 2020年1月1日，宏伟建筑工程公司向某公司转让某商标的使用权，转让期为5年，每年收取使用费60 000元（含税），增值税税率为6%，该无形资产账面价值200 000元，可用10年。会计处理如下：

取得专利使用费时：
借：银行存款　　　　　　　　　　　　　　　　　　　　　　　　63 000
　　贷：其他业务收入　　　　　　　　　　　　　　　　　　　　　60 000
　　贷：应缴税费——应缴增值税（未交税）　　　　　　　　　　　 3 000
计提摊销时：
借：其他业务成本　　　　　　　　　　　　　　　　　　　　　　 20 000
　　贷：累计摊销　　　　　　　　　　　　　　　　　　　　　　　20 000

3. 无形资产的报废

如果无形资产预期不能为企业带来未来经济利益，已被其他新技术所替代或超过法律保护期，此时该项无形资产已经不符合无形资产的定义，应将其报废并予以转销，其账面价值转作当期损益。转销时，应按已计提的累计摊销，借记"累计摊销"账户；按其账面余额，贷记"无形资产"账户。按其差额，借记"营业外支出"账户，已计提减值准备的，还应同时结转减值准备。

【例8-7】 2020年12月31日，宏伟建筑工程公司拥有一项专利技术，预计使用期限为10年，采用直线法进行摊销，现已经摊销7年。根据市场调查，用该专利技术生产的产品已没有市场，预期无法再为企业带来任何经济利益，应当予以转销。该专利技术转销时，其成本为1 000 000元，未计提减值准备，该项非专利技术的残值为零。假定不考虑其他相关因素，作会计分录如下：

借：累计摊销　　　　　　　　　　　　　　　　　　　　　　　　700 000
　　营业外支出——处置非流动资产损失　　　　　　　　　　　　 300 000
　　贷：无形资产——专利权　　　　　　　　　　　　　　　　　1 000 000

五、无形资产的减值

无形资产在资产负债表日存在可能发生减值的迹象时,其可收回金额低于账面价值的,企业应当将该无形资产的账面价值减记至可收回金额,减记的金额确认为减值损失,计入当期损益,同时计提相应的资产减值准备。按应减记的金额,借记"资产减值损失——计提的无形资产减值准备"账户,贷记"无形资产减值准备"账户。

无形资产减值损失一经确认,在以后会计期间不得转回。

【例 8-8】 2020 年 12 月 31 日,市场上某项技术生产的产品销售对宏伟建筑工程公司产生重大不利影响。公司外购的类似专利技术的账面价值为 80 000 元,剩余摊销年限为 3 年,经减值测试,该专利技术的可收回金额为 60 000 元。假定不考虑其他相关因素,作会计分录如下:

在资产负债表日,该专利权的账面价值为 80 000 元,可收回金额为 60 000 元,可收回金额低于其账面价值 20 000 元,应计提减值准备。

借:资产减值损失——计提的无形资产减值准备　　　　　　20 000
　　贷:无形资产减值准备　　　　　　　　　　　　　　　　　　20 000

六、无形资产的披露

企业应当按照无形资产的类别在附注中披露与无形资产有关的下列信息。

① 无形资产的期初和期末账面余额、累计摊销额及减值准备累计金额。

② 使用寿命有限的无形资产,其使用寿命的估计情况;使用寿命不确定的无形资产,其使用寿命不确定的判断依据。

③ 无形资产的摊销方法。

④ 用于担保的无形资产账面价值、当期摊销额等情况。

⑤ 计入当期损益和确认为无形资产的研究开发支出金额。

任务 8.2　其他资产的核算

知识目标

1. 掌握临时设施的概念及其内容。
2. 掌握临时设施和临时设施摊销账户核算的内容及使用方法。
3. 掌握长期待摊费用的概念及内容。
4. 掌握其他长期资产的内容。

能力目标

1. 能对临时设施的搭建、摊销和报废业务进行核算。
2. 能对长期待摊费用进行核算。

其他资产是指流动资产、长期投资、固定资产、无形资产以外的资产,主要包括临时设施、长期待摊费用和其他长期资产。

一、临时设施

1. 临时设施的基本知识

临时设施是指施工企业为了保证施工生产和管理工作的正常进行而在施工现场建造的生产和生活用的各种临时性简易设施，是施工企业特有的一种资产。

临时设施的搭建主要是因为建筑产品的固定性，使得施工生产具有流动性，所以企业在进入施工现场需要解决施工生产和生活等问题，才能保证施工生产和管理的顺利进行。工程完工后，这些临时设施就失去了原来的作用，需要拆除或进行其他处理。

临时设施包括施工现场临时作业棚、机具棚、材料库、休息室、办公室、化灰池、储水池、临时供水、供电、供热、排水和管道线路、临时道路、临时宿舍、食堂等。

2. 临时设施的核算

为了核算和反映临时设施的成本及摊销、清理情况，企业应设置"临时设施""临时设施摊销"两个账户。

"临时设施"账户是用于核算临时设施的购建成本的，是资产类账户，其借方登记企业购置和建造临时设施的实际成本，贷方登记出售、拆除、报废的临时设施的实际成本，期末借方余额反映企业临时设施的账面价值。该账户按临时设施的种类设置明细账进行明细核算。

"临时设施摊销"账户是用于核算临时设施的摊销价值的账户，是资产类账户的调整账户，其贷方登记按月计提的临时设施摊销额，借方登记出售、报废、拆除或其他原因减少的临时设施的累计摊销额，期末贷方余额反映临时设施的累计摊销额，本账户不进行明细分类核算。

（1）临时设施购置建造的核算。企业购置临时设施发生的各项购置支出，计入临时设施的成本，借记"临时设施"账户，贷记"银行存款"等账户。通过建筑安装完成的临时设施，建设期间发生的各项建造费用，先通过"在建工程"账户归集，建造完成交付使用时，将其建造成本从"在建工程"账户转入"临时设施"账户。

【例8-9】 宏伟建筑工程公司在施工现场搭建一临时工人宿舍，领用材料的成本为12 000元，应付搭建人员的工资为30 000元，以银行存款支付其他费用为18 000元，搭建成本总计为60 000元，搭建完工后随即交付使用。假定不考虑其他相关因素，相关会计处理如下：

搭建过程中发生各种费用，根据领料单、工程分配表及其他凭证：

借：在建工程——临时宿舍　　　　　　　　　　　60 000
　　贷：原材料　　　　　　　　　　　　　　　　　　　12 000
　　　　应付职工薪酬　　　　　　　　　　　　　　　　30 000
　　　　银行存款　　　　　　　　　　　　　　　　　　18 000

临时设施搭建完工交付使用时：

借：临时设施——临时宿舍　　　　　　　　　　　60 000
　　贷：在建工程——临时宿舍　　　　　　　　　　　　60 000

（2）临时设施的摊销。临时设施是为建筑工程提供生产和服务的，临时设施在工程项目交付使用后即拆除，所以企业购建的临时设施的成本应逐渐地转移到受益的工程成本中去，即将临时设施的价值采用摊销的方法分期计入到各受益的工程成本，一般情况下采用的摊销方法是按照临时设施的预计使用期限或工程的受益期限平均摊销，其原理与固定资产折旧的平均年限法相同。按月摊销时，借记"工程施工"账户，贷记"临时设施摊销"账户。

【例8-10】 接【例8-9】，如果该临时宿舍的预计净残值率为5%，预计工期为20个月，临时宿舍摊销的会计分录如下：

借：工程施工　　　　　　　　　　　　　　　　　　2 850
　　贷：临时设施摊销　　　　　　　　　　　　　　　　2 850

（3）临时设施的清理。企业出售、拆除、报废的临时设施时，应转入清理，其价值通过"固定资产清理—临时设施清理"账户核算，核算方法与固定资产清理相同，清理的净损益转入"营业外支出"或"营业外收入"账户。

【例8-11】 接【例8-9】，宏伟建筑工程公司承建工程已经竣工，临时宿舍需拆除，临时宿舍账面累计已摊销额为54 300元，支付拆除人员工资2 000元，收回残料2 000元，已验收入库，清理工作结束，相关的会计处理如下：

将拆除的临时设施转入清理，注销其原值和累计已提摊销额时：

借：固定资产清理——临时设施清理　　　　　　　　5 700
　　临时设施摊销　　　　　　　　　　　　　　　　54 300
　　贷：临时设施——临时宿舍　　　　　　　　　　　60 000

分配拆除人员工资时：

借：固定资产清理——临时设施清理　　　　　　　　2 000
　　贷：应付职工薪酬　　　　　　　　　　　　　　　2 000

残料验收入库时：

借：原材料　　　　　　　　　　　　　　　　　　　2 000
　　贷：固定资产清理——临时设施清理　　　　　　　2 000

结转清理后净损失时：

借：营业外支出——处置临时设施净损失　　　　　　5 700
　　贷：固定资产清理——临时设施清理　　　　　　　5 700

二、长期待摊费用

长期待摊费用是指企业已经发生但应由本期和以后各期负担的分摊期限在一年以上的各项费用，如以经营租赁方式租入的固定资产发生的改良支出等。企业设置"长期待摊费用"账户，其借方登记企业发生的长期待摊费用，贷方登记摊销的长期待摊费用，期末借方余额，反映企业尚未摊销完毕的长期待摊费用。

企业发生的长期待摊费用，借记"长期待摊费用"账户，贷记"银行存款""原材料"等账户。摊销长期待摊费用，借记"管理费用""销售费用"等账户，贷记"长期待摊费用"账户。

长期待摊费用应当单独核算，在费用项目的受益期限内分期平均摊销。

如果长期待摊费用项目不能使以后会计期间受益的，应当将尚未摊销的该项目的摊余价值全部转入当期损益。

【例8-12】 4月1日，宏伟建筑工程公司以经营租赁方式租入一项固定资产，租赁期限为5年，该项固定资产尚可使用年限为10年。为了提高该项固定资产的生产效率，该公司于租赁时对租赁资产进行了改良，并支出了96 000元的改良费用。假定不考虑其他相关因素，相关的会计处理如下：

发生改良支出时：
借：长期待摊费用　　　　　　　　　　　　　96 000
　　贷：银行存款　　　　　　　　　　　　　　　96 000
月摊销额=96 000/（5×12）=1 600（元/年），每月摊销时：
借：管理费用　　　　　　　　　　　　　　　1 600
　　贷：长期待摊费用　　　　　　　　　　　　　1 600

三、其他长期资产

其他长期资产一般包括国家批准储备的特种物资、银行冻结存款以及涉及诉讼中的财产等。其他长期资产可以根据资产的性质及特点单独设置相关账户核算。

1. 储备物资

企业由于特殊原因经国家批准在正常范围之外储备指定用途的物资。特准储备物资虽然表现形式上具有存货某些特征，但由于其是为了应付自然灾害、战备等特殊需要而进行的储备，不能作为存货管理，而是属于其他资产。

2. 冻结存款、冻结物资

银行冻结存款和冻结物资是指人民法院对被执行人的银行存款和物资等财产实施强制执行的冻结措施时形成的资产。银行存款被冻结后，不再具有货币资金的支付手段功能，因此应将其确认为其他资产；冻结物资被冻结后不能正常处置，因此，也应确认为其他资产。

3. 涉及诉讼财产

涉及诉讼的财产是企业为其他单位担保或因所有权问题未最后落实而发生诉讼中涉及的财产。主要指已经被查封、冻结、扣押的资产。

知识梳理

随着时代发展，无形资产的重要性日益突出。无形资产是指企业拥有或者控制的、没有实物形态的、可辨认的非货币性资产。包括专利权、商标权、著作权、土地使用权、非专利技术等。无形资产由企业拥有或者控制并能为其带来未来经济利益，它本身不具有实物形态，是可辨认的非货币性资产。

无形资产可以分为自创的无形资产、外购的无形资产等，这些无形资产初始计量应以成本计量。企业研发无形资产，分为研究阶段和开发阶段，研究阶段的支出应计入当期损益；

开发阶段的支出，符合资本化条件的，列入无形资产成本，否则计入当期损益，如果无法区分研究阶段和开发阶段支出，则全部计入当期损益。

寿命有限的无形资产，应进行摊销，当月增加的无形资产，当月开始摊销；当月减少的无形资产，当月不再摊销。摊销方法可以采用直线法、生产总量法等。

使用寿命不确定的无形资产，不应摊销，但是应每年进行减值测试。

无形资产的处置，主要是指无形资产出售、对外出租，或者是无法为企业带来未来经济利益时，应予终止确认并转销。

无形资产在资产负债表日存在可能发生减值的迹象时，其可收回金额低于账面价值的，企业应当将该无形资产的账面价值减记至可收回金额。无形资产减值损失一经确认，在以后会计期间不得转回。

临时设施是建筑企业特有的一种资产，其核算内容与固定资产相近，包括购建、摊销、清理等，通过设置"临时设施""临时设施摊销""固定资产清理"三个账户核算。

长期待摊费用应当单独核算，在费用项目的受益期限内分期平均摊销。其他长期资产一般包括国家批准储备的特种物资、银行冻结存款以及涉及诉讼中的财产等。其他长期资产可以根据资产的性质及特点单独设置相关账户核算。

复习思考题

1. 无形资产的分类有哪些？
2. 无形资产的确认条件有哪些？
3. 无形资产如何进行摊销？
4. 无形资产出售时，如何进行账务处理？
5. 无形资产出租时，怎样进行账务处理？
6. 如何进行无形资产减值准备的账务处理？
7. 无形资产的披露内容有哪些？
8. 如何进行临时设施费搭建、摊销、报废的账务处理？
9. 其他长期资产包括的内容有哪些？

项目实训

实训项目一

【实训目的】对无形资产购入、摊销的业务的训练。

【实训资料】ABC 公司于 2016 年 1 月 1 日从甲企业购入一项专利权，买价和有关费用共计 50 万元，以银行存款支付。该专利预计使用寿命为 10 年，假定 ABC 公司于年末一次计提全年无形资产摊销，无净残值，按直线法摊销。2020 年 1 月 1 日，ABC 公司将上项专利权出售给乙企业，取得收入 40 万元存入银行，该项收入适用的营业税税率为 5%（不考虑其他税费）。

【实训要求】1. 编制 ABC 公司购入该项专利权的会计分录。

2. 计算该项专利权的年摊销额并编制有关会计分录。
3. 编制与该项专利权转让有关的会计分录。

实训项目二

【实训目的】对无形资产研究阶段和开发阶段支出核算业务的训练。

【实训资料】ABC 公司自行研究开发一项专利技术，2020 年 1 月 1 日，该项研发活动进入开发阶段，以银行存款支付的开发费用 300 万元，其中满足资本化条件的为 180 万元。2020 年 7 月 1 日，开发活动结束，并按法律程序申请取得专利权，供企业行政管理部门使用。该项专利权有效期为 10 年，采用直线法摊销。2020 年 12 月 1 日，ABC 公司将该项专利权转让，实际取得价款为 200 万元，应缴营业税 10 万元，款项已存入银行。

【实训要求】1. 编制 ABC 公司发生开发支出的会计分录。
2. 编制 ABC 公司转销费用化开发支出的会计分录。
3. 编制 ABC 公司形成专利权的会计分录。
4. 编制 ABC 公司 2020 年 7 月专利权摊销会计分录。
5. 编制 ABC 公司转让专利权的会计分录。

实训项目三

【实训目的】对无形资产减值业务核算的训练。

【实训资料】2017 年 1 月 1 日，ABC 公司外购一项无形资产，实际支付的价款为 150 万元。该无形资产可供使用时起至不再作为无形资产确认时止的年限为 5 年。2018 年 12 月 31 日，经公司分析，该项无形资产可能发生减值，ABC 公司估计其可收回金额为 36 万元。

2020 年 12 月 31 日，ABC 公司发现，此时估计该项无形资产的可收回金额为 20 万元，并且导致该项无形资产在 2007 年发生减值损失的不利经济因素已全部消除。假定不考虑所得税及其他相关税费的影响。

【实训要求】编制从无形资产购入到无形资产使用期满相关业务的会计分录。

项目 8　无形资产及其他资产核算实务测试题

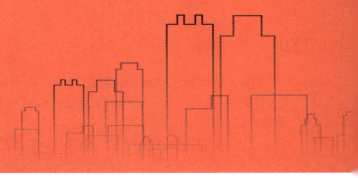

项目 9

流动负债核算实务

任务 9.1　流动负债的基本知识

知识目标

1. 掌握流动负债的概念及内容。
2. 掌握流动负债的分类。

项目 9 课程思政阅读材料

一、流动负债的概念及内容

流动负债是指预计在一个正常营业周期中清偿，或者主要为交易目的而持有，或者自资产负债表日起一年内（含一年）到期予以清偿，或者企业无权自主地清偿推迟至资产负债表日后一年以上的负债。

流动负债包括短期借款、应付票据、应付账款、预收账款、其他应付款、应付职工薪酬、应缴税费、其他应付款、应付股利和一年内到期的长期借款。

二、流动负债分类

1. 按照偿付金额是否确定分类

按照偿付金额是否确定分类，可以分为金额可以确定的流动负债和金额需要估计的流动负债。

（1）金额可以确定的流动负债。是指有确切的债权人和偿付日期并有确切的偿付金额的流动负债，主要包括短期借款、应付票据、已经取得结算凭证的应付账款、预收账款、应付职工薪酬、应付股利、应缴税费和其他应付款等。

（2）金额需要估计的流动负债。是指没有确切的债权人和偿付日期，或虽有确切的债权人和偿付日期但其偿付金额需要估计的流动负债，主要包括没有取得结算凭证的应付账款、预提费用和预计负债等。

2. 按照偿付手段分类

流动负债按照偿付手段分类，可以分为货币性流动负债和非货币性流动负债。

（1）货币性流动负债。是指需要以货币资金来偿还的流动负债，主要包括短期借款、应付票据、应付账款、应付职工薪酬、应付股利、应缴税费、预计负债和其他应付款中用货币资产偿还的债务。

（2）非货币性流动负债。是指不需要用货币资金来偿还的流动负债，主要包括预收账款（预收账款一般需要以商品或劳务来偿还）以及其他应付款中不需要用货币资产偿还的债务。

3. 按照形成方式分类

按照形成方式分类，可以分为融资活动形成的流动负债和营业活动形成的流动负债。

（1）融资活动形成的流动负债。是指企业从银行和其他金融机构等集资金形成的流动负债，主要包括短期借款和预提的借款利息。

（2）营业活动形成的流动负债。是指企业在正常的生产经营活动中形成的流动负债，可以分为外部业务结算形成的流动负债和内部往来形成的流动负债。

外部结算业务形成的流动负债主要包括应付票据、应付账款、预收账款、应缴税费、其他应缴款、其他应付款中应付外单位的款项和预提费用等；内部往来形成的流动负债主要包括应付职工薪酬和其他应付款中应付企业内部单位或职工的款项。

三、流动负债的计价

根据流动负债的特点，遵循重要性和稳健性的原则，对流动负债的计价均按实际发生额入账。从理论上讲，负债是将来流出的资产或提供的劳务，因此负债应该按照未来应付金额的现值来计量。但在会计实务中，往往受诸多因素的影响，如贴现率、未来支付金额的不确定性、负债的偿还期限较短、受会计重要原则的制约等，负债不按现值计量。我国《企业会计准则》明确规定：各种流动负债应当按实际发生的数额记账，负债已经发生而数额需要预计确定的，应当合理预计，待实际数额确定后，再进行调整。

任务 9.2　短期借款的核算

知识目标

1. 掌握短期借款的概念及用途。
2. 掌握短期借款利息的计算方法。
3. 掌握短期借款、应付利息账户的核算内容及使用方法。
4. 借入本金、计提利息及偿还本息业务的核算方法。

能力目标

1. 能对发生的短期借款借入本金的业务进行核算。
2. 能对发生的短期借款期末计息的业务进行核算。
3. 能对发生的短期借款到期还本付息业务进行核算。

一、短期借款的基本知识

1. 短期借款的概念及用途

短期借款是指施工企业为了满足正常生产经营的需要而向银行或其他非金融机构借入的期限在一年以下（含一年）的各种款项。主要有季节性储备借款、小型技措借款等。短期借款是为了维护正常的生产经营所需资金或者为抵偿某种债务而借入的款项。

2. 短期借款的核算内容

短期借款的核算主要包括：短期借款本金借入的核算、借款利息的核算、本金及利息的偿还等。

短期借款是为了生产经营需要而借入的款项，其利息支出应作为财务费用，计入当期损益。如果是按月支付利息或到期还本付息且数额不大，可以在实际支付或收到银行计息通知时，直接计入财务费用；如果是按期（季、半年）支付的，或到期还本付息且数额较大的，采取预提的办法，按月预提计入财务费用，预提的利息通过"应付利息"账户核算。

借款利息的计算采用单利或复利法，在合同条款中均有约定，通常采用单利法，即：

$$借款利息 = 借款本金 \times 借款期限 \times 借款利率$$

二、短期借款的核算

1. 账户的设置

（1）"短期借款"账户。该账户是为反映和监督短期借款本金的借入和偿还情况而设置的，属于负债类账户，其贷方登记向银行或其他非金融机构借入的本金，借方反映归还的本金，期末贷方余额，反映尚未归还的本金。本账户应按债权人设置明细账，并按借款种类进行明细核算。

（2）应付利息"账户。该账户是负债类账户，是为了核算和监督借款利息的计提与支付情况而设置的，其贷方登记按合同利率计算的应付而未付的利息，借方登记实际支付的利息，期末贷方余额反映企业应付而未付的利息。本账户应按债权人设置明细账，并进行明细核算。

2. 核算方法举例

【例9-1】 2月1日，宏伟建筑工程公司因生产需要向工商银行借入临时借款800 000元，为期3个月，年利率为5%，定于4月30日一次还本付息，借款已存入银行。
2月1日借入款项时，根据借款合同及收账通知（见表9-1），作会计分录如下：
借：银行存款　　　　　　　　　　　　　　　　800 000
　　贷：短期借款——临时借款　　　　　　　　　　　800 000

表9-1 贷款凭证3(收账通知)

2020年2月1日

单位名称	江滨市宏伟建筑工程公司	贷款种类		短期借款		贷款户账号			0123456789			
贷款金额	人民币 捌拾万元整				千	百	十	万	千	百	十	元	角	分
						¥	8	0	0	0	0	0	0	0
用途	生产经营	单位申请日期		2020年2月1日至2020年4月30日						利率		5%
		银行核定日期		2020年2月1日2020年至4月30日								
以上贷款已核准备发放已转你单位666666888888账户。 银行签章								收款单位开户行签章				

4月30日，接到银行还本付息通知，归还借款本息810 000元(800 000+800 000×5%/12×3=810 000元)，根据借款本金及利息支款回单(见表9-2)，企业在支付时直接记入财务费用，作会计分录如下：

借：短期借款——临时借款　　　　　　　　　　800 000
　　财务费用　　　　　　　　　　　　　　　　 10 000
　　贷：银行存款　　　　　　　　　　　　　　　　　810 000

表9-2 归还借款本金及利息支款回单

2020年4月30日

收款人	全 称	工行江滨市支行	付款人	全 称	江滨市宏伟建筑工程公司	此联是付款人的开户银行交给收款人的开户银行付款通知
	账 号	5006664567889		账 号	666666888888	
	开户银行	工行滨海市支行		开户银行	建行江滨市支行	
归还本金		800 000	支付利息		10 000	
合计大写		捌拾壹万元整				
备注：借款本金与借款利息一并从账户中扣除。			收款人开户银行盖章			

【例9-2】 7月1日，宏伟建筑工程公司向银行借入临时借款500 000元，为期4个月，年利率为6%，借款已存入银行，该企业采用预提的办法核算短期借款的利息。会计处理如下：

7月1借入款项时，根据借款合同及收账通知：

借：银行存款　　　　　　　　　　　　　　　　500 000
　　贷：短期借款——临时借款　　　　　　　　　　　500 000

7月31日计提当月借款利息2 500 (500 000元 ×6%/12=2 500元)

借：财务费用　　　　　　　　　　　　　　　　　2 500
　　贷：应付利息　　　　　　　　　　　　　　　　　2 500

第二至四个月计算利息的处理同上

期满接到银行还本付息通知，归还临时借款本息510 000元，根据支款回单：

借：短期借款　　　　　　　　　　　　　　　500 000
　　应付利息　　　　　　　　　　　　　　　　10 000
　　　贷：银行存款　　　　　　　　　　　　　510 000

任务9.3　应付账款的核算

知识目标

1. 掌握应付账款的概念。
2. 掌握应付账款的入账时间和入账金额。
3. 掌握应付账款账户的核算内容及使用方法。

能力目标

1. 能对与供应单位之间形成的应付购货款业务进行核算。
2. 能对与分包单位之间形成的应付分包工程款进行核算。

一、应付账款的基本知识

1. 应付账款的概念

应付账款是指企业因购买材料、商品或接受劳务而应付给供应单位或提供劳务单位的款项，及因工程分包而应付给分包单位的工程价款。应付账款是购销活动中由于取得物资与支付货款在时间上不一致而产生的一项流动负债。

2. 应付账款的确认与计量

（1）应付账款的入账时间。应付账款的入账时间应以所购物资的所有权转移，或接受劳务已发生为标志。在实际工作中一般作如下处理。

① 在货物和发票账单同时到达的情况下，意味着取得了该项货物的产权，应在确认资产的同时确认负债。在实际工作中，应付账款一般待货物验收入库后，才按发票账单登记入账。这么做主要是为了确认所购入的物资是否在质量、数量和品种上与合同上订明的条件相符，以免因先入账而在验收入库时发现购入物资错、漏、破损等问题而再进行调账。

② 在物资和发票账单不是同时到达的情况下，要区分两种情况处理：在发票账单已到，物资未到，款项未付的情况下，直接根据发票账单支付材料物资价款和运杂费，记入有关材料物资的成本和"应付账款"。在物资已到，发票账单未到也无法确定实际成本的情况下，应付供应单位的债务已经成立，在月度终了，为在资产负债表上客观反映企业所拥有的资产和承担的债务，需要按照所购材料物资和应付债务估计入账，下月初用红字予以冲回，待发票账单到达时，按正常的购料业务处理。

（2）应付账款的入账金额。应付账款一般按购货发票上记载的应付金额计价入账，而不是按到期应付金额的现值入账。

当有信用条件存在时，应分别情况处理：若是商业折扣，应付账款的入账金额为扣除商业折扣后的净值；若是现金折扣，应付账款的入账金额为折扣前的总价，因提前付款而享受的折扣计入财务费用。

二、应付账款的核算

1. 账户的设置

"应付账款"账户：本账户是为了反映和监督应付款项发生与偿付情况而设置的，属于负债类账户，其贷方登记企业购入材料、商品、接受劳务或因分包工程应付而未付的款项；借方登记已付的或开出、承兑商业汇票抵付的应付账款，期末贷方余额反映企业尚未支付的应付账款余额。本账户可按债权人设置明细账，进行明细核算，也可设置"应付购货款"和"应付工程款"两个明细账户，并按供应单位和分包单位设置明细账，进行明细核算。

企业采购材料物资或接受劳务供应，应按从对方取得的增值税发票(见表5-11)上的价税合计数或普通发票(见表5-12)记载的金额，借记"材料采购"或"原材料"等账户，贷记本账户。

企业与分包单位结算分包工程价款时，根据分包单位提供的工程款发票，见表9-3，借记"工程施工"等账户，贷记本账户。

表9-3 江滨市增值税专用发票

发　票　联

开票日期				2020年4月18日																	

购货单位	名　　称	江滨市宏伟建筑工程公司															密码区	
	纳税人识别号	112011848140889																
	地　　址	江滨东路668号																
	开户银行及账户	建行江滨分行 6666668888888																

货物或应税劳务名称	规格型号	单位	数量	单价	金　　　额								税　　　额							
					十	万	千	百	十	元	角	分	十	万	千	百	十	元	角	分
桩基工程款						3	8	0	0	0	0	0			3	4	2	0	0	0

价款合计(大写)	肆拾壹万肆仟贰佰元整	金额小写 ¥414 200.00	税率	9%
供货单位名称	江滨向荣建筑公司			
纳税人识别号	10004665588212	备注		
地　　址	江滨中路128号			
开户银行及账户	工行江滨支行70003254885511			

收款人：李飞　　复核：　　开票人：孙力　　销货单位(章)

企业支付应付款时，根据对方开出的收款收据，见表9-4，及付款凭证，借记"应付账款"账户，贷记"银行存款"账户。

企业开出、承兑商业汇票抵付应付账款，借记"应付账款"账户，贷记"应付票据"账户。

表9-4 专用收款收据

收款日期 2020年5月5日

付款单位	江滨市宏伟建筑工程公司	收款单位	明月建材销售公司	付
人民币（大写）	贰万叁仟肆佰元整	百十万千百十元角分 ￥ 2 3 4 0 0 0 0	结算方式 转账	款单位付
事由	收回前欠材料款	经办部门和人员		款凭
上述款项照数收讫无误. 收款单位财务章	会计主管	复核	出纳 刘林	交款人 王占	据

由于债权单位撤销或其他原因而无法支付的应付账款，直接转入资本公积，借记"应付账款"科目，贷记"资本公积"科目。

2. 核算举例

【例9-3】 4月3日，宏伟建筑工程公司向明月建材销售公司购入材料一批，价款20 000元，增值税2 600元，对方代垫运杂费800元。材料已到并验收入库，款项尚未支付。

4月3日购入材料时，根据对方开出的发票及收料单作会计分录如下：

借：原材料 20 800
　　应缴税费——应缴增值税（进项税额） 2 600
　　贷：应付账款——明月建材销售公司 23 400

5月5日支付货款时，根据付款凭证及收款收据见表9-4，作会计分录如下：

借：应付账款——明月建材销售公司 23 400
　　贷：银行存款 23 400

【例9-4】 6月11日，宏伟建筑工程公司向兴盛公司赊购原材料一批，发票中注明的买价为50 000元，增值税率为13%，原材料已经入库。付款条件为2/10，1/20，n/30。该企业采用总价法进行核算。

6月11日购入原材料时，根据发票及收料单按总价入账作会计分录如下：

借：原材料 50 000
　　应缴税费——应缴增值税（进项税额） 6 500
　　贷：应付账款——兴盛公司 56 500

实际支付价款 =56 500×(1-2%)=55 370(元)

借：应付账款——兴盛公司 56 500
　　贷：银行存款 55 370
　　　　财务费用 1 130

如企业6月25日支付货款，则企业实际支付价款为 = 56 500×(1-1%)= 55 935(元)

借：应付账款——兴盛公司 56 500
　　贷：银行存款 55 935
　　贷：财务费用 565

如企业7月5日支付货款，则企业丧失折扣优惠作会计分录如下：

借：应付账款——兴盛公司　　　　　　　　　　　　　　　58 500
　　贷：银行存款　　　　　　　　　　　　　　　　　　　58 500

【例9-5】　宏伟建筑工程公司将承建工程的部分基础工程分包给向荣建筑公司，按合同规定应支付分包工程款380 000元，向荣建筑公司委托税务机关开具分包工程款发票交与宏伟建筑工程公司，款项尚未支付，则会计分录如下：

借：工程施工　　　　　　　　　　　　　　　　　　　　380 000
　　应缴税费——未缴增值税　　　　　　　　　　　　　　34 200
　　贷：应付账款——向荣建筑公司　　　　　　　　　　　414 200

任务 9.4　应付票据的核算

知识目标

1. 掌握应付票据的概念及其分类。
2. 掌握应付票据账户的核算内容及使用方法。

能力目标

1. 能对购料业务中签发的无息应付票据及票据到期付款业务进行核算。
2. 能对购料业务中签发的带息应付票据、计提利息、票据到期付款业务进行核算。
3. 能对票据到期无款支付业务进行核算。

一、应付票据的基本知识

1. 应付票据的概念

应付票据是指由出票人出票，委托付款人在指定日期无条件支付确定的金额给收款人或者持票人的票据。

应付票据与应付账款不同，虽然都是由于交易而引起的流动负债，但应付账款是尚未结清的债务，而应付票据是一种期票，是延期付款的证明，有承诺的票据作为凭据。根据银行支付结算办法的规定，商业汇票的期限最长不超过 6 个月，因此应付票据属于企业的一项流动负债。

2. 应付票据的分类

（1）应付票据按是否带息分为带息票据与不带息票据。带息票据在票面上标明票面利率，到期值等于票面值加利息。票据到期时，除支付票面金额外，还支付利息。不带息票据到期时只需按票据的票面金额付款，不需另付利息。

（2）根据承兑人的不同，为商业承兑汇票和银行承兑汇票。

3. 应付票据的计量

不论是带息应付票据还是不带息应付票据，企业在开出商业票据时通常都按应付票据的面值入账。

二、应付票据的核算

1. 账户的设置

为了核算和反映企业购买材料、商品和接受劳务供应等开出、承兑的商业汇票,应设置"应付票据"账户。该账户贷方登记企业签发、承兑商业汇票的面值及带息票据计算的应付利息,借方登记票据到期支付的款项或票据到期无力支付而转为应付账款的款项等,期末贷方余额,反映企业持有尚未到期的应付票据的本息。本账户可按债权人设置明细账,进行明细核算。

企业应当设置"应付票据备查簿"。详细登记每一应付票据的种类、号数、签发日期、到期日、票面利率、票面金额、合同交易号、收款人姓名或单位名称以及付款日期和金额等资料。应付票据到期结算时,应在备查簿内逐笔注销。

企业开出、承兑商业汇票或以承兑汇票采购材料或抵付应付账款时,根据商业汇票的存根联,借记"材料采购""原材料""应付账款"等账户,贷记"应付票据"账户。

支付银行承兑汇票的手续费时,根据银行的结算凭证,借记"财务费用"账户,贷记"银行存款"账户。

企业开出的带息商业汇票,应于期末计提应付利息,借记"财务费用"账户,贷记"应付票据"账户。票据到期支付本息时,按票据账面余额,借记"应付票据"账户,按未计的利息,借记"财务费用"账户,按实际支付的金额,贷记"银行存款"账户。

应付票据到期,支付票据金额时,根据银行支付到期汇票的付款通知联,借记"应付票据",贷"银行存款"。若企业无力支付票款,按应付票据的账面余额,借记"应付票据"账户,贷记"应付账款"账户。带息应付票据转入"应付账款"账户核算后,期末不再计提利息。若有罚款,计入"营业外支出"账户。

2. 核算举例

【例9-6】 宏伟建筑工程公司因购买水泥给A公司签发一张面值为100 000元的无息商业承兑汇票,为期6个月,增值税税率为13%,会计处理如下:

开出商业承兑汇票时:

借:材料采购——主要材料　　　　　　　　　　　　　　88 495.58
　　应缴税费——应缴增值税(进项税额)　　　　　　　　11 504.42
　　　贷:应付票据——商业承兑汇票(A公司)　　　　　　100 000

到期支付票据时:

借:应付票据——商业承兑汇票(A公司)　　　　　　　　100 000
　　　贷:银行存款　　　　　　　　　　　　　　　　　　100 000

【例9-7】 若【9-6】票据的票面年利率为10%,到期支付时一次性列作财务费用,若数额较大也可按月预提计入财务费用,会计分录如下:

借:财务费用　　　　　　　　　　　　　　　　　　　　5 000
　　应付票据——商业承兑汇票(A公司)　　　　　　　　100 000
　　　贷:银行存款　　　　　　　　　　　　　　　　　　105 000

【例9-8】 若【例9-6】票据到期单位无款,不能支付,作会计分录如下:

借:应付票据——商业承兑汇票(A公司)　　　　　　　　100 000

贷：应付账款——A公司　　　　　　　　　　　　　　　100 000

【例9-9】 若【例9-6】票据为银行承兑汇票到期不能支付，并支付罚款1 000元，作会计分录如下：

　　借：应付票据——商业承兑汇票（A公司）　　　　　　　100 000
　　　　贷：短期借款　　　　　　　　　　　　　　　　　　100 000
　　借：营业外支出——罚款　　　　　　　　　　　　　　　1 000
　　　　贷：银行存款　　　　　　　　　　　　　　　　　　1 000

预收账款发生于抵扣业务核算

任务9.5　预收账款的核算

知识目标

1. 掌握预收账款的概念及内容。
2. 掌握预收账款账户的核算内容及使用方法。

能力目标

1. 能办理预收备料款、预收工程款的发生与抵扣业务的核算。
2. 能办理预收销货款的发生与抵扣业务的核算。

一、预收账款的基本知识

预收账款是指企业按照工程合同规定向发包单位预收的工程款和备料款，以及按购销合同规定向供货单位及接受劳务单位预收的销货款。主要包括预收备料款、预收工程款、预收销货款等。

预收账款是交易双方按协议规定，由购货方预先支付一部分货款给供应方或接受劳务方而发生的一项负债，需要以后以支付产品或提供劳务作抵偿，在未交付产品或提供劳务之前，构成企业的一项流动负债。

二、预收账款的核算

1. 账户的设置

为了反映预收账款的发生及偿付情况，企业应设置"预收账款"账户进行核算，其贷方登记向发包单位预收的工程款、备料款和向购货单位预收的销货款，借方登记与发包单位结算已完工程价款时，从应收工程款中扣还的预收工程款和备料款以及销售实现时从应收账款中扣还的预收销货款，期末贷方余额表示企业预收的尚未结算扣还的各种预收款项，本账户按发包单位和购货单位设置明细账户，进行明细核算。也可下设"预收备料款""预收工程款"和"预收销货款"明细账户，并按发包单位和购货单位进行明细核算。

如果企业预收账款较少，也可将预收款作为应收账款的减项，反映在"应收账款"账户的贷方，待发生应收账款时，再在"应收账款"账户进行结算。

企业按规定预收的工程款和备料款及预收的销货款，以及收到发包单位拨入抵作备料款的材料时，根据企业开出的收款收据、调拨单（见表9-5）等，借记"银行存款""原材料"等账户，贷记"预收账款"账户。

表9-5 物资调拨单

调入单位：江滨市宏伟建筑工程公司　　　　2020年5月3日

类别	框架	编号	工程名称		节能减排厂房	
名称	规格	单位	数量		单价	金额
			应拨	实拨		
混凝土	C20	平方米		500	400	200 000
合计				500	400	200 000
拨出单位盖章			拨入单位盖章			

③转拨入单位代发票

企业与发包单位结算已完工程价款，以给建设单位开具的工程款发票为依据，借记"应收账款"，贷记"工程结算"账户；企业与购货单位结算销货款时，根据企业开出的销售发票，借记"应收账款"，贷记"其他业务收入"账户。

从应收款中扣还预收款时，借记"预收账款"账户，贷记"应收账款"账户。

2. 核算举例

【例9-10】 5月3日，宏伟建筑工程公司收到建设单位江滨市节能减排公司拨来抵作备料款的商品砼200 000元，根据物资调拨单（见表9-5）及收料单（见表9-6），作会计分录如下：

借：原材料　　　　　　　　　　　　　　　　　　　　　　　200 000
　　贷：预收账款——预收备料款（节能减排公司）　　　　　　　　200 000

表9-6 收料单

供货单位：江滨市节能减排公司　　　2020年5月3日　　　　收料单号015

材料名称	材料规格	计量单位	实收数量	实际成本		总计
				买价		
				单价	合计	
混凝土	C20	立方米	500	400	200 000	200 000
合计		立方米	500	400	200 000	200 000

【例9-11】 5月15日，宏伟建筑工程公司根据"工程价值预支账单"向发包单位预收工程款300 000元，根据收款收据作会计分录如下：

借：银行存款　　　　　　　　　　　　　　　　　　　　　　300 000
　　贷：预收账款——预收工程款（节能减排公司）　　　　　　　　300 000

【例9-12】 5月31日，宏伟建筑工程公司填制"工程价款结算账单"，经发包单位签证，

开具增值税专用发票一张,含税价款 600 000 元,增值税税率为 9%,结算本期已完工程款。作会计分录如下:

借:应收账款——节能减排公司　　　　　　　　　　　　　　600 000
　　贷:工程结算　　　　　　　　　　　　　　　　　　　　　　　600 000

【例 9-13】 从 5 月份已完工程价款中扣还预收备料款 200 000 元,扣还预收工程款 300 000 元,余款收到存入银行,根据进账单等凭证作会计分录如下:

借:应收账款——节能减排公司　　　　　　　　　　　　　　600 000
　　贷:工程结算　　　　　　　　　　　　　　　　　　　　　　550 458.72
　　　　应缴税费——应缴增值税(销项税额)　　　　　　　　　49 541.28

任务 9.6　应付职工薪酬的核算

知识目标

1. 掌握职工薪酬的概念及内容。
2. 掌握工资的组成内容。
3. 掌握应付职工薪酬账户的核算内容及使用方法。
4. 掌握工资附加费的概念、内容、计提基数及比例。
5. 掌握社会保险费的概念、内容、计提基数及比例。

能力目标

1. 能对工资的发放与分配业务进行核算。
2. 能对工资附加费的计提与运用业务进行核算。
3. 能对社会保险费的计提及上交业务进行核算。

一、职工薪酬的基本知识

1. 职工薪酬的概念

职工薪酬是指企业为获得职工提供的服务而给予职工各种形式的报酬及其他相关支出。这里的职工包括三类人员,一是与企业订立劳动合同的所有人员,含全职、兼职和临时职工;二是未与企业订立劳动合同但由企业正式任命的人员,如董事会、监事会成员;三是在企业的计划和控制下,虽未与企业订立劳动合同或未由其正式任命,但为其提供与职工类似服务的人员,如劳务用工合同人员。

2. 职工薪酬的内容

(1)工资、奖金、津贴和补贴。工资、奖金、津贴和补贴是企业支付给职工的劳动报酬总额,也称为工资总额。它是企业应付给职工个人的劳动报酬,是企业生产费用的组成部分,也是职工薪酬核算的主要内容。包括:

① 计时工资,是根据每个职工的工资等级、工资标准、出勤情况及其他有关规定计算的工资。

② 计件工资。是按照职工生产的合格产品的数量和计价单价计算的工资。

应付职工的计件工资 = ∑(职工生产的合格产品产量 × 计件单价)

③奖金。指支付给职工的超额报酬和增收节支的劳动报酬。

④津贴和补贴。指为了补偿职工特殊或额外的劳动消耗和因其他特殊原因支付给职工的津贴，以及为了保证职工工资水平不受物价影响支付给职工的物价补贴。

⑤加班加点工资。指按国家规定支付的加班工资和加点工资。

⑥特殊情况下支付的工资。指根据国家法律、法规和政策规定，对因病假、工伤、产假、计划生育假、婚丧假、探亲假、定期休假、停工学习、执行国家或社会义务等原因，按规定支付给职工的工资。

应付工资 = 计时工资 + 计件工资 + 工资性津贴 + 经常性奖金 - 事、病假应扣工资

实发工资 = 应付工资 - 代扣款项

（2）福利费(职工福利费和非货币性福利)。职工福利费主要是指用于企业内部的食堂、浴室、医务室等福利机构的经费支出、人员的工资、职工生活困难补助、未实行医疗统筹企业的职工医疗费用及其他福利支出等，也称货币性福利。非货币性福利是指企业以自己的产品或外购商品发放给职工作为福利，企业提供给职工无偿使用自己拥有的资产或租赁资产，如提供给高层管理者使用的住房及车辆，或向职工提供企业支付了一定补贴的商品或服务等。

（3）五险一金。"五险"是指企业按照国家及地方政府或企业年金计划规定的基准和比例计算，向社会保险机构缴纳的养老保险费、失业保险费、工伤保险费、生育保险费和医疗保险费，除工伤保险费由企业统一上缴外，其他险种均由企业和职工个人分别负担。"一金"是指住房公积金，是企业按照《住房公积金管理条例》规定的基准和比例计算，向住房公积金管理机构缴存的住房公积金，由企业和职工个人分别负担。

（4）工会经费和教育经费。工会经费和教育经费是指有工会组织的企业按规定应提取的工会经费以及应由企业负担的用于职工接受教育的各种培训费用。

（5）因解除与职工的劳动关系而给予的补偿。是指由于分离办社会职能、实施主辅分离、重组、改组等原因，企业在职工劳动合同尚未到期之前解除与职工的劳动关系，或者为鼓励职工自愿接受裁减而提出补偿建议的计划中给予职工的经济补偿。

（6）其他与获得职工提供的服务相关的支出。是指除上述薪酬以外的其他为获得职工提供的服务而给予的薪酬。

3. 工资核算的原始凭据

企业职工薪酬计算的原始凭证主要有考勤记录、工程施工任务单、工资卡、扣款通知单、工资单、工资结算汇总表、工资分配表等。

（1）考勤记录。考勤记录是登记职工出勤情况的记录。它是分析、考核职工出勤等工作时间利用情况的原始记录，也是计算职工工资的主要依据。它由考勤员根据职工出勤、缺勤等情况逐日登记，月末加以统计，并上报人事、劳资部门作为计算工资的依据。其格式见表9-7。

表9-7　宏伟建筑工程公司　　月考勤表

姓名\日期	1	2	3	4	5	…	24	25	26	27	28	29	30	31	合计				其他
															△	×	○	√	/	

注：报到√；病假△；事假○；旷工×；迟到早退/。

（2）工程施工任务单。工程任务单是施工企业安排工人执行工作任务并据以验收的书面凭证，用以登记施工生产耗用的工日及完成的实物数量，是计算计件工资和工程成本的依据。其格式见表9-8。

表9-8　工程施工任务单　　　　　　　　　　　　　　　　　　　　编号

工程名称		工程地点	
工程类型		合同编号	
销售项目负责人		项目经理	
要求开工时间		要求竣工时间	

施工任务描述：

任务要求：

工程实施有关联系人及联系方式：

下 达 人		年 月 日		承 接 人		年 月 日	

（3）工资卡。工资卡是反映职工就职、离职、调动、工资级别调整和工资津贴变动等情况的卡片，是计算职工标准工资的原始凭证。该卡是每月计算职工工资的基本依据之一，其格式见表9-9。

表9-9　工资卡片

工作单位			单位类型		
姓名		性别	出生年月	身份	
参加工作时间			连续工龄及更改时间		
原始学历及毕业时间			后学历及毕业时间		
技术等级及时间			奖惩类型及时间		

时间	标准工资	附加工资	职务工资	粮贴	合同工补	煤贴	肉贴	合计

（4）扣款通知单。扣款通知单是财会部门据以从应付工资中代扣各种款项，计算职工实发工资的依据。每月计算和发放工资以前，各有关部门应将扣款通知单送交财会部门，作

为代扣款项的依据。

（5）工资单。也叫工资结算单，一般按工作班组和职能部门分别编制，每月一张。内容包括每个职工的应付工资；根据有关扣款通知单填列的代扣款项和实发工资以及领款人签章栏等。工资单既是工资结算的凭证，又是支付工资的收据。通常为一式三份，一份由劳动工资部门存查；一份按每个职工裁成"工资条"和工资一起发给职工，一份由职工签收后作为会计部门结算和支付工资的凭证。其格式见表9-10。

表9-10 工资结算单

张力钢筋班　　　　　　　　　　2020年4月28日　　　　　　　　　　单位：元

班组成员	计时工资	计件工资	加班工资	补贴	奖金	病假工资	工伤工资	应付工资	代扣款项		实发工资	签字
									税金	水电费		
张力												
李刚												
刘伟												
小计												

（6）工资结算汇总表。工资结算汇总表是根据各个班组和部门的"工资结算单"编制的，汇总反映企业各单位、各部门的应付工资。其格式见表9-11。

表9-11 工资结算汇总表

2020年4月28日　　　　　　　　　　单位：元

人员类别	计时工资	计件工资	……	应付工资	代扣款项	实发工资
工程施工人员	略	略	……	210 000	10 000	200 000
项目部管理人员	略	略	……	35 000	5 000	30 000
辅助生产人员	略	略	……	10 000		10 000
物资供应人员	略	略	……	5 000		5 000
行政管理人员	略	略	……	25 000	5 000	20 000
机械作业人员	略	略	……	10 000		10 000
专利研发人员	略	略	……	55 000	10 000	45 000
合　计	略	略	……	350 000	30 000	320 000

二、工资费用的核算

1. 账户的设置

为了核算和反映企业根据有关规定应付给职工的各种薪酬、福利及保险费的增减变动，需要设置"应付职工薪酬"账户，企业当月发生的职工薪酬不论是否在当月支付，均应通过"应付职工薪酬"账户核算。其贷方登记企业月末已分配计入有关成本费用项目的职工薪酬的数额，借方登记向职工支付工资、奖金、津贴、福利费、代扣的各种款项、支付工会经费和职工教育经费用于工会活动和职工培训的款项以及按照国家有关规定缴纳的社会保险费和住房公积金、企业以其自产产品发放给职工的福利以及转出待领工资，期末贷方余额，反映企业应付未付的职工薪酬。

企业可按"工资""职工福利""社会保险费""住房公积金""工会经费""职工教育经费""非货币性福利""辞退福利""股份支付"等设置明细账，进行明细核算。

2. 工资的核算

每月发放职工薪酬前，企业人事、劳资等部门应根据职工录用、考勤、调动、工资级别、津贴变动等情况按部门编制"工资结算单"，财会部门在转来的"工资结算单"的基础上编制"工资结算汇总表"，出纳员根据"工资汇总表"中的实发金额总数签发现金支票，向银行提取现金。

发放工资时，一方面，根据"工资结算单"上职工盖章签收的实付工资额支付现金；另一方面，结转代扣款项。月末，根据"工资结算汇总表"资料，进行本月工资分配的核算。

【例9-14】 4月28日，宏伟建筑工程公司根据本月工资结算表编制的"工资结算汇总表"见表9-11。有关工资结算的会计处理如下：

根据表9-11中的实发工资总额，签发现金支票提取现金，备发工资：

借：库存现金　　　　　　　　　　　　　　　　　320 000
　　贷：银行存款　　　　　　　　　　　　　　　　320 000

以现金支付职工工资：

借：应付职工薪酬——工资　　　　　　　　　　　320 000
　　贷：库存现金　　　　　　　　　　　　　　　　320 000

将代扣职工个人水电费予以转账：

借：应付职工薪酬——工资　　　　　　　　　　　 30 000
　　贷：其他应付款——水电费　　　　　　　　　　 30 000

【例9-15】 出纳员交回李洋的未领取工资2 800元。作会计分录如下：

借：库存现金　　　　　　　　　　　　　　　　　 2 800
　　贷：其他应付款——应付工资（李洋）　　　　　 2 800

3. 工资分配的核算

建筑企业应付的职工工资，是生产经营活动的耗费，不论当月是否已经支付，都应按不同人员类别和提供服务的受益对象，将本月发生的应付工资总额分配记入有关成本、费用账户。

① 直接从事建筑安装工程施工的施工生产人员的工资记入"工程施工——人工费"账户。

② 组织建筑安装工程施工的施工生产管理人员的工资记入"工程施工——间接费用"账户。

③ 辅助生产人员的工资记入"生产成本——辅助生产成本"账户。

④ 施工机械作业人员的工资记入"机械作业"账户。

⑤ 材料供应部门人员的工资记入"采购保管费"账户。

⑥ 企业行政管理部门人员的工资记入"管理费用"账户。

⑦ 由在建工程负担的工资，记入"在建工程"账户。

⑧ 因解除与职工的劳动关系而给予的补偿，记入"管理费用"账户。

【例9-16】 接【例9-14】，根据表9-11编制工资分配表，见表9-12，分配本月工资。

表9-12 工资分配表

2020年4月30日

人员类别 受益对象	工程施工人员	现场管理人员	辅助生产人员	物资供应人员	行政管理人员	机械作业人员	研发人员	合计
工程施工——（人工费）	210 000							210 000
工程施工——（间接费用）		35 000						35 000
生产成本—辅助生产			10 000					10 000
采购保管费				5 000				5 000
管理费用					25 000			25 000
机械作业						10 000		10 000
研发支出							55 000	55 000
合计	210 000	35 000	10 000	5 000	25 000	10 000	55 000	350 000

根据表9-12，作会计分录如下：

借：工程施工——人工费　　　　　　　　　　　　　　210 000
　　　工程施工——间接费用　　　　　　　　　　　　　35 000
　　　生产成本——辅助生产　　　　　　　　　　　　　10 000
　　　采购保管费　　　　　　　　　　　　　　　　　　 5 000
　　　管理费用　　　　　　　　　　　　　　　　　　　25 000
　　　机械作业　　　　　　　　　　　　　　　　　　　10 000
　　　研发支出　　　　　　　　　　　　　　　　　　　55 000
　　贷：应付职工薪酬——工资　　　　　　　　　　　350 000

三、福利费的核算

1. 职工福利费的核算

附加费的计算与计提业务

职工福利费也叫货币性福利费,是按工资总额的 14% 提取。主要用于职工的医药费(包括职工参加医疗保险、缴纳的医疗保险费)、医护人员的工资、医务经费、职工因公负伤赴外地就医路费、职工生活困难补助、职工浴室、理发室、幼儿园人员的工资等。

职工福利费也应按人员类别分别计提,借记各受益对象,贷记"应付职工薪酬——应付福利费"账户,因其是从工资总额中提取的,应计入的各受益对象原则上与工资分配的受益对象一致,即工资分配借记哪个账户,职工福利费分配也借记对应账户。职工福利费使用时,借记"应付职工薪酬——应付福利费"账户,贷记"银行存款"等账户。

【例9-17】 宏伟建筑工程公司用现金支付职工生活困难补助费 10 000 元。

借:应付职工薪酬——职工福利费　　　　　　　　　　　　　　10 000
　　贷:库存现金　　　　　　　　　　　　　　　　　　　　　　10 000

【例9-18】 根据【例9-14】的资料,计提职工福利费,编制职工福利费计提表,见表9-13。

表9-13　职工福利费计提表

2020 年 4 月 30 日

账户名称	人员类别	应付工资总额	计提比例	计提金额
工程施工——(人工费)	工程施工人员	210 000	14%	29 400
工程施工——(间接费用)	现场管理人员	35 000	14%	4 900
生产成本——辅助生产	辅助生产人员	10 000	14%	1 400
采购保管费	物资供应人员	5 000	14%	700
管理费用	行政管理人员	25 000	14%	3 500
机械作业	机械作业人员	10 000	14%	1 400
研发支出	研发人员	55 000	14%	7 700
合　计		350 000	14%	49 000

根据表9-13,作会计分录如下:

借:工程施工——人工费　　　　　　　　　　　　　　　　　　29 400
　　工程施工——间接费用　　　　　　　　　　　　　　　　　　4 900
　　生产成本——辅助生产成本　　　　　　　　　　　　　　　　1 400
　　采购保管费　　　　　　　　　　　　　　　　　　　　　　　　700
　　管理费用　　　　　　　　　　　　　　　　　　　　　　　　3 500
　　机械作业　　　　　　　　　　　　　　　　　　　　　　　　1 400
　　研发支出　　　　　　　　　　　　　　　　　　　　　　　　7 700
　　贷:应付职工薪酬——职工福利费　　　　　　　　　　　　　49 000

2. 非货币性福利费

非货币性福利费是企业以其自产产品作为非货币性福利发放给职工的，应当根据受益对象，按照该产品的公允价值，计入相关资产或当期损益；用于无偿向职工提供住房等固定资产使用的，租赁住房等资产供职工无偿使用的，当发生时，作为企业的一项流动负债，通过"应付职工薪酬——非货币性福利"账户核算。

无偿向职工提供住房等固定资产使用的，按应计提的折旧额，借记"管理费用""生产成本""工程施工"等账户，贷记"应付职工薪酬"；同时，借记"应付职工薪酬"，贷记"累计折旧"账户。

【例9-19】 宏伟建筑工程公司向技术人员提供的租赁住房，本月应计提租金5 000元。
作会计分录如下：
借：管理费用——固定资产使用费　　　　　　　　　5 000
　　贷：应付职工薪酬——非货币性福利　　　　　　　　　5 000

四、"五险一金"的核算

1. "五险一金"的内容

养老保险是指国家和社会根据法律和法规，为解决劳动者在达到国家规定的解除劳动义务的劳动年龄界限，或因年老丧失劳动能力退出劳动岗位后的基本生活而建立的一种社会保险制度。城镇企业事业单位按照本单位工资总额的22%缴纳养老保险费。

失业保险是指国家通过立法强制实行的，由社会集中建立基金，对因失业而暂时中断生活来源的劳动者提供物质帮助的制度。它是社会保障体系的重要组成部分，是社会保险的主要项目之一。城镇企业事业单位按照本单位工资总额的2%缴纳失业保险费。

医疗保险是由国家强制实施的一项社会福利事业，是社会为保障劳动者基本医疗需求的社会医疗保险制度。它有两层基本含义：一是基本医疗保险水平要与社会生产力发展水平相适应，要和财政、企业和个人的承受能力相适应；二是用比较低廉的费用，获得比较优质的医疗服务，能够保障职工基本医疗需求的社会医疗保险制度。当人们生病或受到伤害后，由国家或社会给予的一种物质帮助。

工伤保险是社会保险制度中的重要组成部分，是国家和社会为在生产、工作中遭受事故伤害和患职业性疾病的劳动者及亲属提供医疗救治、生活保障、经济补偿、医疗和职业康复等物质帮助的一种社会保障制度。用人单位应当按时缴纳工伤保险费。职工个人不缴纳工伤保险费。

生育保险是通过国家立法规定，在劳动者因生育子女而导致劳动力暂时中断时，由国家和社会及时给予物质帮助的一项社会保险制度。由企业按照其工资总额的一定比例向社会保险经办机构缴纳生育保险费，建立生育保险基金。职工个人不缴纳生育保险费。

养老保险、医疗保险和失业保险，这三种险是由用人单位和个人共同缴纳保费。工伤保险和生育保险完全是由用人单位承担的，个人不需要缴纳。

住房公积金，是指国家机关、国有企业、城镇集体企业、外商投资企业、城镇私营企业及其他城镇企业、事业单位（以下简称单位）及其在职职工缴存的长期住房储备金。职工个人缴存的住房公积金和职工所在单位为职工缴存的住房公积金,属于职工个人所有。有条件的城市,可以适当提高缴存比例。职工个人缴存的住房公积金,由所在单位每月从其工资中代扣代缴。

2."五险一金"的核算

企业应按照有关规定计提"五险一金",并按要求进行核算。"五险一金"以工资总额为基础进行计提,计提比例参照有关规定分别是:

养老保险:单位20%,个人8%。
医疗保险:单位8%,个人2%。
失业保险:单位2%,个人1%。
工伤保险:单位1%,个人不交。
生育保险:单位1%,个人不交。
住房公积金:职工和单位住房公积金的缴存比例不低于职工上一年度月平均工资的5%。

"五险一金"是构成企业职工薪酬的内容,需要通过"应付职工薪酬——社会保险费"账户核算。

3.核算举例

【例9-20】 宏伟建筑工程公司按【例9-14】资料计提五险一金,计算表见表9-14。按规定计提应由企业负担的社会保险金及住房公积金。

表9-14 五险一金计算表　　　　　　　　　　　　　　　　单位:元

人员类别	应付工资	养老保险		失业保险		医疗保险		工伤保险 1%	生育保险 1%	住房公积金	
		单位 20%	个人 8%	单位 2%	个人 1%	单位 8%	个人 2%			单位 5%	个人 5%
工程施工人员	210 000	42 000	16 800	4 200	2 100	16 800	4 200	2 100	2 100	10 500	10 500
项目部管理人员	35 000	7 000	2 800	700	350	2 800	700	350	350	1 750	1 750
辅助生产人员	10 000	2 000	800	200	100	800	200	100	100	500	500
物资供应人员	5 000	1 000	400	100	50	400	100	50	50	250	250
行政管理人员	25 000	5 000	2 000	500	250	2 000	500	250	250	1 250	1 250
销售部门人员	10 000	2 000	800	200	100	800	200	100	100	500	500
专利研发人员	55 000	11 000	4 400	1 100	550	4 400	1 100	550	550	2 750	2 750
合计	350 000	70 000	28 000	7 000	3 500	28 000	7 000	3 500	3 500	17 500	17 500

根据表9-14,作会计分录如下:

借：工程施工——人工费	77 700

借：工程施工——人工费　　　　　　　　　　　　　　　77 700
　　工程施工——间接费用　　　　　　　　　　　　　　12 950
　　生产成本——辅助生产成本　　　　　　　　　　　　 3 700
　　采购保管费　　　　　　　　　　　　　　　　　　　 1 850
　　管理费用　　　　　　　　　　　　　　　　　　　　 9 250
　　销售费用　　　　　　　　　　　　　　　　　　　　 3 700
　　研发支出　　　　　　　　　　　　　　　　　　　　20 350
　　贷：应付职工薪酬——社会保险金——养老保险　　　70 000
　　　　应付职工薪酬——社会保险金——失业保险　　　 7 000
　　　　应付职工薪酬——社会保险金——工伤保险　　　 3 500
　　　　应付职工薪酬——社会保险金——生育保险　　　 3 500
　　　　应付职工薪酬——社会保险金——医疗保险　　　28 000
　　　　应付职工薪酬——住房公积金　　　　　　　　　17 500

代扣职工个人应缴的社会保险金及住房公积金，作会计分录如下：
借：应付职工薪酬——工资　　　　　　　　　　　　　　56 000
　　贷：其他应付款——个人社会保险金——养老保险　　28 000
　　　　其他应付款——个人社会保险金——失业保险　　 3 500
　　　　其他应付款——个人社会保险金——医疗保险　　 7 000
　　　　其他应付款——住房公积金　　　　　　　　　　17 500

【例 9-21】 企业通过银行转账缴存公司负担的社会保险金及住房公积金 129 500 元，代职工个人缴付的社会保险金及住房公积金 56 000 元，作会计分录如下：

借：应付职工薪酬——社会保险金——养老保险　　　　　70 000
　　应付职工薪酬——社会保险金——失业保险　　　　　 7 000
　　应付职工薪酬——社会保险金——工伤保险　　　　　 3 500
　　应付职工薪酬——社会保险金——生育保险　　　　　 3 500
　　应付职工薪酬——社会保险金——医疗保险　　　　　28 000
　　应付职工薪酬——住房公积金　　　　　　　　　　　17 500
　　其他应付款——个人社会保险金——养老保险　　　　28 000
　　其他应付款——个人社会保险金——失业保险　　　　 3 500
　　其他应付款——个人社会保险金——医疗保险　　　　 7 000
　　其他应付款——住房公积金　　　　　　　　　　　　17 500
　　贷：银行存款　　　　　　　　　　　　　　　　　 185 500

五、工会经费和职工教育经费的核算

工会经费是工会用于组织活动的经费。按现行制度规定，企业根据工资总额的 2% 提取并拨交工会使用。提取的工会经费，应列作管理费用，借记"管理费用"账户，贷记"应付职工薪酬——工会经费"账户。

职工教育经费是按工资总额的 1.5% 计算提取的，是用于职工教育，提高技能等活动方

面的经费。提取的职工教育经费，应列作管理费用，借记"管理费用"账户，贷记"应付职工薪酬——职工教育经费"账户。

将提取的工会经费和职工教育经费交付有关部门使用时，应借记"应付职工薪酬——工会经费"和"应付职工薪酬——职工教育经费"账户，贷记"银行存款"或"库存现金"账户。

【例9-22】 根据【例9-14】资料中的工资总额350 000元，按国家规定分别以2%、1.5%的比例计提工会经费和职工教育经费。同时，上交工会经费7 000元，通过银行转账支付职工培训费2 000元。会计处理如下：

按规定提取工会经费及职工教育经费时，根据计提表作会计分录如下：

借：管理费用——工会经费　　　　　　　　　　　　　　　　　　　7 000
　　管理费用——职工教育经费　　　　　　　　　　　　　　　　　　5 250
　　贷：应付职工薪酬——工会经费　　　　　　　　　　　　　　　　7 000
　　　　应付职工薪酬——职工教育经费　　　　　　　　　　　　　　5 250

上交工会经费时，根据缴费凭证（见表9-15），作会计分录如下：

借：应付职工薪酬——工会经费　　　　　　　　　　　　　　　　　7 000
　　贷：银行存款　　　　　　　　　　　　　　　　　　　　　　　　7 000

表9-15　行政拨交工会经费缴款书(支款通知)

2020年5月9日

缴款单位：江滨市宏伟建筑工程公司　　　　　　　　　　　　　　编号 6

所属月份	职工人数	月职工工资总额	应缴2%工会经费	迟交天数	按5%应缴滞纳金
4		350 000	7 000		

付款单位		基层工会收款单位		上级工会收款单位	
名称	江滨市宏伟建筑工程公司	名称	宏伟建筑工程公司工会委员会	名称	江滨市总工会
账号	666666888888	账号	5006682212066759	账号	5008662212004536
开户银行	江滨建行营业部	开户银行	江滨建行营业部	开户银行	工行建国分行
付款金额　十万千百十元角分	￥7 0 0 0 0 0	57%收款金额　十万千百十元角分	￥3 9 9 0 0 0	43%收款金额　十万千百十元角分	￥3 0 1 0 0 0

付款金额	人民币（大写）柒仟元整
备注	上列款项已从你单位账户内交付分别划转有关收款单位账户。付款单位开户银行盖章

支付职工培训费2 000元时，根据相关原始凭证作会计分录如下：

借：应付职工薪酬——职工教育经费　　　　　　　　　　　　　　　2 000
　　贷：银行存款　　　　　　　　　　　　　　　　　　　　　　　　2 000

任务9.7 应缴税费的核算

知识目标

1. 掌握增值税、城建税及教育费附加的概念、计算方法。
2. 掌握房产税、土地使用税、车船使用税、印花税的概念、计算办法。
3. 掌握企业所得税的概念、计算方法。
4. 掌握应缴税费账户的核算内容及使用方法。

能力目标

1. 能对增值税上交与抵扣业务进行核算。
2. 能对房产税、土地使用税、车船使用税、印花税上缴与计提业务进行核算。
3. 能对企业所得税业务的计提与上缴业务进行核算。

施工企业按规定缴纳的各种税金主要有增值税、城市维护建设税、教育费附加、房产税、土地使用税、车船使用税、印花税和所得税等。

纳税企业在计算缴纳税金时，按照权责发生制的要求，一般都是月末提取税金，在次月15日前缴纳，税金在未缴纳之前形成企业的一项流动负债。

企业按照规定计提并上交的各种税费，应通过"应缴税费"账户核算。其贷方登记企业按照税法规定计算应缴纳的各种税费，借方登记实际缴纳的各种税费，期末贷方余额表示企业应缴未缴的税费，期末如为借方余额，反映企业多交或尚未抵扣的税费。本账户应当按照税种设置明细账进行明细核算。

一、增值税的核算

1. 增值税的概念

增值税是指对我国境内销售货物、进口货物或提供加工、修理修配劳务的增值额征收的一种流转税。增值额是企业销售收入扣除相应的外购材料、商品等成本的差额。

凡是在我国境内销售货物、进口货物，或提供加工、修理修配的单位和个人均应按期交纳增值税。增值税纳税人分为一般纳税人和小规模纳税人。

2. 增值税的计税依据和方法

一般纳税人应纳增值税额根据当期销项税额减去进项税额计算确定，其计算公式为：

$$应缴增值税 = 当期销项税额 - 当期准予抵扣的进项税额$$

$$销项税额 = 销售额（不含税）× 税率$$

进项税额的申报抵扣必须同时满足以下两个条件：①取得增值税专用发票或其他扣税凭证；②属于税法规定允许抵扣的进项税额。

当期可申报抵扣的进项税额包括上期留抵税额、当期认证相符的增值税扣税凭证上记载的税额、本期进项税额转出额。

$$当期准予抵扣的进项税额 = 上期留抵税额 + 当期认证相符的增值税扣税凭证上记载的税额 - 本期进项税额转出额$$

当期销项税额小于当期准予抵扣的进项税额，超过部分作为下期留抵税额，结转下期继续抵扣。

建筑业一般纳税人执行的增值税率为9%。

小规模纳税人应缴增值税额按照销售额和规定的征收率计算。

$$应缴增值税 = 不含增值税的销售额 \times 征收率$$

3. 增值税的核算

为了核算企业应缴增值税的发生、抵扣、缴纳、退税及转出等情况，一般纳税人企业应在"应缴税费"总账下设置"应缴增值税"二级账户，并在二级账户下分设专栏进行明细核算，在借方下设"进项税额""已缴税金"等，在贷方下设"销项税额""出口退税""进项税额转出"等。

（1）进项税额。企业购入货物或接受劳务中支付的，按规定取得增值税专用发票准予抵扣的增值税额，其计算公式如下：

$$增值税进项税额 = 购货不含增值税价格 \times 适用税率$$

（2）销项税额。销项税额是指企业在销售商品、提供劳务过程中代收的增值税额。其计算公式如下：

$$增值税销项税额 = 销货不含增值税价格 \times 适用税率$$

企业将自产或委托加工的货物用于非应税项目、集体福利或个人消费，将自产、委托加工或购买的货物作为投资、分配给股东、无偿赠送他人等虽然不属于销售行为，但按照税法规定应当视同销售计征销项税。

（3）进项税额转出。企业购进的货物因管理不善发生的净损失，以及将购进货物改变用途（用于非应税项目、集体福利或个人消费等），其进项税额不准许抵扣，应通过"进项税额转出"这个明细账户核算，记入该账户的贷方。

（4）出口退税。指出口产品按规定退税，退税时按收到的税额贷记"应缴税费——应缴增值税（出口退税）"。

（5）已交税款。按月结算后，"应缴税费——应缴增值税"账户的贷方余额即为应缴纳的增值税，企业在下月初要及时上缴税款，交款时借记"应缴税费——应缴增值税（已缴税款）"，贷记"银行存款"。

二、城市维护建设税的核算

1. 城市维护建设税的概念

城市维护建设税是国家为了加强城市公用事业和公用设施的维护，对缴纳增值税、消费税的单位和个人同时征收的一种附加税。

城市维护建设税的纳税人是除外商投资企业和外国企业外缴纳增值税、消费税的单位和个人。由于城市维护建设税是由纳税人在缴纳增值税和消费税时同时缴纳的，所以纳税期限也与增值税和消费税的纳税期限一致。

2. 税率的规定

施工企业城市维护建设税的税率有以下三个档次：

① 纳税人所在地在城市市区的，税率为7%；

② 纳税人所在地在县城、镇区的，税率为5%；

③ 纳税人所在地在市区、县城、镇区以外的，税率为1%。

3. 城市维护建设税的计算

应缴纳税额 =（实际缴纳增值税税额 + 实际缴纳消费税税额）× 适用税率

4. 核算举例

【例9-23】 企业本月应缴纳增值税为150 000元，计算该企业应纳城市维护建设税。（假定适用的税率为7%）

企业应交城市维护建设税 = 150 000 × 7% = 10 500（元）

月末计提城市维护建设税时，作会计分录如下：

借：税金及附加　　　　　　　　　　　　　　　　　　　　　　　　10 500
　　贷：应缴税费——应缴城市维护建设税　　　　　　　　　　　　　　10 500

上缴城市维护建设税，根据缴款书，作会计分录如下：

借：应缴税费——应缴城市维护建设税　　　　　　　　　　　　　　　10 500
　　贷：银行存款　　　　　　　　　　　　　　　　　　　　　　　　10 500

三、教育费附加的核算

1. 教育费附加的概念

教育费附加是国家为了是发展教育事业，扩大教育经费的资金来源，对缴纳增值税、消费税的单位和个人征收的一种附加费。

凡缴纳增值税、消费税的单位和个人，均为教育费附加的纳税义务人，但暂不包括外商投资企业和外国企业。凡代征增值税、消费税的单位和个人，也是代征教育费附加的义务人。农业、乡镇企业，由乡镇人民政府征收农村教育事业附加，不再征收教育费附加。

教育费附加是由纳税人在缴纳增值税和消费税时同时缴纳的，所以也写增值税和消费税的纳税期限一致。

2. 税率及税金的计算

教育费附加的征收率为3%，计算方法如下：

应缴纳教育费附加 =（实际缴纳的增值税 + 实际缴纳的消费税）× 税率

3. 核算举例

【例9-24】 承【例9-23】的资料，计算该企业应纳教育费附加。

应纳教育费附加 = 150 000 × 3% = 4 500（元）

月末计提城市维护建设税时，作会计分录如下：

借：税金及附加　　　　　　　　　　　　　　　　　　　　　　　　4 500
　　贷：应缴税费——应缴教育费附加　　　　　　　　　　　　　　　　4 500

上交教育费附加时，根据缴税的税票，作会计分录如下：

借：应缴税费——应缴教育费附加　　　　　　　　　　　　　　　　　4 500
　　贷：银行存款　　　　　　　　　　　　　　　　　　　　　　　　4 500

四、房产税、土地使用税和车船使用税的核算

1. 房产税

房产税是国家对在城市、县城、建制镇和工矿区按房产余值或房产租金征收的一种税。房产税依照房产原值一次减除10%～30%后的余额计算缴纳；没有房产原值作为依据的，由房产所在地税务机关参考同类房产核定。房产税的征税税率为1.2%。房产出租的，以房产租金收入为房产税的计税依据，征税税率为12%。

2. 土地使用税

土地使用税是国家为了合理利用城镇土地、调节土地级差收入、提高土地使用效益、加强土地管理而开征的一种税，以纳税人实际占用的土地面积为计税依据，依照规定按土地类别所适用的税率计算征收。

3. 车船使用税

车船使用税由拥有并且使用车船的单位和个人缴纳。车船使用税按照车辆和船舶的适用税额计算缴纳。

上述三项税金在计提时，借记税金及附加科目，贷记应缴税费科目。

4. 核算举例

【例9-25】 宏伟建筑工程公司本年计算应缴纳房产税12 000元，土地使用税5 000元，车船使用税3 000元，并转账支付上述三项税金。计提及上交税款的会计分录如下：

借：税金及附加　　　　　　　　　　　　　　　　　　20 000
　　贷：应缴税费——应缴房产税　　　　　　　　　　　12 000
　　　　　　　　——应缴土地使用税　　　　　　　　　 5 000
　　　　　　　　——应缴车船使用税　　　　　　　　　 3 000
借：应交税费——应缴房产税　　　　　　　　　　　　　12 000
　　　　　　——应缴土地使用税　　　　　　　　　　　 5 000
　　　　　　——应缴车船使用税　　　　　　　　　　　 3 000
　　贷：银行存款　　　　　　　　　　　　　　　　　　20 000

五、印花税的核算

印花税是以经济活动和经济交往中书立、领受应税凭证的行为为征税对象而征收的一种税。印花税因其采用在应税凭证上粘贴印花税票的方法缴纳税款而得名。

印花税的特点是：征税范围广，包括各类经济合同、会计账簿、权利许可证照等；税负从轻，税法规定按应税凭证上金额的万分之几或千分之几缴纳，定额税率每件也只有5元；采用自行贴花缴纳，自行盖章注销或划销；多缴不退不抵。

企业交纳的印花税不会发生应付未付税款的情况，不需要预计应纳税金额，也不存在与税务机关结算或清算的问题。因此，不需要通过"应缴税费"账户核算，而是在购买印花税

票时，直接记入"税金及附加"账户。

【例9-26】 宏伟建筑工程公司因业务需要，到当地税务局购买印花税票1 000元。根据完税凭证作会计分录如下：

借：税金及附加　　　　　　　　　　　　　　　　　　　　　　1 000
　　贷：银行存款　　　　　　　　　　　　　　　　　　　　　　　1 000

六、企业所得税的核算

1. 所得税的概念

所得税是以单位（法人）或个人（自然人）在一定时期内的纯收入额为征税对象的各个税种的总称。目前，我国的所得税分为企业所得税、个人所得税等。企业所得税法于2008年1月1日重新修订后施行，实行25%的比例税率。符合条件的小型微利企业，减按20%的税率征收企业所得税。国家需要重点扶持的高新技术企业，减按15%的税率征收企业所得税。

2. 所得税的计算与核算

$$应纳税额 = 应纳税所得额 \times 所得税税率$$

企业应缴纳的所得税，在"应缴税费"账户下设置"应缴所得税"明细账户核算；当期应计入损益的所得税，作为一项费用，在净收益前扣除。企业按照一定方法计算，计入损益的所得税，借记"所得税费用"账户，贷记"应缴税费——应缴所得税"账户。

3. 核算举例

【例9-27】 宏伟建筑工程公司2011年度应纳税所得额为2 070 000（元），应纳所得税额 = 2 070 000×25% = 517 500（元）。
期末计提所得税时：
借：所得税费用　　　　　　　　　　　　　　　　　　　　　　517 500
　　贷：应缴税费——应缴所得税　　　　　　　　　　　　　　　517 500
上交所得税时，根据完税凭证，作会计分录如下：
借：应缴税费——应缴所得税　　　　　　　　　　　　　　　　517 500
　　贷：银行存款　　　　　　　　　　　　　　　　　　　　　　517 500

企业应按照税务机关规定的期限与税务机关结算或清算税金。清算后，少缴的税款应补缴入库，借记"应缴税费"账户，贷记"银行存款"或"库存现金"账户；多缴税金，经税务机关核实批准后可以办理退税手续，借记"银行存款"账户，贷记"应缴税费"账户。

任务 9.8　其他流动负债的核算

知识目标

1. 掌握应付股利的含义及应付股利账户的核算内容及使用方法。
2. 掌握其他应付包括的内容及应付账款账户的核算内容与使用方法。

能力目标

1. 能对应付股利的形成与支付业务进行核算。
2. 能对其他应付款的发生与归还业务进行核算。

其他流动负债是指施工企业除应付票据、应付账款、预收账款、应付职工薪酬、应缴税费以外的其他各种应付、暂收单位的款项，如应付股利、其他应付款等。

一、应付股利的核算

应付股利是指企业根据股东大会或类似机构审议批准的利润分配方案确定分配给投资者的现金股利或利润。企业的利润分配方案应当由股东大会或类似权力机构批准后方可执行。

为了反映和监督企业分配的现金股利或利润的计算和支付情况，应设置"应付股利"账户进行核算。该账户贷方登记企业根据股东大会或类似机构审议批准的利润分配方案计算应支付的现金股利或利润数额；借方登记实际发放的现金股利或利润数额；贷方余额反映企业应付而未付的现金股利或利润数额。企业可按投资人设置明细账，进行明细分类核算。

企业根据通过的股利和利润分配方案，将应支付的现金股利或利润，借记"利润分配-应付股利"账户，贷记"应付股利"（应付利润）账户；企业分配的现金股利和利润，在实际支付现金股利或利润时，借记"应付股利"（应付利润）账户，贷记"银行存款""库存现金"等账户。

【例9-28】　经董事会决定，宏伟建筑工程公司给股东发放现金股利210 000元，尚未支付。

根据董事会决定发放现金股利210 000元时，作会计分录如下：

借：利润分配——应付股利　　　　　　　　　　　210 000
　　贷：应付股利　　　　　　　　　　　　　　　　　　210 000

用现金发放股利210 000元时，作会计分录如下：

借：应付股利　　　　　　　　　　　　　　　　　210 000
　　贷：库存现金　　　　　　　　　　　　　　　　　　210 000

二、其他应付款的核算

其他应付款是指企业除应付账款、应付票据、预收账款、应付职工薪酬、应付股利、应付利息以外的其他各种应付、暂收单位或个人的款项。包括：应付经营租入固定资产和包装物租金、职工未按期领取的工资、存入保证金（如收入包装物押金等）、应付、暂收所属单位、个人的款项、其他应付、暂收款项。

为了核算其他各项应付、暂收的款项，设置"其他应付款"账户。其贷方登记实际发生的应付及暂收款，借方登记支付的应付及暂收款，期末贷方余额，反映企业应付未付的其他应付款项。本账户可按其他应付款的项目和单位（或个人）设置明细账，进行明细核算。

【例9-29】 宏伟建筑工程公司收取A单位现金押金200元。
收取押金时，根据收款收据作会计分录如下：
借：库存现金　　　　　　　　　　　　　　　　　　　　　　　　200
　　贷：其他应付款——押金（B单位）　　　　　　　　　　　　　　200
归还押金时，根据收回的收款收据作会计分录如下：
借：其他应付款——押金（B单位）　　　　　　　　　　　　　　　200
　　贷：库存现金　　　　　　　　　　　　　　　　　　　　　　　200

【例9-30】 宏伟建筑工程公司租用A公司办公室，月末提取应付房屋租金1 000元。
月末提取应付租金时作会计分录如下：
借：管理费用　　　　　　　　　　　　　　　　　　　　　　　1 000
　　贷：其他应付款——A公司　　　　　　　　　　　　　　　　　1 000
签发转账支票支付A公司租金时，根据支票存根及收款收据，作会计分录如下：
借：其他应付款——A公司　　　　　　　　　　　　　　　　　　1 000
　　贷：银行存款　　　　　　　　　　　　　　　　　　　　　　1 000

知识梳理

　　负债是企业过去的交易或事项形成的，预期会导致经济利益流出企业的现时义务。按偿还期限可分为流动负债和非流动负债。流动负债是指将在一年或超过一年的一个营业周期内偿还的债务。

　　短期借款是指企业为了满足正常生产经营的需要而向银行或其他非金融机构借入的期限在一年以下（含一年）的各种款项。短期借款一般是企业为了维护正常的生产经营所需资金而借入或者为抵偿某种债务而借入的款项。

　　应付账款是指企业在正常的生产经营过程中因购买材料、商品或接受劳务而应付给供应单位的款项，属于流动负债。这是买卖双方在购销活动中由于取得物资与支付货款在时间上不一致而产生的负债。

　　应付票据是指由出票人出票。委托付款人在指定日期无条件支付确定的金额给收款人或者持票人的票据。

　　预收款项是买卖双方协议商定，由购货方预先支付一部分货款给供应方而发生的一项负债，这项负债要用以后的商品、劳务等偿付。

　　职工薪酬是指企业为获得职工提供的服务而给予各种形式的报酬以及其他相关支出。职工薪酬不仅包括企业一定时期支付给全体职工的劳动报酬总额，也包括按照工资的一定比例计算并计入成本费用的其他相关支出。

　　"五险"包括养老保险、失业保险、医疗保险、工伤保险和生育保险，其中养老保险、医疗保险和失业保险，这三种险是由用人单位和个人共同缴纳保费。工伤保险和生育保险完全是由用人单位承担的，个人不需要缴纳。"一金"指住房公积金，住房公积金由用人单位和个人共同缴纳。

应缴税费是指企业在生产经营过程中产生的应向国家缴纳的各种税费，应按照施工企业应税对象的实际发生额和一定的税率计算缴纳。

应付股利是指企业根据股东大会或类似机构审议批准的利润分配方案确定分配给投资者的现金股利或利润。

其他应付款是指企业除应付账款、应付票据、预收账款、应付职工薪酬、应付股利、内部往来和应付利息以外的其他各种应付、暂收单位或个人的款项。

复习思考题

1. 什么是负债？流动负债和非流动负债是如何区分的？
2. 什么是流动负债？包括哪些内容？
3. 短期借款核算的内容包括哪些？
4. 带息应付票据如何核算？
5. 有现金折扣的应付账款如何核算，总价法和净价法各有什么优缺点？
6. 应付职工薪酬包括哪些内容？
7. 什么是"五险一金"，包括哪些内容？
8. 施工企业主要涉及哪些税费？

项目实训

【实训目的】能独立进行流动负债业务的核算。

【实训资料】某企业12月份发生如下的经济业务。

1. 12月1日宏伟建筑工程公司向银行借入临时借款100 000元，为期5个月，年利率为6%，借款已存入银行。该企业采用预提的办法核算短期借款的利息。

2. 12月3日宏伟建筑工程公司向A企业购入甲材料一批，价款60 000元，增值税10 200元，对方代垫运杂费700元。材料已到并验收入库，款项尚未支付。

3. 12月4日向B公司赊购乙材料一批，发票中注明的买价为200 000元，增值税为34 000元，乙材料已经入库。付款条件为（2/10，1/20，N/30）。该企业采用总价法进行核算。

4. 12月9日支票支付7月4日在B公司购入的材料价款。

5. 12月10日支付前欠A企业货款70 200元。

6. 宏伟建筑工程公司将已接工程的部分工程分包给A建筑公司进行施工，按合同规定应支付分包工程款100 000元，12月11日A建筑公司开出工程价款结算单，宏伟建筑工程公司已经签字认可，款项尚未支付。

7. 12月12日宏伟建筑工程公司给丙公司签发一张面值为20 000元的票面利率为5%的商业承兑汇票，为期6个月用于购买B材料。

8. 12月13日，宏伟建筑工程公司收到发包单位（甲公司）拨来抵作备料款的材料100 000元。

9. 12月15日，宏伟建筑工程公司根据"工程价值预支账单"向发包单位预收工程款200 000元，作如下分录。

10. 12月16日出纳用现金支票提取现金250 000备发工资。

11. 12月16日用现金发放职工工资250 000元。

12. 12月16日代扣行政管理人员个人水电费10 000元。

13. 12月20日工资员交回李磊未领取工资1 600元。

14. 12月21日开展工会活动，发生活动经费2 000元由现金支付。

15. 12月22日通过银行转账支付职工培训费5 000元。

16. 12月22日购买印花税票2 000元。

17. 宏伟建筑工程公司租用办公室，12月31日提取应付A公司房屋租金5 000元。

18. 12月31日计提10万元短期借款利息。

19. 12月31日分配工资费用：工程施工人员150 000元，项目部管理人员50 000元，行政管理人员40 000元，销售部门人员20 000元。

20. 12月31日计提五险一金，计提比率见表9-16。

表9-16 五险一金计算表 单位：元

人员类别	应付工资	养老保险		失业保险		医疗保险		工伤保险	生育保险	住房公积金	
		单位22%	个人8%	单位2%	个人1%	单位7.5%	个人2%	1%	0.60%	单位5%	个人5%
工程施工人员	150 000										
项目部管理人员	50 000										
行政管理人员	40 000										
销售部门人员	20 000										
合计	260 000										

21. 工资总额260 000元，按国家规定分别以14%、2%、1.5%的比例计提职工福利费、职工工会经费和职工教育经费。

22. 12月31日，宏伟建筑工程公司填制"工程价款结算账单"，经发包单位签证，结算本期已完工程款为450 000元，扣还预收备料款、预收工程款余款存入银行。

23. 12月31日宏伟建筑工程公司提取税金。城市维护建设税和教育费附加的税率分别为7%、3%。本月应缴增值税为45 000元。

24. 12月31日宏伟建筑工程公司计算应缴纳房产税10 000元，土地使用税3 000元，车船使用税1 000元。

25. 12月31日预提所得税（假定利润率为9%，所得税率25%）

26. 12月31日经董事会决定，宏伟建筑工程公司给股东发放现金股利50 000元，尚未支付。

【实训要求】根据上述经济业务编制会计分录，并登记企业明细账。

项目9 流动负债核算实务测试题

项目 10

非流动负债核算实务

任务 10.1 非流动负债的基本知识

知识目标

1. 掌握非流动负债的概念及特点。
2. 掌握非流动负债与流动负债对比的优缺点。
3. 掌握非流动负债的分类方法。

项目 10 课程思政阅读材料

一、非流动负债的概念及特点

非流动负债是指偿还期限在一年或超过一年的一个营业周期以上的债务。长期负债的形成是企业筹资的结果，它是投资人投入资金以外，企业向债权人筹集的可供企业长期使用的资金。

非流动负债一般都是以购建固定资产、扩大生产经营规模、满足其长期占用的大量资金需要等为目的而持有的，所以非流动负债具有债务数额较大、偿还期限较长、偿还的方式多样的特点，对盈利的企业来说，往往可为投资人带来更多的利润。但是，长期负债的利息，是企业根据合同必须承担的一种长期性的固定支出。如果企业经营不善，建筑市场不景气，工程任务不足，这笔固定利息支出就会成为企业的沉重负担。因此，是否以借款形式筹集长期资金，企业必须计算资金成本，估计资金投入后的盈利水平，权衡筹资风险，认真决策。

二、非流动负债的优缺点

从投资者（或股东）的角度上看，与投入资本相比，举借长期负债的优缺点如下。

1. 优点

（1）举借长期负债不影响企业原有的资本（或股本）的结构，有利于保持原有投资者（或股东）控制企业的权力。

（2）举借长期负债可以增加投资者所得的利益。如果企业经营所得的投资利润率高于长期负债的固定利率，剩余利益将全部归投资者（或股东）所有。

（3）在缴纳所得税时，长期负债的利息支出除资本化的以外，其他的可以作为正常的经营费用从利润总额中扣减。但股利只能从税后利润中支付，不能作为纳税扣减项目。

2. 缺点

（1）长期负债利息是企业必须支出的固定费用，如果举债经营的投资报酬率低于长期负债的资金成本率（利率），将会带来减少投资者（或股东）利益的风险。同时如果企业经营不善，市场情况恶化，这笔固定的利息费用就会成为企业财务上的负担。

（2）长期负债一般都有明确的到期日，企业必须为债务的偿还安排现金流出。

（3）债权人对企业财产享有优先求偿权，如果企业因资金周转困难而无法定期支付利息或按期偿还本金，债权人的求偿权可能迫使企业破产清算。

因此，企业应进行合理的财务决策，适度举债。一方面，要保证举债经营的投资报酬率高于长期负债的利率；另一方面，举债的程度应与企业的资本结构和偿债能力相适应。

三、非流动负债的分类

（1）按举债内容划分，可分为长期借款、应付债券、长期应付款等。

（2）按偿还的方式分，可分为定期偿还的长期负债和分期偿还的长期负债。

（3）按计息方式分，可分为单利计息的长期负债和复利计息的长期负债。

（4）按付息方式分，可分为一次付息的长期负债和分期付息的长期负债。

任务 10.2　长期借款的核算

长期借款业务

知识目标

1. 掌握短期借款的概念及用途。
2. 掌握短期借款借入本金、计提利息及偿还本息业务的核算方法。
3. 掌握长期借款的概念及用途。

能力目标

1. 能办理短期借款借入本金、计提利息及偿还本息业务的核算。
2. 对发生的短期借款业务能编制记账凭证登记账簿。
3. 能办理长期借款借入本金、计提利息及偿还本息业务的核算。
4. 对发生的长期借款业务能编制记账凭证并登记账簿。

一、长期借款的基本知识

长期借款是企业向银行或其他金融机构借入的，期限在1年以上（不含1年）的各种借款。长期借款主要用于固定资产的购建、改扩建工程、大修理工程、对外投资以及为了保持长期经营能力等。

二、长期借款的核算

1. 账户的设置

为了核算和监督企业长期借款的取得、归还及结存情况，应设置"长期借款"账户进行核算。其贷方登记借入的长期借款本金和利息调整增加数，借方登记按期归还的借款本金及利息调整的减少数，期末贷方余额表示企业尚未偿还的长期借款。该账户可按贷款单位和贷款种类设置明细账，分别设置"本金""利息调整"等账户进行明细核算。

2. 长期借款核算内容

（1）企业借入长期借款，应按实际收到的金额，借记"银行存款"账户，贷记"长期借款——本金"。如存在差额，还应借记"长期借款——利息调整"。

（2）资产负债表日，应按摊余成本和实际利率计算确定的长期借款的利息费用，借记"在建工程""财务费用"等账户，按合同利率计算确定的应付未付利息，贷记"应付利息"账户，按其差额，贷记"长期借款——利息调整"。实际利率与合同利率差异较小的，也可以采用合同利率计算确定利息费用。

（3）归还的长期借款本金，借记"长期借款——本金"，贷记"银行存款"账户。同时，存在利息调整余额的，借记或贷记"在建工程""财务费用"等账户，贷记或借记"长期借款——利息调整"。

3. 长期借款利息费用的处理

企业可以采取两种方法：一是于发生时直接确认为当期费用；二是予以资本化。在我国的会计实务中，对长期借款费用采用了不同的处理方法。

① 用于企业生产经营正常周转而借入的长期借款所发生的借款费用，直接计入当期的财务费用。

② 筹建期间发生的长期借款费用（购建固定资产所借款项除外）计入管理费用。

③ 在清算期间所发生的长期借款费用，计入清算损益。

④ 为购建固定资产而发生的长期借款费用，在该项固定资产达到预定可使用状态前，按规定予以资本化，计入所建造的固定资产价值；在固定资产达到预定可使用状态后发生的借款费用，直接计入当期的财务费用。

【例10-1】 宏伟建筑工程公司2019年1月1日向开发区建设银行借入资金300万元，用于新建办公楼，借款利率为8%，借款期限为3年，每年末付息一次，3年期满后还清本息。2019年度以银行存款支付工程款150万元，2020年度以银行存款支付工程款120万元，2020年年底工程完工，交付使用并办理了竣工决算手续。假设合同利率和实际利率差异很小，根据上述资料，企业应作如下账务处理：

2019年1月1日取得300万元借款时：

借：银行存款	3 000 000
贷：长期借款——本金（开发区建行）	3 000 000

支付当年工程价款时：

借：在建工程——办公楼	1 500 000
贷：银行存款	1 500 000

年底计提利息：利息 = 3 000 000 × 8% = 240 000（元）

借：在建工程——办公楼	240 000
贷：应付利息	240 000

偿还借款利息时：

借：应付利息　　　　　　　　　　　　　　　　　　240 000
　　贷：银行存款　　　　　　　　　　　　　　　　　　240 000
支付2020年工程价款120万元时：
借：在建工程——办公楼　　　　　　　　　　　　1 200 000
　　贷：银行存款　　　　　　　　　　　　　　　　　1 200 000
年末计息、付息的会计处理同上。
年底办公楼完工交付使用，结转实际成本：
实际成本＝1 500 000＋1 200 000＋240 000×2＝3 180 000（元）
借：固定资产——办公楼　　　　　　　　　　　　3 180 000
　　贷：在建工程——办公楼　　　　　　　　　　　　3 180 000
资产办理竣工决算后，2021年每月计提借款利息为3 000 000×8%/12＝20 000（元）
借：财务费用　　　　　　　　　　　　　　　　　　　20 000
　　贷：应付利息　　　　　　　　　　　　　　　　　　 20 000
到期偿还本金及支付第三年利息共3 240 000元时：
借：长期借款——本金（开发区建行）　　　　　　3 000 000
　　应付利息　　　　　　　　　　　　　　　　　　　240 000
　　贷：银行存款　　　　　　　　　　　　　　　　　3 240 000

任务 10.3　应付债券的核算

知识目标

1. 掌握应付债券的概念及公司债券的分类。
2. 掌握债券的发行方式及发行价格的计算。
3. 掌握债券的发行、计息、到期支会债券本息的核算方法。

能力目标

1. 会计算债券的发行价格，能组织债券的发行、计息、到期支付债券本息的核算。
2. 能对债券发行业务编制记账凭证并登记账簿。

一、应付债券的基本知识

1. 应付债券的概念

债券也叫公司债券，是企业为筹集长期资金而发行的一种有价证券，是持券人拥有企业债权的债权证书。它通过凭证上所记载的面值、利率、期限（到期日和付息日）等，向凭证持有人表明发行债券企业允诺将在未来某一特定日期还本付息，是企业筹集长期资金的一种重要方式。

2. 发行债券的条件

① 股份有限公司的净资产不低于人民币 3 000 万元，有限责任公司的净资产不低于人民币 6 000 万元。
② 累计债券余额不超过公司净资产的 40%。
③ 最近 3 年平均可分配利润足以支付公司债券 1 年的利息。
④ 筹集的资金投向符合国家产业政策。
⑤ 债券的利率不超过国务院限定的利率水平。
⑥ 国务院规定的其他条件。

3. 公司债券的分类

（1）按发行的债券是否有担保，可分为有担保债券和无担保债券。有担保债券，是指以特定的资产作为抵押发行的债券。无担保债券，是指依靠企业良好的信用和强大的经济实力发行的债券。

（2）按债券是否记名，可分为记名债券和无记名债券。记名债券，是指发行人登记债券持有人的姓名和地址，并且根据登记的债券持有人支付本金和利息的一种债券。无记名债券，是指发行人未对债券持有人的姓名和地址进行登记的债券。

（3）按还本方式不同，可分为一次还本债券和分次还本债券。一次还本债券，是指发行企业规定到期一次还本的债券。分次还本债券，是指发行企业规定分次还本的。

4. 债券发行方式

企业发行债券时的价格受同期银行存款利率的影响较大。一般情况下，债券的发行价格有以下三种形式。

（1）平价发行债券　当企业发行债券时的票面利率与实际利率一致时，公司发行债券所支付的利息与从资金市场取得相同资金所支付的利息相等。因此，可按债券的票面价值作为债券的发行价格，即按面值发行，也叫平价发行。

（2）溢价发行债券　当企业发行债券时的票面利率高于实际利率时，可按超过债券的票面价值作为债券发行价格，即溢价发行，发生的溢价表明企业将来多付利息而事先得到的补偿。

（3）折价发行债券　当企业发行债券时的票面利率低于实际利率时，可按低于债券的票面价值作为债券的发行价格，即折价发行。发生的折价表明企业将来少付利息而事先付出的代价。

债券溢价或折价是发行债券企业在债券存续期内对利息费用的一种调整。

5. 债券的发行价格

债券发行时的价值就是债券的现值。由于债券到期不仅要偿还本金，还要偿付利息，因此其价格应等于债券到期应偿还的本金（即债券面值）按发行时市场利率折算的复利现值和债券各期支付的利息（即票面利息）按发行时的市场利率折算的年金现值之和，计算公式如下：

债券的发行价格 = 到期票面金额按市场利率折算的现值 + 各期利息按市场利率折算的现值

用公式表示为：$P = F(P/F, i, n) + A(P/A, i, n)$

式中，P 表示债券的发行价格；F 表示债券面值（到期值）；A 表示债券的利息；i 表示市场利率；n 表示债券发行时期；$(P/F, i, n)$ 表示复利现值系数；$(P/A, i, n)$ 表示年金现值系数。

二、应付债券的核算

1. 账户的设置

企业应设置"应付债券"账户,核算债券的发行和本息的偿还情况,该账户贷方登记企业发行债券收到的款项、一次还本付息债券计提的债券利息、发生的溢价及摊销的折价,借方登记实际支付的债券本息、发生的折价及摊销的溢价,期末贷方余额反映尚未偿还的应付债券。该账户应设置"债券面值""利息调整""应计利息"明细账户,分别核算债券本金的取得和归还,债券溢价、折价的发生及摊销,以及一次还本付息债券利息的形成和支付。

此外,企业应当设置"企业债券备查簿",详细登记企业债券的票面金额、债券票面利率、还本付息期限与方式、发行总额、发行日期和编号、委托代售单位、转换股份等资料。企业债券到期兑付时,在备查簿中应予以注销。

2. 债券发行的核算

企业发行债券,应按实际收到的金额,借记"银行存款"等账户,按债券票面金额,贷记"应付债券——债券面值",存在差额的,借记或贷记"应付债券——利息调整"。实际收到的金额是指债券发行价格扣除发行费用后的差额。债券发行时发生的手续费、佣金等交易费用构成实际利息的组成部分,金额较小的,直接计入当期损益(即财务费用);金额较大的,作为利息费用的调整,不得计入当期损益。

【例10-2】 宏伟建筑工程公司经批准于2019年1月1日发行5年期债券用于补充生产经营资金的不足,面值总额为1 000 000元,票面利率10%,到期一次归还本息,款项全部存入银行。若发行时的市场利率为10%,计算债券的发行价格,并对债券发行进行相应的账务处理。相应的系数如下:

$(P/F, 8\%, 5) = 0.680\ 6$ $(P/F, 10\%, 5) = 0.620\ 9$ $(P/F, 12\%, 5) = 0.567\ 4$
$(P/A, 10\%, 5) = 3.992\ 7$ $(P/A, 10\%, 5) = 3.790\ 8$ $(P/A, 12\%, 5) = 3.604\ 8$

则:债券年利息 = 1 000 000 × 10% × 1 = 1 00 000(元)
债券发行价格 = 1 000 000 × 0.620 9 + 1 00 000 × 3.790 8 = 10 000 000(元)

借:银行存款　　　　　　　　　　　　　　　　　　　　　1 000 000
　　贷:应付债券——债券面值　　　　　　　　　　　　　　　1 000 000

【例10-3】 在【例10-2】中,若市场利率为8%,其他条件不变,计算债券的发行价格并进行相应的会计处理。

债券发行价格 = 1 000 000 × 0.680 6 + 100 000 × 3.992 7 = 1 079 870(元)

借:银行存款　　　　　　　　　　　　　　　　　　　　　1 079 870
　　贷:应付债券——债券面值　　　　　　　　　　　　　　　1 000 000
　　　　应付债券——利息调整　　　　　　　　　　　　　　　　79 870

【例10-4】 在【例10-2】中,若市场利率为12%,其他条件不变,计算债券的发行价格并进行相应的会计处理。

债券发行价格 = 1 000 000 × 0.567 8 + 100 000 × 3.604 8 = 928 280(元)

借:银行存款　　　　　　　　　　　　　　　　　　　　　　928 280
　　应付债券——债券折价　　　　　　　　　　　　　　　　　71 720
　　贷:应付债券——债券面值　　　　　　　　　　　　　　　1 000 000

3. 债券利息的核算

发行长期债券的企业，应按期计提利息，并在债券存续期间内采用实际利率法对债券的溢价和折价进行摊销。

面值发行的债券，在每期末按票面利率计提债券利息时，应借记"在建工程""财务费用"等账户，贷记"应付利息"（一次还本、分期付息）或"应付债券——应计利息"（到期一次还本付息）账户。

溢价和折价发行的债券，溢价和折价是对整个债券存续期间发行企业计提利息费用的一项调整。发行企业应在确定并支付每期利息的同时，把债券溢价逐期在各项利息费用中扣除，而把债券折价逐期转作各期利息费用。这种将债券溢价和折价逐期调整利息费用的方法，称为债券溢价和折价的摊销。

溢价和折价应在债券的存续期内，在资产负债表日计提利息时按实际利率法摊销，即以实际利率乘以各项期初应付债券的账面价值计算各期利息费用，按票面利率计算确定的应付未付利息，贷记"应付利息"（一次还本、分期付息）或"应付债券——应计利息"账户（到期一次还本付息），按其差额，借记或贷记"应付债券——利息调整"作为该期应摊销的债券溢价和折价。

【例10-5】 在【例10-2】中，面值发行债券，每年年终应按票面利率计算的应计利息为100 000元（1 000 000×10%），作如下会计分录：

借：在建工程或财务费用　　　　　　　　　　　　　　　100 000
　　贷：应付债券——应计利息　　　　　　　　　　　　　　　100 000

【例10-6】 在【例10-3】中，溢价发行债券，每期应计利息为100 000元，各年应摊销的溢价及计提的利息费用见表10-1。

根据表10-1，2019年12月31日，企业作的会计分录如下：

借：财务费用　　　　　　　　　　　　　　　　　　　　86 389.60
　　应付债券——债券溢价　　　　　　　　　　　　　　　13 610.40
　　贷：应付债券——应计利息　　　　　　　　　　　　　　100 000.00

若债券是折价发行的，企业在计提利息时，按应摊销的折价额，增加财务费用。

表10-1　实际利率法下债券溢价摊销表

日期	应付利息 ①=面值×10%	利息费用 ②=账面价值×8%	摊销利息调整 ③=①-②	应付债券摊余成本 ④=摊余成本-③
2019年1月1日	100 000			1 079 870
2019年12月31日	100 000	86 389.6	13 610.40	1 066 259.60
2020年12月31日	100 000	85 300.77	14 699.23	1 051 560.37
2021年12月31日	100 000	84 124.83	15 875.17	1 035 685.20
2022年12月31日	100 000	82 854.82	17 145.18	1 018 540.02
2023年12月31日	100 000	81 459.98	18 540.02	

【例10-7】 在【例10-4】中，折价发行债券，每期应计利息为100 000元，各年应摊销的折价及计提的利息费用，见表10-2。

表10-2 实际利率法下债券折价摊销表

日期	应付利息 ①=面值×10%	利息费用 ②=账面价值×12%	摊销利息调整 ③=②-①	应付债券摊余成本 ④=摊余成本+③
2019年1月1日				928 280
2019年12月31日	100 000	111 393.60	11 393.60	939 673.60
2020年12月31日	100 000	112 760.83	12 760.83	952 434.43
2021年12月31日	100 000	114 292.13	14 292.13	966 726.56
2022年12月31日	100 000	116 007.19	16 007.19	982 733.75
2023年12月31日	100 000	117 266.25	17 266.25	

根据表10-2，2019年12月31日，企业作的会计分录如下：
借：财务费用　　　　　　　　　　　　　　　　　111 393.60
　　贷：应付债券——债券折价　　　　　　　　　　　11 393.60
　　　　应付债券——应计利息　　　　　　　　　　　100 000.00

4.债券到期支付债券本息的核算

长期债券到期，支付债券本息时，借记"应付债券——面值""应付债券——应计利息""应付利息"等账户，贷记"银行存款"等账户。同时，存在利息调整余额的，借记或贷记"应付债券——利息调整"账户，贷记或借记"在建工程""财务费用"等账户。

【例10-8】 承【例10-2】～【例10-4】，债券到期还本并付利息，则企业的账务处理如下：
借：应付债券——债券面值　　　　　　　　　　　1 000 000
　　应付债券——应计利息　　　　　　　　　　　　100 000
　　贷：银行存款　　　　　　　　　　　　　　　　1 100 000

任务10.4　长期应付款的核算

知识目标

1. 掌握长期应付款的概念及内容。
2. 掌握长期应付款账户的核算内容及使用方法。

能力目标

1. 能对发生的应付引进设备价款业务进行核算。
2. 能对发生的应付融资租赁款业务进行核算。

一、长期应付款的基本知识

1. 长期应付款的概念

长期应付款是指企业除了长期借款和应付债券以外的长期负债。

2. 长期应付款的内容

长期应付款包括应付引进设备款、应付融资租入固定资产的租赁费、以分期付款方式购入固定资产等发生的应付款项等。

应付引进设备款，是根据公司与外商签订来料加工，来料装配和中小型补偿贸易合同而引进国外设备所发生的应付款项。该应付款项在设备安装完毕投产后，按合同规定的还款方式，用应收的加工装配收入和出口产品所得收入归还。

融资租入固定资产应付款是指企业采用融资租赁方式租入固定资产发生的租赁费。融资租入的固定资产，在租赁有效期限内，虽然资产的所有权尚未归租入方所有，但租赁资产上的所有风险以及利益均已转移给了承租方，因此，承租方应将租入固定资产以及相应的融资作为一项资产和一项负债。

以分期付款方式购入固定资产发生的应付款项是指购买固定资产的价款超过正常信用条件延期支付的款项，实质上具有融资性质的，固定资产的成本以购买价款的现值为基础确定。实际支付的价款与购买价款的现值之间的差额，除按照《企业会计准则第17号——借款费用》应予资本化的以外，应当在信用期间内计入当期损益。

二、长期应付款的核算

1. 账户的设置

为了核算企业的各种长期应付款的发生和归还情况，企业应设置"长期应付款"账户。该账户的贷方登记长期应付款项的发生数额，借方登记长期应付款项的归还数额，期末贷方余额，反映企业尚未支付的各种长期应付款。企业应按长期应付款的种类设置明细账，进行明细核算。

2. 应付引进设备价款的账务处理

补偿贸易是从国外引进设备，再用该设备生产的产品或双方约定的其他方式清偿设备价款。企业按照补偿贸易方式引进设备时，应按设备、工具、零配件等的价款以及国外运杂费和规定的汇率折合为人民币记账，借记"在建工程""原材料"等账户，贷记"长期应付款——应付引进设备款"账户。

企业用人民币支付的进口关税、国内运杂费和安装费等，借记"在建工程""原材料"等账户，贷记"银行存款"等账户。

发生的应计利息和因外币折合率的变动发生的汇兑损益，比照长期借款的借款费用的处理原则，在引进设备调试完毕交付之前发生的，计入设备成本，之后发生的，应计入"财务费用"。

设备交付验收使用时，将其全部价值，借记"固定资产"账户，贷记"在建工程"账户。

归还引进设备款项时，借记"长期应付款——补偿贸易引进设备应付款"账户，贷记"银行存款""应收账款"等账户。

3. 应付融资租赁款的核算

融资租入的固定资产，应在租赁开始日，按租入资产的原账面价值与最低租赁付款额的现值两者中较低者作为入账价值，借记"固定资产"等账户，按最低租赁付款额，贷记"长期应付款——应付融资租赁款"账户，按其差额，借记"未确认融资费用"账户。

"未确认融资费用"账户，其借方登记企业发生的应当分期计入各期费用的融资费用总额，贷方登记采用实际利率法分期摊销的未确认融资费用，期末借方余额，反映未确认融资费用的摊余价值。企业还应按未确认融资费用的项目设置明细账，进行明细核算。

按期支付融资租赁费时，借记"长期应付款——应付融资租赁款"账户，贷记"银行存款"账户。合同规定将设备所有权转归承租企业，应当进行转账，将固定资产从"融资租入固定资产"明细账户转入有关明细账户。

知识梳理

非流动负债指偿还期限在一年或超过一年的一个营业周期以上的债务。

长期借款是施工企业在施工生产过程中用以满足长期的资金需要，向银行或其他金融机构借入，期限在1年以上的各种借款。主要有基建借款、投资借款等。

企业债券也叫公司债券，是施工企业为筹集长期资金而实际发行的一种有价证券，是持券人拥有企业债权的债权证书。它通过凭证上所记载的面值、利率、期限（到期日和付息日）等，向凭证持有人表明发行债券企业允诺将在未来某一特定日期还本付息。它是施工企业筹集长期资金的一种重要方式。

当企业发行债券时的票面利率与实际利率一致时，公司发行债券所支付的利息与从资金市场取得相同资金所支付的利息相等，即按面值发行，也叫平价发行。

当企业发行债券时的票面利率高于实际利率时，可按超过债券的票面价值作为债券发行价格，即溢价发行。溢价发行表明企业为将来多付利息而事先得到的补偿。

当企业发行债券时的票面利率低于实际利率时，可按低于债券的票面价值作为债券的发行价格，即折价发行。折价发行表明企业为将来少付利息而事先付出的代价。

在实际利率法下，各期利息费用是以实际利率乘以本期期初应付债券的账面价值而得。在溢价发行的情况下，债券账面价值逐期减少，利息费用也就随之逐期减少。反之，在折价发行的情况下，债券价值逐期增加，利息费用也因而逐期增加。当期入账的利息费用与按名义利率支付的差额，即为该期应摊销的债券溢价或折价。

长期应付款包括应付引进设备款、应付融资租入固定资产的租赁费等。应付引进设备款，是根据公司与外商签订来料加工，来料装配和中小型补偿贸易合同而引进国外设备所发生的应付款项。该应付款项在设备安装完毕投产后，按合同规定的还款方式，用应收的加工装配收入和出口产品所得收入归还。

融资租入固定资产应付款是指企业采用融资租赁方式租入固定资产发生的租赁费。融资租入的固定资产，在租赁有效期限内。虽然资产的所有权尚未归租入方所有，但租赁资产上的所有风险以及利益均已转移给了承租方，因此，租入方应将租入固定资产以及相应的融资作为一项资产和一项负债。

 **复习思考题**

1. 什么是非流动负债，非流动负债包括哪些内容？
2. 长期借款包括哪些内容？
3. 施工企业举借长期借款的原因有哪些？
4. 债券的发行价格有哪些？
5. 企业发行债券的溢、折价有哪些摊销方法？
6. 企业发行债券的溢、折价的本质是什么？
7. 长期应付款包括哪些内容，应如何进行核算？

 项目实训

实训项目一

【实训目的】能独立进行长期借款业务的核算。

【实训资料】ABC 公司 2019 年 7 月 1 日向利民工商银行借入资金 120 万元，用于本企业新建宿舍楼工程，借款利率为 5%，借款期限为 2 年，每年末付息一次，2 年期满后还清本息。2019 年度以银行存款支付工程款 30 万元，2020 年度以银行存款支付工程款 50 万元，2020 年年底工程完工，交付使用并办理了竣工决算手续。假设合同利率和实际利率差异很小。

【实训要求】根据上述资料，编制会计分录，并登记企业明细账。

实训项目二

【实训目的】能独立进行平价发行债券业务的核算。

【实训资料】宏伟建筑工程公司经批准于 2020 年 1 月 1 日发行 2 年期债券用于补充生产经营资金的不足，面值总额为 5 000 000 元，票面利率 6%，发行价格 5 000 000 元，到期一次归还本息。

【实训要求】根据上述资料，编制会计分录，并登记企业明细账。

实训项目三

【实训目的】能独立进行溢价发行债券业务的核算。

【实训资料】ABC 公司于 2020 年 1 月 1 日委托银行发行年利率 6%，为期 3 年，到期一次还本付息的企业债券，债券面值 200 万元，银行收取、手续费、佣金等交易费用后，实际收到款项 2 054 465 元，将款项存入银行。（市场利率为 5%）

【实训要求】根据上述资料，编制会计分录，并登记企业明细账。

实训项目四

【实训目的】能独立进行折价发行债券业务的核算。

【实训资料】ABC 公司于 2020 年 1 月 1 日委托银行发行年利率 5%，为期 3 年，到期一次还本付息的企业债券,债券面值 200 万元,银行收取,手续费、佣金等交易费用后,实际收到款项 2 054 465 元,将款项存入银行。(市场利率为 6%)

【实训要求】根据上述资料,编制会计分录,并登记企业明细账。

项目 10 非流动负债核算实务测试题

项目 11 所有者权益核算实务

任务 11.1　所有者权益基本知识

知识目标

1. 掌握所有者权益的概念及特征。
2. 掌握所有者权益与负债的区别。
3. 掌握所有者权益的构成内容。

项目 11 课程思政阅读材料

一、所有者权益的概念及特征

资金取得途径有两个，一是向债权人借入，债权人对其资产具有要求权，形成负债；二是由所有者投入，所有者对其资产具有要求权，形成所有者权益。按照"资产 = 负债 + 所有者权益"这一平衡关系，从数量方面看，所有者权益是企业全部资产减去全部负债后的余额，是企业资金的重要来源；从其产权上看，所有者权益是企业投资人或股东对企业净资产的所有权。因此，所有者权益是指企业资产扣除负债后由所有者享有的剩余权益。其特征如下。

（1）所有者权益是与投资者的投资行为相伴而生的。在投资行为结束后，其权益就完全取决于企业的经营情况，随着经营盈亏数量发生增减变化。因此，具有一定的风险性。

（2）所有者权益是一种"剩余权益"，不包括借入的资产，所有者对资产的要求权滞后于债权人。

（3）所有者的出资一般是不能随时抽回的。

二、所有者权益与负债的区别

所有者权益与负债两者都是对资产的要求权，共同构成企业的资金来源，但两者有着明显的区别，主要表现在以下几个方面。

1. 体现的权益关系和收益风险不同

所有者权益是指企业投资人对企业净资产的所有权，即投资人对企业总资产抵消企业所欠一切债务后的剩余权益，因此，所有者权益的多少，要视企业的经营状况而定，其收益具有强大的不确定性，而且对于投资人而言，投资风险较大，但可能获得的收益较高，企业承担的融资成本较高，但融资风险较小；负债是债权人对企业资产的索偿权，债权人与企业只是债权债务关系，债权人从企业获得收益的多少，一般是事先确定的，债权人一般情况下都能收回本金和利息，其风险小，但相应的收益水平较低，企业的融资成本较低，但承担按期还本付息的财务风险较大。

2. 偿还期限和责任不同

负债有规定的偿还期限，到期必须如数归还，即使企业在倒闭清算时，也必须先偿还负债部分；而所有者权益则是一项长久性投资，所有者对企业的投资在整个经营期内无需归还，除依法转让外，不得以任何方式抽回投资，只有在企业停止经营进行清算时，才有可能将投资收回。

3. 享有的权利不同

债权人与企业只存在债权债务关系，债权人只享有到期收回本金和利息的权利，没有选举权和经营管理权；而所有者按投资份额的大小享有选举权、经营管理权和获得剩余收益的权利。

三、所有者权益的构成内容

1. 所有者投入的资本

所有者投入的资本是投资者将资产投入企业而形成的法定资本，也叫实收资本。

2. 直接计入所有者权益的利得和损失

直接计入所有者权益的利得和损失是指由企业非日常活动形成的经济利益的流入或流出，它们不应计入当期损益、会导致所有者权益发生增减变动的、与所有者投入资本或者向所有者分配利润无关。

3. 留存收益

留存收益是指企业从历年实现的利润中提取或留存于企业的内部积累，包括盈余公积和未分配利润。

在企业的资产负债表上，所有者权益项目分为实收资本、资本公积、盈余公积和未分配利润四项。

任务 11.2　实收资本的核算

知识目标
1. 掌握实收资本概念、分类及筹集方式。
2. 掌握实收资本的核算内容及核算方法。
3. 掌握增资的途径和核算方法。

能力目标
1. 能对投入资本业务进行核算。
2. 能对企业的增资业务进行核算。

一、实收资本基本知识

1. 实收资本概念与分类

实收资本是指投资者按照企业章程或合同、协议的约定，实际投入企业的资本。按照我国有关法律法规，设立企业必须有投入的资本，《企业法人登记管理条例》中明确规定，企业申请开业，必须具备符合国家规定并与其生产经营和服务规模相适应的法定资金数额，即注册资本。不同类型的企业，注册资本的最低限额不同，具有房屋建筑工程总承包三级资质的建筑企业，其注册资本为 600 万元，具有二级资质的建筑企业，其注册资本为 2 000 万元，具有一级资质的建筑企业，其注册资本为 5 000 万元。投资者投入的资本是企业注册资本的重要来源，在企业经营期间，投资者除依法转让外，不得以任何方式抽走投资。实收资本按出资人的不同分为国家资本、法人资本、个人资本、外商资本。

2. 实收资本的筹集

投资者对企业的投资，可以是货币资金、实物资产、无形资产等形式。以货币形式出资的，企业以实际收到的货币资金作为实收资本数额；以实物或无形资产形式出资的，以资产评估机构确定的评估价值或合同、协议约定的价值作为实收资本数额。投资人以无形资产出资时（不包括土地使用权），其价值不能超过注入资本企业其注册资本的 20%，特殊情况下需要超过 20% 的，应经有关部门审查，但最高不得超过注册资本的 35%。

应当注意的是，企业吸收投资人投入资本时，不得吸收投资人已设立有担保物权及租赁的资产，因此，当投资人以实物、无形资产出资时，企业必须要求其出具拥有资产所有权和处置权的证明。

投资者的出资比例是确定投资者在所有者权益中所占有的份额和参与企业经营管理权限的基础，是企业利润分配的依据，也是企业清算时确定对净资产要求权的依据。企业的实收资本应当与注册资本保持一致，当实收资本比注册资本增加或减少的幅度超过 20% 时，必须持验资证明，到原登记机关办理变更登记。

二、实收资本的核算

1. 账户的设置

除股份有限公司外，企业应设置"实收资本"账户核算企业实际收到投资人投入的资本。该账户为所有者权益类账户，其贷方登记投资人以现金、实物、无形资产等投资时确认的价值，以及资本公积金、盈余公积金转增资本的价值，借方平时一般不作登记，在企业按法定程序减少注册资本或按法定程序解散清算时登记减少或冲销的注册资本，期末贷方余额反映企业实际收到投资人投入的资本累计额。本账户按出资人设置明细账户进行明细核算。

股份有限公司应设置"股本"账户，以核算股东按照公司章程和投资协议的规定缴入公司的股本。该账户贷方登记收到的股本数额，借方登记采用收购本企业股票方式减资的股本数额，期末贷方余额表示企业实有的股本数额。

2. 投入资本的核算

（1）有限责任公司投入资本的核算。有限责任公司指由两个以上股东共同出资，每个股东以其所认缴的出资额对公司承担有限责任，公司以其全部资产对其债务承担责任的企业法人。对投资者投入到企业的资本应区别不同情况分别处理。

① 初建时。有限责任公司初建时,各投资者按照合同、协议或公司章程的规定投入企业的资本,应全部记入"实收资本"账户。

② 增资扩股时。在企业增资扩股时,如有新的投资者介入,新投资者缴纳的出资额等同于其在注册资本中所占的份额部分记入"实收资本"账户,超出的份额部分,记入"资本公积——资本溢价"账户。

企业收到投资人出资现金或转账支票时,应给投资人开具收据,将现金或支票存入开户银行,以银行盖章的缴款单或进账单及收款收据为记账依据,借记"库存现金"或"银行存款"账户,贷记"实收资本"账户。企业收到投资人出资的实物或无形资产时,应办理过户或移交手续,按评估价或合同协议价,借记"固定资产"或"无形资产"账户,贷记"实收资本"账户,若评估价高于投资人在注册资本中所占份额,按差额贷记"资本公积——资本溢价"账户。

【例11-1】 宏伟建筑工程公司筹建时收到国家拨入资本400 000元,收到甲单位投入资金150 000元,均已存入银行。作会计分录如下:

借:固定资产　　　　　　　　　　　　　　　　　　　　110 000
　　无形资产　　　　　　　　　　　　　　　　　　　　 50 000
　　贷:实收资本——国家资本金　　　　　　　　　　　400 000
　　　　　　——法人资本金(甲单位)　　　　　　　　150 000

【例11-2】 乙公司、丙公司向宏伟建筑工程公司投资,乙公司投入的运输设备,经评估后,确认价值为110 000元,丙公司以一项专有技术投资,经评估作价50 000元。作会计分录如下:

借:固定资产　　　　　　　　　　　　　　　　　　　　160 000
　　贷:实收资本——法人资本金(乙公司)　　　　　　110 000
　　　　实收资本——法人资本金(丙公司)　　　　　　 50 000

(2)国有独资公司投入资本的核算。《公司法》规定,国家授权投资的机构或部门可以单独投资设立国有独资的有限责任公司。在会计核算上,单独把国有独资公司作为一种类型,是因为这类企业组建时所有者投入的资本全部作为实收资本入账,而其他类型的企业,所有者投入的资本不一定全部作为实收资本。国有独资公司不发行股票,不会产生股票溢价发行收入,也不会在追加投资时为维持一定的投资比例而产生资本公积。

(3)股份有限公司投入股本的核算。股份有限公司指全部资本由等额股份构成并通过发行股票筹集资本,股东以其所持股份对公司承担有限责任,公司以其全部资产对公司的债务承担责任的企业法人。

股份有限公司与有限责任公司的区别主要有:有限公司的全部资本不分为等额股份,公司向股东签发出资证明而不发行股票,公司股东转让出资,需经股东会讨论通过,股东数限制在1人以上50人以下;股份有限公司的全部资本划分等额股份,以发行股票方式筹集资本,股票可以交易或转让,股东数有下限,没有上限。

股份有限公司设立的方式有发起式和募集式两种。发起式是指公司的股份全部由发起人认购,不向发起人之外的任何人募集股份。募集式是指公司股份除发起人按不低于法律规定的比例认购外，还可以向其他法人或自然人发行股票募集股份。

股票发行方式有溢价发行和面值发行，发行时往往伴随发生一些发行费用，包括股票印刷费、鉴证费以及支付证券商的承销或包销费等。面值发行股票，发行费用作为企业长期待摊费用，在不超过 2 年的期限内平均摊销；溢价发行股票，发行费用若低于股票的溢价收入，直接从溢价收入扣除，发行费用若高于股票的溢价收入，其差额作为长期待摊费用；若发行费用较低，可直接列为企业当期费用。

发行股票时，按实际收到的金额，借记"库存现金""银行存款"等账户，按股票面值和核定的股份总额的乘积计算的金额，贷记"股本"账户，按溢价收入扣除发行费用的差额，贷记"资本公积——股本溢价"账户。若溢价收入低于发行费用，其差额借记"长期待摊费用——股票发行费用"账户。

【例 11-3】 假设宏伟建筑公司为股份公司，委托证券公司代理发行普通股股票 1 000 万股，每股面值 1 元，按面值发行。根据双方的约定，企业按发行收入的 3% 向证券公司支付代理手续费，从发行收入中抵扣，发行股票冻结期间的利息收入为 20 万元，股票已成功发行，股款已划入企业的银行存款账户。

股票发行费用 =1×1 000×3%=30（万元）

实际收到股款 =1×1 000-（30-20）=990（万元）

应记入"长期待摊费用"账户的金额 =30-20=10（万元），作会计分录如下：

借：银行存款　　　　　　　　　　　　　　　　　　　9 900 000
　　长期待摊费用——股票发行费用　　　　　　　　　　100 000
　　贷：股本——普通股　　　　　　　　　　　　　　　10 000 000

【例 11-4】 若宏伟建筑工程公司委托证券公司代理发行普通股股票 1 000 万股，每股面值 1 元，按每股 3 元发行，支付证券公司发行费用 800 000 元，作会计分录如下：

借：银行存款　　　　　　　　　　　　　　　　　　　29 200 000
　　贷：股本——普通股　　　　　　　　　　　　　　　10 000 000
　　　　资本公积——股本溢价　　　　　　　　　　　　19 200 000

3. 企业增资的核算

企业可以按法定程序增加资本，其途径有：用资本公积转增资本；用盈余公积转增资本；接受投资者的投资（发行新股）；发放股票股利方式增资等。

（1）企业用资本公积和盈余公积转增资本时，应按照转增资本的金额，借记"盈余公积""资本公积"账户，贷记"实收资本"或"股本"账户。

（2）企业接受投资者进行额外的投资实行增资时，按实际收到的款项或资产，借记"银行存款"或相关账户，按增加的资本或股本数，贷记"实收资本"或"股本"账户，若有差额，作为资本溢价或股本溢价，借记或贷记"资本公积"账户。

（3）股份有限公司采用发放股票股利的方式实现增资时，在办完增资手续后，根据实际发放的股票股利数，借记"利润分配——转作股本的普通股股利"账户，贷记"股本"账户。

【例 11-5】 宏伟建筑公司的原出资人拟增加注册资本 600 万元，进行资质升级，现以现金 650 万元投入企业，作会计分录如下：

借：银行存款　　　　　　　　　　　　　　　　　　　6 500 000
　　贷：实收资本　　　　　　　　　　　　　　　　　　6 000 000
　　　　资本公积——资本溢价　　　　　　　　　　　　　500 000

【例 11-6】 宏伟建筑公司经研究决定，将资本公积和盈余公积各 1 000 000 用于转增资本，作会计分录如下：

借：资本公积　　　　　　　　　　　　　　　　　　　1 000 000
　　盈余公积　　　　　　　　　　　　　　　　　　　1 000 000
　　贷：实收资本　　　　　　　　　　　　　　　　　　2 000 000

【例 11-7】 丁公司以一批设备折股向宏伟建筑公司投资，经评估确认价值为 3 000 000 元，换取的股份为 20 万股，每股面值 10 元，作会计分录如下：

借：固定资产　　　　　　　　　　　　　　　　　　　3 000 000
　　贷：股本　　　　　　　　　　　　　　　　　　　　2 000 000
　　　　资本公积——股本溢价　　　　　　　　　　　　1 000 000

4. 企业减资的核算

由于经营方针或业务发生变化，如经营规模缩小、发生重大亏损、资本过剩等原因，股份有限公司按法定程序报政府授权部门批准或由股东大会决议，可以采用回购本公司股票的方式减少股本。若购回股票支付的价款超过面值总额部分，依次减少资本公积和留存收益，借记"实收资本"或"股本""资本公积""盈余公积""利润分配——未分配利润"账户，贷记"库存现金"或"银行存款"账户，若购回股票支付的价款低于面值总额的，应按照股票面值借记"实收资本"或"股本"账户，按支付的价款，贷记"库存现金"或"银行存款"账户，按其差额，贷记"资本公积"账户。

任务 11.3　资本公积的核算

知识目标

1. 掌握资本公积的概念及包括的内容。
2. 掌握资本公积账户的核算内容及使用方法。

能力目标

1. 能对资本溢价和股本溢价业务进行核算。
2. 能对企业发生的其他资本公积进行核算。

一、资本公积的基本知识

资本公积是投资者或者他人投入到企业、所有权归属于投资者并且投资金额超出法定资本部分的资金。

资本公积属于企业所有者权益的组成部分，由全部投资人享有，它可以依照法律程序转增资本，用于扩大企业生产。资本公积包括以下几个方面。

1. 资本溢价和股本溢价

资本溢价指投资者缴付企业的出资额大于其在企业注册资本中所拥有份额的数额。在企业创立时，投资者认缴的出资额一般与注册资本一致，不会产生资本溢价。但在企业重组或有新的投资者加入时，为了维护原投资者的权益，新投资者的出资额并不一定全部作为实收资本处理。其原因，一是在企业正常经营过程中投入的资金即使与企业创立时投入的资金在数量上一致，其获利能力却可能不一致。在企业进行正常生产经营后，其资本利润率通常要高于企业初创阶段。二是企业经营过程中可能有内部积累，如提取的盈余公积、未分配利润等，新投资者加入企业后，要分享这些积累。所以新投资者往往要付出高于原投资者的出资额，才能取得与原投资者相同的出资比例，多缴的部分就形成了资本溢价。

股本溢价指股份有限公司溢价发行股票时实际收到的款项超过股票面值总额的数额，是股东缴付公司的出资额超出其在公司股本中所占份额的数额。

2. 其他资本公积

其他资本公积是指资本溢价（或股本溢价）以外的直接计入所有者权益的利得和损失，包含公允价值变动差额、长期股权投资的变动等内容。

二、资本公积的核算

1. 账户的设置

企业应设置"资本公积"账户，核算资本公积的形成、转增资本以及节余等情况。该账户贷方登记企业取得的各种资本公积金，借方登记企业按照法律程序转增资本金的资本公积，期末贷方余额，表示资本公积的实际结余额。该账户按资本公积形成类别进行明细核算。

2. 资本溢价和股本溢价的核算

收到投资人缴付资本时，按实际收到的金额或确定的价值，借记"银行存款""固定资产"等账户，按其在注册资本所占的份额，贷记"实收资本"账户，按其差额，贷记"资本公积——资本溢价"账户。

【例11-8】 假设宏伟建筑公司由四个投资者出资各100万元，设立时的资金为400万元。经过三年的有效经营，企业有较高的资本利润率和积累，现有新投资者D公司投资本企业，表示愿意出资140万元取得与原投资者相同比例的产权，即各占企业20%的产权，经协商同意其加入。根据投资协议及进账单等凭证，作会计分录如下：

```
借：银行存款                              1 400 000
    贷：实收资本——法人资本（D公司）       1 000 000
        资本公积——资本溢价                 400 000
```

股份有限公司在成立时可能会溢价发行股票，因而在成立之初，就可能会产生股本溢价。为了保证原有的股东在企业中对资本公积、留存收益等享有的权益不受侵犯，股份有限公司在增资扩股时，一般也会采取溢价发行。溢价发行股票时，取得的收入等于股票面值部分记入"股本"账户，超出股票面值的溢价收入记入"资本公积"账户，见［例 11-4］。

3. 其他资本公积

其他资本公积是指直接计入所有者权益的利得和损失，例企业对被投资单位的长期股权投资采用权益法核算的，在持股比例不变的情况下，被投资单位除净损益以外所有者权益的其他变动，如果是利得，企业按持股比例计算应享有的份额，借记"长期股权投资——所有者权益其他变动"账户，贷记"资本公积——其他资本公积"账户，如果是损失，则做相反的账务处理。

任务 11.4　留存收益的核算

知识目标

1. 掌握留存收益的概念。
2. 掌握盈余公积的概念、内容及用途。
3. 掌握未分配利润的概念。
4. 掌握盈余公积和利润分配账户的核算内容及使用方法。

能力目标

1. 能对盈余公积的计提与使用业务进行核算。
2. 能对利润的结转与利润分配业务进行核算。

一、留存收益的基本知识

1. 留存收益的概念

留存收益是指企业从历年实现利润中提取或形成的留存企业内部的积累，它来源于企业在生产经营活动中所实现的净利润，是企业的资本增值，归属于所有者。留存收益包括盈余公积和未分配利润。

留存收益的目的是保证企业实现的净利润有一部分留存在企业，不全部分配给投资者，一方面可以满足企业维持或扩大再生产经营活动的资金需要，保持或提高企业的获利能力；另一方面可以保证企业有足够的资金弥补以后年度可能出现的亏损，也保证企业有足够的资金用于偿还债务，保护债权人的权益。

2. 盈余公积的概念与分类

盈余公积是指企业按照规定从净利润中提取的积累资金。包括法定盈余公积和任意盈余公积。

（1）法定盈余公积。根据有关制度的规定，公司制企业的法定盈余公积按照税后利润的 10% 提取，非公司制的企业可按超过 10% 的比例提取，提取时，只能按照当年实现净利润计提，不包括年初未分配利润。法定盈余公积累积达到注册资本的 50% 后可以不再提取。

（2）任意盈余公积。任意盈余公积由股份有限公司按照股东大会的决议提取，提取比例由股东大会决定，非公司制企业经类似权力机构批准，也可提取任意盈余公积。

（3）盈余公积的用途。法定盈余公积和任意盈余公积计提的依据是不同的。法定盈余公积是以法律或行政规章为依据提取，任意盈余公积是由企业自行决定提取，但二者的用途是一致的，主要有以下几个方面。

　　① 弥补亏损。企业发生亏损，应由企业自行弥补，来源主要有三个渠道：由以后年度税前利润弥补，但弥补期限不得超过 5 年；由税后利润弥补，超过了税法规定的税前利润弥补期限，未弥补的以前年度亏损，可以用税后利润弥补；盈余公积弥补。

　　② 转增资本。企业提取的盈余公积，可增加企业资本金，扩大施工生产经营规模，股份有限公司将盈余公积转为公司股本时，一是经股东大会决议；二是按股东原有股份比例结转；三是法定盈余公积金转增资本后不得少于注册资本的 25%。

　　③ 分配股利。当年发生亏损的企业，原则上不得向投资者分配利润，但是用盈余公积补亏后，可以盈余公积和未分配利润适当分配利润，用盈余公积分配利润的，不得超过注册资本的 6%。

3. 账户的设置

　　企业应设置"盈余公积"账户，用来核算盈余公积的形成和使用情况。该账户属于所有者权益类账户，其贷方登记提取的盈余公积数额，借方登记用于弥补亏损、转增资本或发放现金股利的数额，期末贷方余额表示盈余公积的结存额。该账户应按盈余公积的种类设置"法定盈余公积""任意盈余公积"明细账户进行明细核算。

4. 盈余公积的核算

　　企业按规定比例从税后利润中提取盈余公积金时，按提取的金额借记"利润分配"账户，贷记"盈余公积"账户。企业按规定用盈余公积弥补亏损时，按亏损弥补额借记"盈余公积"账户，贷记"利润分配——盈余公积补亏"账户。企业按规定，将盈余公积转增资本金时，按转增金额借记"盈余公积"账户，贷记"实收资本"账户。

【例 11-9】　宏伟建筑公司本年税后利润 400 000 万元，根据规定，按 10% 比例提取法定盈余公积。作会计分录如下：

　　　　借：利润分配——提取盈余公积　　　　　　　　　　　　　40 000
　　　　　　贷：盈余公积——法定盈余公积　　　　　　　　　　　　40 000

【例 11-10】　宏伟建筑公司用盈余公积金弥补以前年度亏损 50 000 元。作会计分录如下：

　　　　借：盈余公积——法定盈余公积　　　　　　　　　　　　　50 000
　　　　　　贷：利润分配——盈余公积补亏　　　　　　　　　　　　50 000

【例 11-11】　宏伟建筑公司将盈余公积 20 000 万元转增资本金。作会计分录如下：

　　　　借：盈余公积——法定盈余公积　　　　　　　　　　　　　20 000
　　　　　　贷：实收资本　　　　　　　　　　　　　　　　　　　20 000

二、未分配利润的核算

1. 未分配利润的含义

　　未分配利润是指企业实现的净利润经过弥补亏损、提取盈余公积和向投资者分配利润后留存于企业的历年结存的利润,属于企业所有者权益的组成部分。它有两层含义,其一是留待以后年度处理的利润;其二是未指定特定用途的利润。所以企业在使用未分配利润上有较大的自主权,受国家法律、法规的限制比较少。

2. 未分配利润的核算

为了核算和反映企业积累的未分配利润,应在"利润分配"总账账户下设置"未分配利润"明细账户。年度终了,企业将全年实现的税后利润,自"本年利润"账户转入"利润分配——未分配利润"账户,若企业盈利,应借记"本年利润"账户,贷记"利润分配——未分配利润"账户;若企业亏损,应作相反的分录。同时,年终应将"利润分配"账户下其他明细账户(如提取盈余公积、应付股利等)的余额转入"利润分配——未分配余额"明细账户。结转后,"利润分配——未分配利润"账户余额如果在借方,表示累计未弥补的亏损,余额如果在贷方,表示历年积累的未分配利润。

【例11-12】 宏伟建筑工程公司本年实现税后利润600 000元,年度终了,"利润分配"账户余额下的明细账户"提取盈余公积"借方余额为50 000元,"应付股利"借方余额为100 000元。有关会计处理如下:

年度终了,结转企业实现税后利润:

借:本年利润　　　　　　　　　　　　　　　　　600 000
　　贷:利润分配——未分配利润　　　　　　　　　　600 000

将"利润分配"账户其他明细账户的余额转入"未分配利润"明细账户:

借:利润分配——未分配利润　　　　　　　　　　150 000
　　贷:利润分配——提取盈余公积　　　　　　　　　50 000
　　　　　　　　——应付股利　　　　　　　　　　100 000

知识梳理

所有者权益是指所有者在企业资产中享有的经济利益。从其数量上看,它是企业全部资产减去全部负债后的余额,是企业资金的重要来源;从其产权上看,它是企业投资人或股东对企业净资产的所有权;从其内容上看,它包括实收资本(或者股本)、资本公积、盈余公积和未分配利润四部分内容。

企业筹集的资本金可依法转让,但不可以任何形式抽逃,企业增加资本和减少资本必须符合相关条件。

企业增加资本的方式有:用资本公积转增资本;用盈余公积转增资本;接受投资者的投资(发行新股);发放股票股利方式增资等。

资本公积是投资者或者他人投入到企业、所有权归属于投资者并且投资金额超出法定资本部分的资金。资本公积属于企业所有者权益的组成部分,由全部投资人享有,它可以依照法律程序转增资本,用于扩大企业生产。包括企业收到投资者出资超过其在注册资本(或股本)中所占的份额以及直接计入所有者权益的利得和损失等。包括资本溢价和股本溢价及其他资本公积。

留存收益是指企业从历年实现利润中提取或形成的留存企业内部的积累，它来源于企业在生产经营活动中所实现的净利润，是企业的资本增值，归属于所有者。留存收益包括盈余公积和未分配利润。

盈余公积是指企业按照规定从净利润中提取的各种积累资金。包括法定盈余公积和任意盈余公积。它们计提的依据是不同的。法定盈余公积是以法律或行政规章为依据提取，任意盈余公积是由企业自行决定提取，但两者的用途是一致的。

复习思考题

1. 什么是所有者权益？包括哪些内容？
2. 所有者权益与负债的区别是什么？
3. 什么叫实收资本？其筹集方式有哪些？
4. 资本公积包括哪些主要来源？用于哪些方面？
5. 什么叫留存收益？包括哪些内容？
6. 盈余公积包括哪些内容？主要用途是什么？
7. 什么是未分配利润？如何确定？
8. 利润分配的顺序是什么？

项目实训

实训项目一

【实训目的】能独立核算实收资本业务。

【实训资料】ABC 公司 4 月发生如下经济业务。

1. 4 月 5 日接到银行通知，国家向该公司投入资本人民币 4 000 000 元。
2. 4 月 10 日该公司收到 A 公司投入的设备一台，经评估确认该设备的价值为 550 000 元。
3. 4 月 15 日，国家以土地使用权向该公司投资，土地使用权的协议价为 300 000 元。
4. 4 月 20 日该公司收到 B 公司投入的设备一台，原价为 1 200 000 元，经评估确认价值为 1 280 000 元。
5. 4 月 22 日该公司收到 C 公司投入的原材料一批，价值为 200 000 元，增值税发票列明的增值税为 34 000 元。
6. 4 月 26 日该公司收到 D 公司投资转来商标权一项，经评估确认价值为 300 000 元。

【实训要求】根据上述经济业务，编制有关的会计分录。

实训项目二

【实训目的】能独立核算资本公积、盈余公积业务。

【实训资料】ABC 公司 4 月发生有关公积金的经济业务如下。

1. 该公司收到某外商捐赠的新设备一台，该设备国内市场价格为 70 000 元，公司以银行存款支付该设备运杂费 2 000 元。该设备已交付使用。

2. 该公司按照规定办理增资手续后,将资本公积 90 000 元,转增注册资本。该公司原有注册资本 4 500 000 元,其中甲、乙、丙三家公司法人资本各占 1/3。

3. 该公司用盈余公积 86 000 元弥补以前年度亏损。

4. 该公司从税后利润中提取公益金 46 000 元。

5. 该公司决定从税后利润中拿出 75 000 元分给投资者。

【实训要求】根据上述经济业务,编制该公司有关会计分录。

实训项目三

【实训目的】能独立核算未分配利润业务。

【实训资料】ABC 公司 2020 年发生如下业务:

1. 2020 年实现税后利润 500 000 元。

2. 按税后利润 10% 计提法定盈余公积。

3. 决定用资本公积 300 000 元,盈余公积 200 000 元转增资本。

【实训要求】根据上述经济业务,编制有关会计分录。

项目 11　所有者权益核算实务测试题

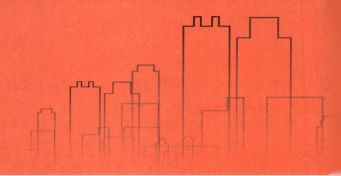

项目 12

工程成本核算实务

任务 12.1　工程成本核算的基本知识

知识目标

1. 掌握费用的概念及分类。掌握费用与成本的关系。
2. 掌握工程成本核算对象的确定方法。
3. 掌握工程施工、生产成本、机械作业、工程结算账户的核算内容。
4. 掌握工程成本核算程序。

能力目标

能熟练应用工程施工、生产成本、机械作业、工程结算账户。

项目 12 课程思政阅读材料

一、费用与成本概述

1. 费用的概念及分类

（1）费用。费用是指企业日常活动中发生的、会导致所有者权益减少的、与向所有者分配利润无关的经济利益的总流出。其特点如下。

① 费用是企业在日常活动中发生的经济利益的总流出。

② 费用会导致企业所有者权益的减少。

③ 费用与向所有者分配利润无关。

（2）费用的分类。为便于正确确认和计量费用，正确计算成本，企业应正确对费用进行分类。因分类标准不同，有以下几种分类方法。

① 按照经济用途分类。按此标准可分为施工费用和期间费用。

施工费用是指企业在施工活动中发生的计入工程成本的费用，包括五个项目。

a. 人工费。指从事工程建造的人员的工资、奖金、津贴补贴、职工福利费等职工薪酬。

b. 材料费。指施工生产过程中耗用的构成工程实体或有助于形成工程实体的主要材料、其他材料、结构件、机械配件的成本和低值易耗品、周转材料的摊销额及租赁费等。

c. 机械使用费。指施工过程中使用自有施工机械发生的机械使用费、租用外单位施工机械的租赁费以及施工机械的安装、拆卸和进出场费等。

d. 其他直接费。指施工过程中发生的除上述三项直接费用以外其他可直接计入合同成本核算对象的费用。主要包括有关的设计和技术援助费用、施工现场材料的二次搬运费、生产工具和用具使用费、检验试验费、工程定位复测费、工程点交费用、场地清理费用等。

e. 间接费用。指项目部为组织和管理施工生产活动所发生的费用，如管理人员薪酬、劳动保护费、固定资产折旧费及修理费、物料消耗、取暖费、水电费、办公费、差旅费、财产保险费、工程保修费和排污费等。

a～d项是为完成工程合同所发生的，能够明确受益对象，可以直接计入工程成本的施工费用，称为直接费用，第e项间接费用，是为完成工程合同所发生的、受益对象不明确，需要分配计入工程成本的施工费用。直接费用和间接费用构成了工程成本。因此，工程成本是企业在工程施工过程中发生的，按一定的成本核算对象和成本项目归集的费用的总和。

期间费用是为组织和管理施工生产活动发生的，不能计入工程成本而计入当期损益的各项费用。包括管理费用、财务费用和销售费用。

② 费用按经济内容分类。按此标准可分为以下几类。

a. 外购材料费，指施工中耗用外购的主要材料、结构件、机械配件和其他材料的价值，以及低值易耗品和周转材料的摊销价值。

b. 外购动力及燃料费，指施工中从外单位购入的各种燃料和动力费用。

c. 工资，指施工中按规定支付给职工的工资、工资性津贴、补贴、奖金及社会保险费等职工薪酬。

d. 职工福利费，指按施工人员工资总额计提的职工福利费。

e. 折旧费，指企业对所拥有或控制的生产用固定资产按照使用情况计提的折旧费。

f. 修理费，指企业为保证固定资产正常运转而发生的修理费。

g. 利息支出，指应计入施工费用的各种利息支出扣除利息收入的净额、商业汇票的贴现息净支出及有外币业务发生的汇兑损失扣除汇兑收益的差额。

h. 税金，指企业发生的应计入成本费用的各种税金。

i. 租赁费，指从外部单位租赁机械设备而发生的租赁费。

j. 其他支出，指不属于以上各费用要素的支出，如劳动保护费、保险费、邮电费等。

（3）工程成本。将上述各项施工费用以所施工的工程为对象进行归集，就形成了各项工程的成本，即工程成本。因此，工程成本是企业在工程施工过程中发生的，按一定的成本核算对象和成本项目归集的费用的总和。

2. 费用与成本的关系

费用和成本是既有联系又有区别的两个概念。费用是计算成本的基础，没有费用的发生，也就不能形成工程成本。成本是对象化的费用。两者都是施工过程中物化劳动和活劳动的货币表现，都要用企业在生产经营过程中实现的收入来补偿。

费用与一定的会计期间相联系，是按时期来归集的，反映本期工程施工所发生的全部支出，但这些支出并不是由本期工程成本全部负担。成本则与某一具体的工程或劳务相联系，是按成本核算对象来归集的。一定会计期间发生的施工费用并不全部计入本期成本，本期成本也并不都是本期发生的费用，还可能包括以前会计期间支付而由本期成本负担的费用，也可能包括本期尚未支付，但应由本期成本负担的费用。

二、工程成本核算对象

工程成本核算对象是施工费用的归属目标，是施工费用的承担者。企业应根据承建工程的实际情况和施工组织的特点确定成本核算对象。

（1）一般情况下，企业应以与建设单位签订的有独立施工图预算的单项建造合同作为成本核算对象，分别计量和确认各单项合同的收入、费用和利润。

（2）如果一项建造合同包括建造数项资产，在同时具备下列条件时，每项资产应分立单项合同处理，否则不可以进行合同分立。

① 每项资产均有独立的建造计划。

② 建造承包商与客户就每项资产单独进行谈判，双方能够接受或拒绝与每项资产有关的合同条款。

③ 每项资产的收入和成本可单独辨认。

（3）如果为建造一项或数项资产而签订一组合同，无论对应单个客户还是几个客户，在同时具备下列条件的情况下，应合并为单项合同处理，否则不能将该组合同合并。

① 该组合同按一揽子交易签订。

② 该组合同密切相关，每项合同实际上已构成一项综合利润工程的组成部分。

③ 该组合同同时或依次履行。

（4）追加资产的建造，满足下列条件之一的，应当作为单项合同。

① 该追加资产在设计、技术或功能上与原合同包括的（一项或数项）资产存在重大差异。

② 议定该追加资产的造价时，不需要考虑原合同价款。

工程成本核算对象确定以后，施工中发生的所有费用都应按照成本核算对象和成本项目进行归集和分配。费用发生时受益对象明确的，直接计入该成本核算对象；费用发生时受益对象不能明确的，按先归集后分配的原则合理计入各个成本核算对象，计算工程的实际成本。

三、设置的账户

为了核算和监督各项施工费用的发生和分配情况，企业应设置如下会计账户。

（1）"工程施工"账户。本账户属于成本类账户，用来核算企业实际发生的合同成本和合同毛利。本账户应设置"合同成本""合同毛利"明细账户进行明细核算。实际发生的合同成本（包括人工费、材料费、机械使用费、其他直接费、间接费用等）记入本账户"合同成本"明细账户的借方，确认的合同毛利记入本账户"合同毛利"账户的借方，确认的合同亏损记入本账户"合同毛利"明细账户的贷方，期末借方余额反映未完工程的合同成本和合同毛利。当合同完工后，本账户"合同成本"与"合同毛利"两个明细账户与"工程结算"账户对冲后结平。

（2）"生产成本——辅助生产成本"账户。本账户属于成本类账户，用来核算企业所属的非独立核算的辅助生产部门为工程施工生产材料和提供劳务所发生的费用。其借方登记实际发生的辅助生产费用，贷方登记生产完工验收入库的产品成本或者按受益对象分配结转的费用，期末借方余额表示在产品的成本。本账户应按各辅助生产部门设置明细账进行明细核算。

（3）"机械作业"账户。本账户核算企业及其内部独立核算的施工单位、机械站和运输队使用自有施工机械和运输设备进行机械化施工和运输作业等所发生的各项费用。其借方登记企业的内部施工单位使用自有机械发生的机械作业支出,贷方登记期末按受益对象结转或分配的机械作业费用,本账户一般无余额。本账户按"承包工程"和"机械出租"设置明细账户,并以施工机械或运输设备的种类作为成本核算对象设置明细账,按规定的成本项目分设专栏,进行明细核算。

企业及其内部独立核算的施工单位,从外单位或本企业其他内部独立核算的机械站租入施工机械发生的机械租赁费,不通过本账户核算,在"工程施工"账户核算。

(4)"工程结算"账户。本账户核算建造承包商根据建造合同约定向业主办理结算的累计金额。其贷方登记的是已向客户开出工程价款结算账单办理工程结算的款项(即开出建筑业发票),合同完工后,本账户与"工程施工"账户对冲结平,期末贷方余额,反映企业尚未完工的建造合同已办理结算的累计金额。本账户应按工程施工合同设置明细账进行明细核算。

四、工程成本核算的程序

工程成本核算,是将施工过程中所发生的各费用要素,以审核无误的有关原始凭证为依据,通过一定的处理程序,按照经济用途归集和分配到各成本核算对象的成本项目中去。工程成本核算的程序是指进行工程成本核算时采取的步骤和顺序。工程成本核算分以下步骤。

① 将本期发生的各生产费用归集计入各受益对象。
② 分配辅助生产费用。
③ 分配机械作业费用。
④ 分配施工间接费用。
⑤ 结转完工工程成本。

工程成本核算程序图见图12-1。

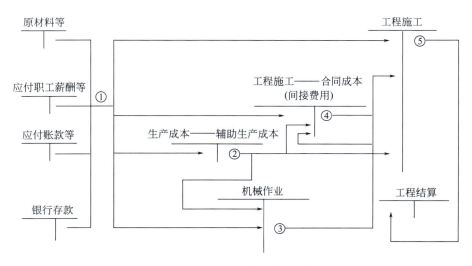

图12-1 工程成本核算程序

任务 12.2　辅助生产费用的核算

> **知识目标**
> 1. 掌握辅助生产及辅助生产费用的概念。
> 2. 掌握辅助生产费用归集的方法。
> 3. 掌握辅助生产费用的分配方法即直接分配法和一次交互分配法。

> **能力目标**
> 1. 能对企业发生的辅助生产费用进行归集并分配的核算。
> 2. 能办理辅助生产产品验收入库的账务处理。

辅助生产是指企业为保证施工生产活动的顺利进行而组织的服务性生产活动。辅助生产部门是指企业及其内部独立核算单位所属的非独立核算的辅助生产车间、单位或部门，如机修车间、木工车间、混凝土车间、供水站、供电站、运输队等。

一、辅助生产费用的归集

发生辅助生产费用时，按成本核算对象和成本项目，归集到"生产成本——辅助生产成本"账户的借方。辅助生产的成本核算对象一般按生产产品或提供劳务的类别确定，辅助生产的成本项目分人工费、材料费、其他直接费和间接费用。

企业应按辅助生产单位或部门设置"辅助生产明细账"，进行明细核算，其格式见表 12-1。

表12-1　辅助生产明细账

部门：机修车间　　　　　　　　　　　　　　　　　　　　　　　　　　单位：元

年		凭证号数	摘要	借方	贷方	余额	借方发生额			
月	日						人工费	材料费	其他直接费	间接费用
略	略	例12-1	分配工资	26 000			26 000			
		例12-1	领用材料	30 000				30 000		
		例12-1	分配材料成本差异	3 000				3 000		
		例12-1	计提折旧	5 000		64 000			5 000	
		例12-2	分配辅助生产费用		64 000	平				

【例12-1】　宏伟建筑工程公司有机修车间、供电车间两个辅助生产部门。本月机修车间领用 30 000 元的汽油，分配材料成本差异 3 000 元，分配工资 26 000 元，计提固定资产折旧费 5 000 元，供电车间领用机械配件 20 000 元，分配材料成本差异 2 000 元，分配工资 26 000 元，计提固定资产折旧费 3 000 元，作会计分录如下：

```
借：生产成本——辅助生产成本——机修车间        64 000
           ——辅助生产成本——供电车间        51 000
    贷：原材料                                50 000
        材料成本差异                           5 000
        应付职工薪酬——工资                   52 000
        累计折旧                               8 000
```

根据以上会计分录，登记"机修车间辅助生产明细账"，见表12-1（供电车间的"辅助生产明细账"略）。

二、辅助生产费用的分配

辅助生产部门发生的辅助生产费用，月末应按受益情况进行分配，分配方法主要有直接分配法、一次交互分配法等。

1. 直接分配法

直接分配法是指在不考虑辅助生产部门之间相互提供产品或劳务的前提下，将辅助生产部门所发生的辅助生产费用直接分配给辅助生产部门以外的各个受益对象。具体做法是先按实际发生的辅助生产费用和为辅助生产部门以外的各受益对象生产的产品或提供的劳务数量，计算出实际单位成本，然后再按受益对象的耗用量进行分配。

其计算公式如下：

$$\text{某辅助生产部门生产的产品或劳务的单位成本} = \frac{\text{该辅助生产部门发生的辅助生产费用}}{\text{该辅助生产部门提供的产品或劳务量合计} - \text{其他辅助生产部门耗用的产品或劳务量}}$$

$$\text{某受益对象应分配的辅助生产费用} = \text{该受益对象耗用的产品或劳务量} \times \text{该辅助生产部门产品或劳务的单位成本}$$

【例12-2】 宏伟建筑工程公司有机修和供电两个辅助生产车间，本月发生的生产费用情况：机修车间 64 000元，供电车间 51 000元，本月提供的劳务量见表12-2。

表12-2 劳务供应量统计表

受益对象	机修车间/修理工时	供电车间/度
机修车间		10 000
供电车间	800	
施工生产		10 000
施工机械	2 500	5 000
施工管理部门	700	5 000
合计	4 000	30 000

根据上述资料，按直接分配法分配辅助生产费用，编制"辅助生产费用分配表"，见表12-3。

表12-3　辅助生产费用分配表（直接分配法）

受益对象	机修车间			供电车间			费用合计/元
	劳务量	单位成本	分配金额/元	劳务量	单位成本	分配金额/元	
施工生产				10 000		25 500	25 500
施工管理部门	700	20元/工时	14 000	5 000	2.55元/度	12 750	26 750
施工机械	2 500		50 000	5 000		12 750	62 750
合计	3 200		64 000	20 000		51 000	115 000

根据表12-3，作会计分录如下：

借：工程施工——合同成本　　　　　　　　　　　　25 500
　　工程施工——间接费用　　　　　　　　　　　　26 750
　　机械作业　　　　　　　　　　　　　　　　　　62 750
　　贷：生产成本——辅助生产成本——机修车间　　　　64 000
　　　　生产成本——辅助生产成本——供电车间　　　　51 000

根据上述会计分录，登记机修车间辅助生产明细账，见表12-1。

直接分配法计算简单，但准确性较差，适用于各辅助生产部门提供劳务较少的情况。

2. 一次交互分配法

一次交互分配法是指辅助生产部门发生的辅助生产费用先在辅助生产部门之间根据彼此提供的产品或劳务数量进行交互分配，然后再将各辅助生产部门分配前的费用加上交互分配转入数额，减去交互分配转出数额，在各辅助生产部门以外的其他各受益对象之间进行分配的一种方法。

首先，进行交互分配。交互分配是在各辅助生产部门之间相互提供的劳务的基础上互相承担对方的费用。

交互分配的计算如下：

$$\text{某辅助生产部门的产品或劳务的单位成本} = \frac{\text{该辅助生产部门实际发生的辅助生产费用}}{\text{该辅助生产部门提供的产品或劳务总量}}$$

$$\text{某辅助生产部门应分配的辅助生产费用} = \text{该辅助生产部门产品或劳务的单位成本} \times \text{该辅助生产部门实际耗用的产品或劳务量}$$

其次，进行对外分配。对外分配是将辅助生产部门交互分配后的辅助生产费用在受益的非辅助生产部门之间进行分配。

对外分配的计算如下：

$$\text{某辅助生产部门的产品或劳务的单位成本} = \frac{\text{该辅助生产部门实际发生的辅助生产费用总额} + \text{分配转入费用} - \text{分配转出费用}}{\text{该辅助生产部门提供的产品或劳务总量} - \text{为辅助生产部门提供的产品或劳务量}}$$

$$\begin{matrix}某受益对象应分配\\的辅助生产费用\end{matrix} = \begin{matrix}该辅助生产的产品\\或劳务的单位成本\end{matrix} \times \begin{matrix}该受益对象实际耗用\\的产品或劳务量\end{matrix}$$

【例12-3】 根据【例12-2】资料，按一次交互分配法分配辅助生产费用，编制辅助生产费用分配表，见表12-4。

表12-4 辅助生产费用分配表（一次交互分配法）

项目	交互分配				对外分配				合计
	机修车间		供电车间		机修车间		供电车间		
分配金额/元	64 000		51 000		68 200		46 800		
分配数量	4 000 工时		30 000 度		3 200 工时		20 000 度		
分配率	16 元/工时		1.7 元/度		21.3 元/工时		2.34 元/度		
分配对象	数量/工时	金额/元	数量/度	金额/元	数量/工时	金额/元	数量/工时	金额/元	金额/元
机修车间			10 000	17 000					17 000
供电车间	800	12 800							12 800
施工生产							10 000	23 400	23 400
施工管理部门			700	14 910	5 000	11 700			26 610
施工机械			2 500	53 290	5 000	11 700			64 990
合计			3 200	68 200	20 000	46 800			115 000

根据表12-4，编制会计分录如下：

借：生产成本——辅助生产成本——机修车间（其他直接费） 17 000
　　生产成本——辅助生产成本——供电车间（其他直接费） 12 800
　贷：生产成本——辅助生产成本——供电车间 17 000
　　　生产成本——辅助生产成本——机修车间 12 800
借：机械作业 64 990
　　工程施工——合同成本 23 400
　　工程施工——间接费用 26 610
　贷：生产成本——辅助生产成本——机修车间 68 200
　　　生产成本——辅助生产成本——供电车间 46 800

一次交互分配法分配结果准确，但计算工作量大，一般适用于各辅助生产部门之间相互提供劳务较多的情况。

三、辅助生产产品或劳务验收入库或对外销售的核算

期末，如果辅助生产部门生产的自制材料、结构件等加工完成验收入库时，应结转完工入库产品的成本，按计划成本借记"原材料""产成品"等账户，按实际成本贷记"生产成本——辅助生产成本"账户，按实际成本与计划成本之间的差额，借记或贷记"材料成本差异"账户。

如果辅助生产部门提供的劳务是对外单位提供的，将其成本结转为其他业务成本，借记"其他业务支出"账户，贷记"生产成本——辅助生产成本"账户。

任务 12.3　工程成本的核算

知识目标

1. 掌握人工费的内容、人工费的归集与分配方法。
2. 掌握材料费的内容、材料费的归集与分配方法。
3. 掌握机械费的内容、自有机械费的归集与分配方法、机械租赁费的核算。
4. 掌握其他直接费的内容、其他直接费的归集与分配方法。
5. 掌握间接费用的内容、间接费用的归集与分配方法。
6. 掌握生产成本明细账、机械作业明细账、工程成本明细账与卡片的登记方法。

能力目标

1. 能对人工费的归集与分配业务进行核算。
2. 能对材料费的归集与分配业务进行核算。
3. 能对机械使用费的归集与分配业务进行核算。
4. 能对其他直接费的归集与分配业务进行核算。
5. 能对间接费的归集与分配业务进行核算。
6. 能登记工程成本明细账与成本卡。

一、人工费的核算

1. 人工费的概念

人工费是指直接从事建筑安装工程施工的工人和在施工现场运料、配料等辅助工人所发生的各项薪酬，包括工资、奖金、工资性质的津贴、社会保险费、职工福利费、劳动保护费及其他薪酬等。

人工费按"谁受益谁负担"的原则组织核算，当受益对象明确，人工费直接计入各受益对象"人工费"成本项目，当受益对象不明确，则需要通过一定的方法分配计入各受益对象"人工费"成本项目。

2. 人工费的归集和分配

人工费的归集与分配方法

（1）计时工资与计件工资。凡是与工作量相关的薪酬（计件工资），一般都能分清受益对象，可以根据"工程任务单"和有关工资结算凭证等，将其直接计入各工程成本核算对象的"人工费"成本项目。凡是与工作时间相关的薪酬（计时工资），在只有一个成本核算对象的情况下，属于直接费用，根据工资结算凭证等，直接计入该成本核算对象的"人工费"项目；在有多个成本核算对象的情况下，应采用适当的分配方法，在各核算对象之间进行分配，计入各成本核算对象的"人工费"项目。分配的基础是计时工日，计算公式如下：

$$建安工人的日平均计时工资 = \frac{建安工人当月计时工资总和}{各工程当月实际耗用的计时工日总数}$$

$$\begin{matrix}某受益对象应\\分配的计时工资\end{matrix} = \begin{matrix}该受益对象当月实际\\耗用的计时工日总和\end{matrix} \times \begin{matrix}建安工人的\\日平均计时工资\end{matrix}$$

（2）职工福利费。是指企业按应付工资总额的14%计提，随同建安工人工资，一并计入同一个成本核算对象的"人工费"成本项目。

（3）社会保险费和住房公积金。社会保险费和住房公积金是指企业按国家规定为职工缴纳的养老保险、医疗保险、失业保险、工伤保险、生育保险等社会保险费和住房公积金，应在职工为其提供服务的会计期间，根据工资总额的一定比例计提，并随同建安工人的工资一并计入同一个成本核算对象的"人工费"项目。

（4）劳动保护费。劳动保护费是指用于建筑安装工人的劳动保护费，凡是能够分清受益对象的，可以直接计入各受益的工程成本核算对象。如果是由几个工程共同发生的劳动保护费，则应按其占薪酬总额的比例分配计入相关工程成本核算对象的"人工费"项目。

【例12-4】 宏伟建筑工程公司第一项目部有甲、乙两个工程成本核算对象。本月份"工资汇总表"列明建安工人工资为90 000元。本月甲工程耗用2 000个工日，乙工程耗用1 000个工日。根据以上资料编制"建安工人工资分配表"，见表12-5。

表12-5　建安工人工资分配表

第一项目部　　　　　　　　　　2020年4月　　　　　　　　　　单位：元

工程成本核算对象	实耗工日数（工日）	日平均工资	应分配工资额
甲工程	2 000	30	60 000
乙工程	1 000	30	30 000
合计	3 000	30	90 000

根据表12-5建安工人工资分配表，作会计分录如下：
借：工程施工——合同成本——甲工程（人工费）　　60 000
　　　　　　——合同成本——乙工程（人工费）　　30 000
　　贷：应付职工薪酬——应付工资　　　　　　　　　　　90 000

【例12-5】 接【例12-4】，第一项目部为建安工人发放福利费12 474元，其中甲工程承担8 316元，乙工程承担4 158元，作会计分录如下：
借：工程施工——合同成本——甲工程（人工费）　　8 316
　　　　　　——合同成本——乙工程（人工费）　　4 158
　　贷：应付职工薪酬——福利费　　　　　　　　　　　12 474

【例12-6】 接【例12-4】，第一项目部本月随同工资一并发放给建筑安装工人的劳动保护费为4 500元，按其占工资总额的比例进行分配。编制"建安工人劳动保护费分配表"？见表12-6。

表12-6　建安工人劳动保护费分配表

第一项目部　　　　　　　　　　　　　2020年4月　　　　　　　　　　　　　　单位：元

工程成本核算对象	工资总额	分配率	分配金额
甲工程	60 000	5%	3 000
乙工程	30 000		1 500
合计	90 000		4 500

根据"建安工人劳动保护费分配表"，作会计分录如下：
借：工程施工——合同成本——甲工程（人工费）　3 000
　　　　　　——合同成本——乙工程（人工费）　1 500
　　贷：库存现金　　　　　　　　　　　　　　　4 500
现将上述分配结果登记"工程成本卡""工程成本明细账"，见表12-14～表12-16。

在实际工作中，为了简化费用分配表的编制手续，企业可以将需分配建筑安装工人的各项薪酬合并，编制"建安工人人工费分配表"，并据以进行账务处理。

二、材料费的核算

1. 材料费的概念

工程成本中的材料费，是指在施工过程中耗用的构成工程实体或有助于工程实体形成的主要材料、结构件、机械配件、其他材料、低值易耗品、半成品的成本，以及周转材料的摊销和租赁费用等。

建筑企业的材料，除主要用于工程施工外，还用于临时设施、福利设施、固定资产购建等工程的建设以及其他非生产性的耗用，应根据领料单中注明的用途，严格划分工程耗用与其他耗用的界限，只有直接用于工程建造的材料才能计入工程成本核算对象的"材料费"成本项目。

2. 材料费的归集和分配

材料费的归集
与分配方法

材料费的归集是以领料单、定额领料单、大堆材料领料单、退料单、已领未用材料清单为依据，或者通过编制发出材料汇总表反映各工程实际耗用材料的实际成本，并据以入账。工程施工中耗用的材料品种较多、数量较大、领用频繁，在核算工程的材料费用时，具体方法如下：

（1）凡是领用时能够点清数量和分清用料对象的材料，如钢材、水泥、水暖电气材料等，应在领料凭证上注明受益工程的名称，财会部门据以直接计入各受益工程成本核算对象的"材料费"成本项目，见表5-8领料单。

（2）凡是领用时既不易点清数量，又难以分清工程成本核算对象的材料，如砖、瓦、灰、砂、石等大堆材料，一般都在露天堆放，在施工过程中连续零星地被耗用，可以根据具体情况，先由材料员或施工生产班组保管，实行集中搅拌混凝土或砂浆的，由搅拌站验收保管。月末进行实地盘点，根据"月初结存量＋本月收入量－月末盘点结存量＝本月耗用量"的计算公式确定本月实际耗用总量。然后再根据各工程成本核算对象本月所完成的实物工程量及材料耗用定额，编制"大堆材料耗用计算单"见表5-10，财会部门据以分配计入相关的工程成本核算对象的"材料费"成本项目。

（3）凡是自有的模板、架料等周转材料，应按各工程成本核算对象实际领用数量及规定的摊销方法编制"周转材料摊销计算单"见表5-18，确定各工程成本核算对象应摊销的数额并计入其"材料费"成本项目。对租赁的周转材料发生的租赁费直接计入受益工程成本核算对象的"材料费"成本项目。

（4）对于本月已经办理领料手续但尚未耗用，下月仍需继续耗用的材料，应进行盘点，办理"假退料"手续，即用红字填制一份本月的"领料单"冲减当月材料费成本，同时用蓝字填制一份下月的"领料单"，增加下月材料费成本。

（5）工程竣工后的剩余材料，企业应填制"退料单"或红字"领料单"，办理材料退库手续，并冲减工程成本中的材料费。工程竣工后，施工现场回收的可利用残次材料、废料和包装物等，企业应填制"收料交库单"见表5-6，估价入账，并冲减工程成本中的"材料费"项目。

（6）采用计划成本计价进行材料核算的企业，平时领用时按计划成本计价，期末，必须将耗用材料的计划成本还原为实际成本，应分配材料成本差异。见表12-7。

月终，财会部门根据领料单、定额领料单、大堆材料耗用计算单、周转材料摊销计算单、退料单、残次料交库单等原始凭证，按材料类别等，分别计算各个工程成本核算对象耗用材料的计划成本和分摊的材料成本差异，编制"材料费用分配表"见表12-7，据此记入各个工程成本核算对象的"材料费"成本项目。

【例12-7】 宏伟建筑工程公司第一项目部根据有关领料凭证、各类材料成本差异率和"周转材料摊销计算单"等资料，汇总编制"材料费用分配表"，见表12-7，并据此编制会计分录如下：

表12-7 材料费用分配表

第一项目部　　　　　　　　　　2020年4月　　　　　　　　　　　　单位：元

材料类别		成本核算对象	甲工程	乙工程	合计
主要材料	黑色金属	计划成本	50 000	40 000	90 000
		成本差异（1%）	500	400	900
	硅酸盐	计划成本	200 000	150 000	350 000
		成本差异（2%）	4 000	3 000	7 000
	木材	计划成本	40 000	30 000	70 000
		成本差异（2%）	800	600	400
	其他主要材料	计划成本	30 000	20 000	50 000
		成本差异（-1%）	-300	-200	-500
	小计	计划成本	320 000	240 000	560 000
		成本差异	5 000	3 800	8 800
结构件		计划成本	150 000	100 000	250 000
		成本差异（2%）	3 000	2 000	5 000
其他材料		计划成本	25 000	15 000	40 000
		成本差异（-1%）	-250	-150	-400
合计		计划成本	495 000	355 000	850 000
		成本差异	7 750	5 650	13 400
周转材料摊销			15 000	12 000	27 000

根据表 12-7，作会计分录如下：

借：工程施工——合同成本——甲工程（材料费）　　　　495 000
　　　　　　　——合同成本——乙工程（材料费）　　　　355 000
　　贷：原材料——主要材料　　　　　　　　　　　　　　560 000
　　　　　　——结构件　　　　　　　　　　　　　　　　250 000
　　　　　　——其他材料　　　　　　　　　　　　　　　 40 000
借：工程施工——合同成本——甲工程（材料费）　　　　 7 750
　　　　　　　——合同成本——乙工程（材料费）　　　　 5 650
　　贷：材料成本差异——主要材料　　　　　　　　　　　 8 800
　　　　　　　　——结构件　　　　　　　　　　　　　　 5 000
　　　　　　　　——其他材料　　　　　　　　　　　　　 -400
借：工程施工——合同成本——甲工程（材料费）　　　　 15 000
　　　　　　　——合同成本——乙工程（材料费）　　　　 12 000
　　贷：周转材料——周转材料摊销　　　　　　　　　　　 27 000

根据上述会计分录，登记"工程成本卡""工程成本明细账"，见表 12-14～表 12-16。

三、机械使用费的核算

1. 机械使用费的概念

机械使用费是指在施工过程中使用自有施工机械和运输设备进行机械化施工和运输作业所发生的机械使用费、租用外单位施工机械和运输设备发生的租赁费和施工机械安装拆卸费、进出场费。

2. 机械租赁费的核算

施工单位以经营性租赁方式租入的施工机械和运输设备，按租赁合同规定支付的租赁费，一般可以直接计入受益的各工程成本核算对象的"机械使用费"项目。如果受益对象为两个或两个以上，租赁费应由工程成本核算对象共同负担，按实际使用台班数进行分配，其计算公式如下：

$$某机械设备台班租赁费 = \frac{该机械设备发生的租赁费总额}{该机械设备实际作业总台班数}$$

$$\begin{matrix}某工程成本核算对象\\应负担的机械设备租赁费\end{matrix} = \begin{matrix}该工程成本核算对象\\实际使用机械设备的台班数\end{matrix} \times \begin{matrix}该机械设备的\\台班租赁费\end{matrix}$$

【例 12-8】 宏伟建筑工程公司第一项目部从某机械化公司租入施工机械 2 台，本月为甲工程提供机械作业 60 个台班，为乙工程提供机械作业 40 个台班，租赁合同规定的台班单价为 500 元。公司通过银行转账支付租金 50 000 元，根据合同、租赁费发票及相关的付款凭证，增值税税率为 13%，编制会计分录如下：

借：工程施工——合同成本——甲工程（机械使用费）　　 30 000

　　　　工程施工——合同成本——乙工程（机械使用费）　　　　20 000
　　　　应缴税费——应缴增值税（进项税额）　　　　　　　　6 500
　　　　　贷：银行存款　　　　　　　　　　　　　　　　　　　　　56 500
　　根据以上会计分录，登记"工程成本卡""工程成本明细账"，见表12-14～表12-16。

3. 自有机械使用费的核算

（1）自有机械使用费的内容。自有机械使用费是指企业使用自有的机械设备或运输设备从事机械化施工和运输作业发生的费用。其成本项目如下。

① 人工费。人工费是指驾驶和操作机械或设备人员的薪酬。

② 燃料及动力费。燃料及动力费是指施工机械或运输设备所耗用的液体燃料、固体燃料和电力等费用。

自有机械费的归集与分配方法

③ 折旧及修理费用。折旧费是指按规定对施工机械、运输设备计提的固定资产折旧费用、替换工具和部件（如轮胎、钢丝绳等）的摊销费和维修费等。

④ 其他直接费。其他直接费是指施工机械、运输设备所耗用的润滑和擦拭材料费用以及施工机械的搬运、安装、拆卸和辅助设施费等。

⑤ 间接费用。间接费用是指企业所属内部独立核算的机械站和运输队为组织和管理机械化施工或运输作业所发生的各项费用（如养路费、修理期间的停工费、停机棚的折旧和维修费、事故损失等）。

（2）自有机械使用费的归集。企业应将当月实际发生的自有机械作业费用，按成本核算对象及成本项目归集到"机械作业"账户的借方。

机械作业的成本核算对象一般以施工机械的种类确定，大型施工机械或运输设备，应按单机或机组确定成本核算对象；对中型施工机械或运输设备，可按机械类别确定成本核算对象；对没有专人使用的小型施工机械或运输设备，如打夯机、砂浆机等，可将几类机械合并为一个成本核算对象。

【例12-9】 宏伟建筑工程公司第一项目部自有施工机械发生的费用归纳见表12-8。

表12-8　第一项目部自有施工机械发生的费用　　　　　　　　　单位：元

费用项目	挖土机	搅拌机	合　计
分配工资	1 200	1 000	2 200
发放职工福利	168	140	308
支付劳动保护费	80	70	150
领用燃料（含差异1%）	5 050	303	5 353
计提折旧	2 710	1 304	4 014
支付养路费	1 500		1 500
合　计	10 708	2 817	13 525

　　根据以上资料，编制会计分录如下：
　　借：机械作业——挖土机（人工费）　　　　　　　　　　　1 200
　　　　　　　　——搅拌机（人工费）　　　　　　　　　　　1 000

贷：应付职工薪酬——应付工资　　　　　　　　　　　　　　2 200
借：机械作业——挖土机（人工费）　　　　　　　　　　　　　168
　　　　　——搅拌机（人工费）　　　　　　　　　　　　　　140
　　贷：应付职工薪酬——职工福利费　　　　　　　　　　　　308
借：机械作业——挖土机（人工费）　　　　　　　　　　　　　80
　　　　　——搅拌机（人工费）　　　　　　　　　　　　　　70
　　贷：库存现金　　　　　　　　　　　　　　　　　　　　　150
借：机械作业——挖土机（燃料及动力）　　　　　　　　　　5 050
　　　　　——搅拌机（燃料及动力）　　　　　　　　　　　　303
　　贷：原材料——其他材料　　　　　　　　　　　　　　　5 300
　　　　材料成本差异——其他材料　　　　　　　　　　　　　53
借：机械作业——挖土机（折旧费及修理费）　　　　　　　　2 710
　　　　　——搅拌机（折旧及修理费）　　　　　　　　　　1 304
　　贷：累计折旧　　　　　　　　　　　　　　　　　　　　4 014
借：机械作业——挖土机（其他直接费）　　　　　　　　　　1 500
　　贷：银行存款　　　　　　　　　　　　　　　　　　　　1 500

根据以上会计分录，登记"机械作业明细账"，见表12-9。

表12-9　机械作业明细账

机械名称：挖土机　　　　　　　　　　　　　　　　　　　　　　　　　　　单位：元

年		凭证号数	摘要	借方	贷方	余额	借方发生额				
月	日						人工费	燃料及动力费	折旧及修理费	其他直接费	间接费用
略	略	例12-10	分配工资	1 200		1 200	1 200				
			发放职工福利	168		1 368	168				
			支付劳保费	80		1 448	80				
			领用燃料	5 050		6 498		5 050			
			计提折旧	2 710		9 208			2 710		
			支付养路费	1 500		10 708				1 500	
			结转成本		10 708	0					
			本月合计	10 708	10 708		1 448	5 050	2 710	1 500	

（3）自有施工机械使用费的分配。月末，财会部门根据"机械作业明细账"和机械管理部门报送的"机械使用月报"等资料，编制"机械使用费分配表"，凡是能分清受益对象的，应直接计入各受益工程成本核算对象的"机械使用费"项目；凡是不能分清受益对象的，则应采用适当的方法分配计入各受益工程成本核算对象的"机械使用费"项目。自有施工机械使用费的分配方法有以下四种。

① 台班分配法。是指按照各成本核算对象使用施工机械的台班数分配机械使用费的一种方法。一般适用于按单机或机组进行机械使用费核算的大中型施工机械和运输设备。计算公

式如下：

$$\frac{某机械（或机组）}{台班实际成本} = \frac{该机械（或机组）本期发生的机械使用费的总额}{该机械（或机组）本月实际工作台班总数}$$

$$\frac{某工程成本核算对象}{应分配的机械使用费} = \frac{该工程成本核算对象实际}{使用该机械（或机组）的台班数} \times \frac{该机械（或机组）}{台班实际成本}$$

【例12-10】 宏伟建筑工程公司的挖土机本月发生的机械使用费为10 708元，共工作100个台班，其中甲工程60个台班，乙工程40个台班。分配机械使用费如下：

每台班实际成本=10 708/100=107.08（元/台班）

甲工程应分配机械使用费=60×107.8=6 424.80（元）

乙工程应分配机械使用费=40×107.8=4 283.20（元）

② 预算分配法。是指按照实际发生的机械使用费和预算机械使用费的比率分配机械使用费的一种方法。一般适用于不便计算机械使用台班、无机械台班记录和台班单价不便确定的中小型机械，如几个成本核算对象共同使用的混凝土搅拌机。其计算公式如下：

$$\frac{实际机械使用费占预算}{机械使用费的比率} = \frac{实际发生的机械使用费总额}{全部受益对象机械使用费预算数} \times 100\%$$

$$\frac{某成本核算对象应}{负担的机械使用费} = \frac{该受益成本核算对象}{机械使用费预算数} \times \frac{实际机械使用费占}{预算机械使用费的比率}$$

$$\frac{某成本核算对象}{机械使用费预算数} = \frac{该成本核算对象}{实际完工工程量} \times \frac{单位工程量机械}{使用费预算数}$$

【例12-11】 宏伟建筑工程公司承建甲、乙工程共同发生机械使用费63 000元，甲工程预算机械使用费40 000元，乙工程预算机械使用费30 000元，则机械费分配如下：

机械使用费分配率=63 000元/（40 000元+30 000元）=0.9元

甲工程负担的机械使用费=40 000元×0.9=36 000（元）

乙工程负担的机械使用费=30 000元×0.9=27 000（元）

③ 完成工程量分配法。是指按照各成本核算对象使用施工机械所完成的工程量（作业量）为基础分配机械使用费的一种方法。一般适用于能够计算完成工程量（或作业量）的施工机械及运输设备。其计算公式如下：

$$\frac{某机械单位工程量}{的机械使用费} = \frac{该机械本期实际发生的机械费用总额}{该机械本月实际完成的工程量}$$

$$\frac{某工程成本核算对象}{应分配的某种机械使用费} = \frac{该机械本月为该核算}{对象完成的工作量} \times \frac{单位工程量}{的机械使用费}$$

【例12-12】 宏伟建筑工程公司第一项目部的搅拌机本月发生的机械使用费为2 817元,共完成搅拌混凝土100m^3,其中甲工程耗用60m^3,乙工程耗用40m^3。机械使用费分配如下:

搅拌每立方米混凝土的机械使用费 =2 817/100=28.17(元/m^3)

甲工程应分配的机械使用费 =60×28.17=1 690.20(元)

乙工程应分配的机械使用费 =40×28.17=1 126.80(元)

④ 工料成本法。是指按各成本核算对象的人工、材料成本之和分配机械使用费的一种方法。一般的小型施工机械,没有专人使用,也没有使用记录,不可能按机械使用台班(或完成的工程量)进行分配。可以按类别归集机械使用费(主要是折旧、修理费),然后按工程发生工料费成本等进行分配。

【例12-13】 月末,根据【例12-10】、【例12-11】、【例12-12】资料,编制"机械使用费分配表",见表12-10。

表12-10 机械使用费分配表

第一项目部　　　　　　　　　　　　2020年4月

成本核算对象	挖土机 (107.08元/台班)		搅拌机 (28.17元/m^3)		机械使用费合计/元
	台班数	金额/元	工程量/m^3	金额	
甲工程	60	6 424.80	60	1 690.20	8 115
乙工程	40	4 283.20	40	1 126.80	5 410
合　计	100	10 708	100	2 817	13 525

根据表12-10机械使用费分配表,编制会计分录如下:

借:工程施工——合同成本——甲工程(机械使用费)　　8 115
　　　　　　——合同成本——乙工程(机械使用费)　　5 410
　　贷:机械作业——挖土机　　　　　　　　　　　　　10 708
　　　　　　——搅拌机　　　　　　　　　　　　　　　2 817

根据以上会计分录,登记"机械作业明细账",见表12-9,并登记"工程成本卡""工程成本明细账",见表12-14~表12-16。

4.机械设备安装、拆卸及进出场费

企业在施工期间支付的施工机械安装、拆卸和进出场费,如果发生的数额较大,则应通过"待摊费用"账户归集,按施工工期摊销计入各成本核算对象的"机械使用费"成本项目,如果数额不大,可在发生时直接计入各成本核算对象的"机械使用费"成本项目。

四、其他直接费的核算

1.其他直接费的概念

其他直接费是指在施工过程中发生的除了人工费、材料费、机械使用费以外的直接与工程施工有关的各种费用,主要包括设计与技术援助费、特殊工种培训费、施工现场材料二次

搬运费、生产工具用具使用费、检验试验费、工程定位复测费、工程点交费、场地清理费以及冬雨季施工增加费、夜间施工增加费等。

2. 其他直接费的核算

（1）费用发生时能分清受益对象的，可直接计入各成本核算对象的"其他直接费"项目。

（2）费用发生时不能分清受益对象的，应采用适当的方法（如工日法、工料机实际消耗法等）计入各成本核算对象的"其他直接费"项目。

（3）费用发生时难于同成本中的费用项目区分的（如冬雨季施工中的防雨、保温材料费，夜间施工的电气材料及电费，流动施工津贴，场地清理费，材料二次搬运费中的人工费、机械使用费等），为了简化核算手续，可于费用发生时列入"人工费""材料费""机械使用费"等项目核算。但在期末进行成本分析时，应将预算成本中的有关费用按一定的方法从"其他直接费"调至"人工费""材料费""机械使用费"等项目，以利于成本分析和考核。

【例12-14】 宏伟建筑工程公司第一项目部辅助生产部门本月为甲、乙两个工程提供现场材料二次搬运服务，搬运费为2 615元，其中，甲工程应分摊1 615元，乙工程应分摊1 000元，编制会计分录如下：

借：工程施工——甲工程（其他直接费）　　　　　1 615
　　　　　——乙工程（其他直接费）　　　　　　1 000
　　贷：生产成本——辅助生产成本　　　　　　　　2 615

【例12-15】 宏伟建筑工程公司第一项目部本月甲、乙两工程共同发生的其他直接费为53 044.95元，按各工程的工、料、机实际成本比例分配，编制"其他直接费分配表"，见表12-11。

表12-11　其他直接费分配表

第一项目部	2020年4月		单位：元
工程成本核算对象	工、料、机实际成本	分配率	分配金额
甲工程	627 181	5%	31 359.05
乙工程	433 718	5%	21 685.90
合　计	1 060 899	5%	53 044.95

根据表12-11，编制会计分录如下：

借：工程施工——甲工程（其他直接费）　　　　　31 359.05
　　　　　——乙工程（其他直接费）　　　　　　21 685.90
　　贷：工程施工——其他直接费　　　　　　　　　53 044.95

根据以上会计分录，登记"工程成本卡""工程成本明细账"，见表12-14～表12-16。

五、间接费用的核算

1. 间接费用的概念和内容

间接费用是指施工企业所属的直接组织生产活动的施工管理机构（如项目部）所发生的

施工管理费。包括以下项目。

（1）现场管理人员薪酬。包括现场管理人员的基本工资、工资性津贴、奖金和补贴等薪酬项目。

（2）劳动保护费。指用于施工单位职工的劳动保护用品和技术安全设施的购置、摊销和修理费，供职工劳保使用的解毒剂、营养品、防暑饮料、洗涤、等物品的购置费或补助费，以及工地上职工洗澡、饮水的燃料费等。

（3）办公费。指现场管理办公用的文具、纸张、账表、印刷、邮电、书报、会议、水电、烧水和集体取暖（包括现场临时宿舍取暖）用煤等费用。

（4）差旅交通费。指职工因公出差期间的旅费、住宿费、市内交通费和误餐补助费、职工探亲路费、劳动招募费、职工离退休退职一次性路费、工伤人员就医路费、工地转移费，以及现场管理使用的交通工具的油料、燃料及牌照等费。

（5）固定资产折旧及修理费。指现场管理及试验部门使用的属于固定资产的设备、仪器等的折旧费或租赁费、维修费等后续支出。

（6）低值易耗品摊销。指现场管理使用的不属于固定资产的工具、器具、家具、交通工具和检验、试验、测绘、消防用具等的购置、维修和摊销费。

（7）财产保险费。指施工管理用财产、车辆保险、高空、井下、海上作业等特殊工种安全保险等的保险费用。

（8）工程保修费。是指工程竣工交付使用后，在规定保修期内的修理费用，应采用预提方式计入。

（9）工程排污费。指施工现场按规定缴纳的排污费用。

（10）其他费用。指上列各项费用以外的其他间接费用。

2. 间接费用的归集

间接费用是各项工程共同发生的费用，一般难以分清具体的受益对象。因此，在费用发生时，先通过"工程施工——间接费用"账户进行归集，期末按适当分配标准分配计入各有关工程成本核算对象的"间接费用"项目。间接费用明细账采用多栏式明细账，按间接费用项目分设专栏。增值税税率为13%，其格式见表12-12。

【例12-16】 宏伟建筑工程公司2020年4月间接费用发生如下：

① 以银行存款支付办公费12 000元，作会计分录如下：

借：工程施工——合同成本——间接费用（办公费）　　　　12 000
　　应缴税费——应缴增值税（进项税额）　　　　　　　　 1 560
　　贷：银行存款　　　　　　　　　　　　　　　　　　　13 560

② 分摊应由本月负担的财产保险费30 000元，作会计分录如下：

借：工程施工——合同成本——间接费用（财产保险费）　　30 000
　　应缴税费——应缴增值税（进项税额）　　　　　　　　 3 900
　　贷：待摊费用——财产保险费　　　　　　　　　　　　33 900

③ 根据工资分配表分配本月施工管理人员的工资50 000元，作会计分录如下：

借：工程施工——合同成本——间接费用（工资）　　　　　50 000
　　贷：应付职工薪酬——应付工资　　　　　　　　　　　50 000

④ 根据职工福利费计提表计提施工管理人员福利费 7 000，作会计分录如下：
借：工程施工——合同成本——间接费用（职工福利费）　　7 000
　　贷：应付职工薪酬——应付职工福利费　　　　　　　　　　　7 000
⑤ 计提本月行政管理部门使用的固定资产折旧 6 000 元，作会计分录如下：
借：工程施工——合同成本——间接费用（折旧费）　　　　6 000
　　贷：累计折旧　　　　　　　　　　　　　　　　　　　　　　6 000
⑥ 领用一次摊销的低值易耗品 1 073.10 元，作会计分录如下：
借：工程施工——合同成本——间接费用（工具用具使用费）　1 073.10
　　贷：低值易耗品——低值易耗品摊销　　　　　　　　　　　　1 073.10

将上述各会计分录登记到间接费用明细账，见表 12-12。

表12-12　工程施工——间接费用明细账　　　　　　　　　　　　单位：元

年		凭证号数	摘要	借方发生额						贷方	余额
月	日			薪酬	办公费差旅费	折旧及修理费	财产保险费	其他	小计		
略	略	①			12 000				12 000		
		②					30 000		30 000		
		③		50 000					50 000		
		④		7 000					7 000		
		⑤				6 000			6 000		
		⑥						1 073.10	1 073.10		106 073.10
		12-18								106 073.10	0
			月计	57 000	12 000	6 000	30 000	1 073.10	106 073.10	106 073.10	

3. 间接费用的分配

月末，各施工单位应对本月发生的间接费用进行分配。分配方法主要有人工费比例分配法、直接费比例分配法。

（1）人工费比例分配法。是以各成本核算对象当期实际发生的人工费为基础分配间接费用的一种方法。一般适用于安装工程，计算公式如下：

$$间接费用分配率 = \frac{本月实际发生的间接费用总和}{各工程本月发生的人工费实际成本总额}$$

$$某工程应分配的间接费用 = 该工程本月人工费实际成本 \times 间接费分配率$$

（2）直接费比例分配法。直接费比例分配法是以各成本核算对象当期实际发生的直接费为基数分配间接费用的一种方法。一般适用于建筑工程，计算公式如下：

$$间接费用分配率 = \frac{本月实际发生的间接费用总和}{各工程本月发生的直接费实际成本总额}$$

$$某工程应分配的间接费用 = 该工程的实际直接费 \times 间接费分配率$$

【例12-17】 宏伟建筑工程公司第一项目部本月只有甲、乙两项建筑工程的施工任务，本月实际发生的间接费用总额为 106 073.10 元。采用直接费比例分配法，编制"间接费用分配表"见表12-13。

表12-13　间接费用分配表

第一项目部　　　　　　　　　　　　　2020 年 4 月

工程成本核算对象	直接费成本	分配率	分配金额
甲工程	660 155.05	0.095	62 714.73
乙工程	456 403.90		43 358.37
合 计	1 116 558.95		106 073.10

根据表12-13间接费用分配表，编制会计分录如下：

借：工程施工——合同成本——甲工程（间接费用）　　62 714.73
　　　　　　——合同成本——乙工程（间接费用）　　43 358.37
　　贷：工程施工——间接费用　　　　　　　　　　　106 073.10

根据以上会计分录，登记"工程成本卡""工程成本明细账"，见表12-14～表12-16。

表12-14　工程成本卡（一）

工程名称：甲工程
建筑面积：　　　　　　　　　　　　　　　　　　开工日期：2020 年 4 月 2 日
预算造价：　　　　　　　　　　　　　　　　　　竣工日期：2020 年 8 月 16 日

年		凭证号数	摘要	直接费用				间接费用	工程成本合计
月	日			人工费	材料费	机械使用费	其他直接费		
			期初未完施工	2 600	16 500	2 000	1 200	2 500	24 800
			分配工资	60 000					60 000
			发放职工福利	8 316					8 316
			支付劳动保护费	3 000					3 000
			分配材料费		495 000				495 000
			分配材料成本差异		7 750				7 750
			周转材料摊销		15 000				15 000
			机械租赁费			30 000			30 000
			分配机械作业			8 115			8 115
			分配辅助生产费用				1 615		1 615
			分配其他直接费				31 359.65		31 359.05
			分配间接费用					62 714.73	62 714.72
			本期合计	71 316	517 750	38 115	3 297 4.05	62 714.73	722 869.78
			减：月末未完施工	3 020	2 960	180	246.40	492.80	6 899.20
			本月已完成工程实际成本	70 896	531 290	39 935	33 935	64 721.93	740 770.58

表12-15 工程成本卡（二）

工程名称：乙工程
建筑面积：
预算造价：

开工日期：2020年7月8日
竣工日期： 年 月 日

年		凭证号数	摘要	直接费用				间接费用	工程成本合计
月	日			人工费	材料费	机械使用费	其他直接费		
			期初未完施工	26 500	1 580 000	180 000	125 000	25 600	1 937 100
			分配工资	3 000					30 000
			发放职工福利	4 158					4 158
			支付劳动保护费	1 500					1 500
			分配材料费		355 000				355 000
			分配材料成本差异		5 650				5 650
			周转材料摊销		12 000				12 000
			机械租赁费			20 000			20 000
			分配机械作业			5 410			5 410
			分配辅助生产费用				1 000		1 000
			分配其他直接费				21 685.90		21 685.90
			分配间接费用					43 358.37	43 358.37
			本期合计	35 658	372 650	25 410	22 685.90	43 358.37	499 762 27
			自开工起累计已完成工程实际成本	300 658	1 952 650	205 410	147 685.90	299 358.37	2 905 762.30

表12-16 工程成本明细账

第一项目部

年		凭证号数	摘要	直接费用				间接费用	工程成本合计
月	日			人工费	材料费	机械使用费	其他直接费		
			期初未完施工	29 100	1 596 500	182 000	126 200	28 100	1 961 900
			分配工资	63 000					63 000
			发放职工福利	12 474					12 474
			支付劳动保护费	4 500					4 500
			分配材料费		850 000				850 000
			分配材料成本差异		13 400				13 400
			周转材料摊销		27 000				27 000
			机械租赁费			50 000			50 000
			分配机械作业			13 525			13 525
			分配辅助生产费用				2 615		2 615
			分配其他直接费				53 045.55		53 045.55
			分配间接费用					106 073.10	106 073.10
			本期合计	106 974	890 400	63 525	55 659.95	106 073.10	1 222 632.05
			减：月末未完施工	3 020	2 960	180	246.40	492.80	6 899.20
			自开工起累计已完成工程实际成本	371 554	2 483 940	245 345	181 620.90	364 080.30	3 646 532.88

任务 12.4　工程成本结算

知识目标

1. 掌握工程成本结算的概念及方法。
2. 掌握期末未完施工成本的计算方法，掌握完工成本的计算方法。
3. 掌握竣工成本决算的内容及方法。

能力目标

1. 能用估量法和估价法计算期末未完施工成本。
2. 能计算出本期已完施工成本。
3. 能组织竣工工程成本结算业务。

工程成本结算是指计算和确认各个会计期间的已完工程预算成本和实际成本以及成本的节超情况，从而为考核工程成本任务的完成情况提供依据。

成本计算期与工程价款的结算期一致，因此其计算方法，也应根据工程价款的结算方式来确定，有按月结算、分段结算、竣工后一次结算、其他结算。

一、已完工程实际成本的计算与结转

通过上面对成本各项目归集与分配的核算，企业发生的各项施工费用已归集到"工程成本明细账"及"工程成本卡"中，期末，应进行工程成本结算，将所归集的施工费用在当期已完工程和未完施工之间进行分配，计算当期已完工程的实际成本，并与预算成本比较，计算成本节约或超支额。

1. 非竣工结算的工程实际成本的计算

（1）已完工程和未完工程。建筑安装施工是一个连续的生产过程，到了成本结算期时，必然有一部分分部分项工程处于未完施工状态。按现行制度规定，凡是已经完成了预算定额所规定的全部工序和工程内容，在本企业不再需要继续施工的分部分项工程，即可视为建筑"产成品"，称为"已完工程"或"已完施工"。对于这部分已完工程，施工单位应按月计算其实际成本，并按预算价格向建设单位收取工程价款。对虽已投入人工、材料等费用，但月末尚未完成预算定额所规定的全部工序和工程内容的分部分项工程，则视为建筑"在产品"，称为"未完施工"或"未完工程"。对于未完施工，施工单位不能向建设单位收取工程价款，但月末应计算其实际成本，以便计算确定本月已完工程的实际成本。

（2）已完工程实际成本的计算。在既有已完工程，又有未完施工的情况下，必须将已归集的施工费用在已完工程和未完施工之间进行分配。本月已完工程实际成本的计算公式如下：

$$\text{本期已完工程实际成本} = \text{期初未完施工实际成本} + \text{本期发生的生产费用} - \text{期末未完施工实际成本}$$

（3）期末未完施工的预算成本计算。未完施工预算成本的计算方法有：

① 估量法。估量法又称约当产量法。它是根据施工现场盘点确定的未完工程量，按其完工程度折合为相当于已完工程的实物量（也称约当产量），乘以该分部分项工程的预算单价得出该未完工程的成本。计算公式如下：

期末未完施工预算成本 = 期末未完工程数量 × 估计完工程度 × 该分部分项工程预算单价

【例12-18】 宏伟建筑工程公司第一项目部月末盘点未完施工，甲工程砖墙灰抹混合砂浆2 000平方米，按预算定额规定应该抹两遍，月末盘点时只抹了一遍。该工程每平方米预算单价为6.16元，其中人工费3.02元，材料费2.96元，机械费0.18元，其他直接费及现场经费分别占定额直接费的4%和8%，根据以上的资料，编制"未完工序盘点单"，见表12-17。

表12-17 未完施工盘点表

2020年4月

单位工程名称	分部分项工程		已完工程				其中		
	名称	预算单价（元）	工序名称	占分部分项工程的比例	已完数量（平方米）	折合分部分项工程	预算成本	人工费	材料费	机械使用费
甲工程	砖墙抹灰	6.16	每一遍	50%	2 000	1 000	6 160	3 020	2 960	0.18
加：其他直接费（4%） 间接费（8%）							246.40 492.80			
合计							6 899.20			

根据"未完施工盘点表"，将计算结果登记在"工程施工成本明细账"有关栏内，即可计算已完工程实际成本，见表12-14～表12-16。

② 估价法（又称工序成本法）。工序法是先确定分部分项工程各个工序的直接费占整个预算单价的百分比，用以计算出每个工序的预算单价，然后乘以未完工程各工序的完成量，确定出未完工程的预算成本。其计算公式如下：

某工序预算单价 = 分部分项工程预算单价 × 某工序费用占预算单价的百分比

月末未完工程预算成本 = $\sum$（未完工程中某工序的完成量 × 该工序预算单价）

【例12-19】 假设某分部分项工程由三道工序组成，各工序占该分部分项工程的比重分别为5：3：2，该分部分项工程的预算单价为每平方米10元。其他直接费用及现场经费占定额直接费的7.42%，月末现场盘点，未完施工有200m^2，完成第一道工序的有200m^2，完成第二道工序的有100m^2，则分部分项工程的单价：

甲工序单价 = 10×50% = 5（元）
乙工序单价 = 10×30% = 3（元）
丙工序单价 = 10×20% = 2（元）

未完施工预算成本 =（200×5+100×3）×（1+7.42%）= 1 396.46（元）

应当注意的是，按估价法计算未完施工的成本，先要计算出每个工序的单价，如果工序过多，应将工序适当合并，计算出每一合并工序的单价，然后再乘以相应的未完施工数量来计算。

（4）期末未完施工实际成本的计算。如果期末未完工程的材料费成本占比重较大，且各期期末未完工程量比较均衡，可将未完施工的材料预算成本作为未完施工的实际成本，以简化计算手续。

当期末未完施工占全部工程量的比重较大，且实际成本与预算成本的差异较大时，如果将未完施工的预算成本视为实际成本，就会影响已完工程实际成本的正确性。因此，还应以预算成本为基础，分配计算未完施工的实际成本。计算公式如下：

$$期末未完施工实际成本 = \frac{期初未完施工的实际成本 + 本期发生的生产费用}{已完工程的预算成本 + 期末未完施工的预算成本} \times 期末未完施工预算成本$$

【例12-20】 假设宏伟建筑工程公司工程本期发生的施工费用为 1 120 000 元，期初未完施工成本为 12 000 元，本期已完工程预算成本为 955 000 元，期末未完施工预算成本为 185 000 元，则期末未完施工实际成本为：

$$期末未完施工实际成本 = \frac{12\ 000 + 1\ 120\ 000}{955\ 000 + 185\ 000} \times 185\ 000 = 183\ 702（元）$$

对于尚未竣工的工程，计算出的已完工程实际成本只用于同工程预算成本、工程计划成本进行比较，以确定成本节超，考核成本计划的执行情况，并不从"工程施工"账户转出。这样，"工程施工"账户的余额，就可以反映某工程自开工至本期止累计发生的施工费用，待工程竣工后，再进行成本结转。

2. 竣工后一次结算的工程实际成本的计算

实行竣工后一次结算工程价款办法的工程，企业平时应按月将该工程实际发生的各项施工费用及时登记到"工程成本明细卡"的相关栏内，在工程竣工前，"工程成本卡"中所归集的自开工起至本月末止施工费用累计额，即为该项工程的未完工程的实际成本。工程竣工后，各单位应及时清理施工现场，盘点剩余材料和残次材料，及时办理退库手续，冲减工程成本。同时核算"工程成本卡"中的信息是否属实，如核实无误后，"工程成本卡"中所归集的自开工起至竣工止施工费用累计总额就是竣工工程的实际成本。其计算公式如下：

竣工工程实际成本 = 施工费用月初余额 + 本月施工费用发生额

已完工程实际成本的计算，是通过编制"已完工程成本计算表"进行，见表12-18。

表12-18　已完工程成本计算表　　　　　　　　　　　　　　　　　　　　单位：元

工程名称	期初未完工程成本	本期工程实际成本	期末未完工程成本	本期已完工程成本
甲合同项目	24 800	722 869.78	6 899.20	740 770.58
乙合同项目	1 937 100	499 762 27		2 905 762.30
合　计	1 961 900	1 222 632.05	6 899.20	3 646 532.88

【例12-21】 乙工程已竣工，采用竣工后一次结算办法，结转实际成本 2 905 726.30 元。编制会计分录如下：

　　借：工程结算　　　　　　　　　　　　　　　　　　　2 905 726.30
　　　　贷：工程施工——合同成本——乙工程　　　　　　　　2 905 726.30

根据以上会计分录，登记"工程施工成本明细账"，见表12-14～表12-16。

二、竣工工程成本决算

1. 竣工成本决算的内容及编制方法

竣工成本决算是指企业承建的合同项目竣工以后，本着"工完账清"的原则，在取得竣工单位工程的验收签证后，及时编制竣工成本决算表（见表12-19）。确定已竣工工程的预算成本和实际成本，作为全面考核竣工工程成本节超情况的主要依据。

（1）预算成本各项目应根据预算部门提供的已竣工单位工程的预算总成本和分项预算成本数填列。

（2）实际成本各项目应根据已竣工单位工程"工程成本卡"中自开工起至竣工止各成本项目的累计数填列。

（3）工程成本降低额各项目应根据工程预算成本减去实际成本后的差额填列。相减后的结果为正数，即为降低额；反之，则为超支额，以"-"号表示。

（4）工程成本降低率各项目应根据工程成本降低额占工程预算成本的比率计算，以百分数表示。如为超支率，则应以"-"号表示。

表12-19 竣工成本决算

发包单位：　　　　　　　　　　年　月　日
工程名称：　　　　　　　　　　　　　　　　　　　　建筑面积：
工程结构：　　　　　　　　　　　　　　　　　　　　工程造价：
开工日期：　　　　　　　　　　　　　　　　　　　　竣工日期：

成本项目	预算成本	实际成本	降低额	降低率（%）	简要分析及说明
人工费					
材料费					
机械使用费					
其他直接费					
间接费用					
合计					

2. 工、料、机用量比较分析表的编制

竣工工程办理决算时，需要对竣工工程耗用人工、材料、机械的预算用量、实际用量及其节约或超支额、节约或超支率进行分析，编制本表，其格式见表12-20。表中的预算用量应根据预算部门提供的有关资料汇总填列，实际用量应根据各施工班组提供的"用工台账""用料台账"和"使用机械台账"等资料汇总后填列，节约或超支量以及节约或超支率应根据预算用量和实际用量计算填列。

3. 竣工工程的简要分析与说明

一般可列示预算总造价、单位工程量造价、单位工程量预算成本、单位工程量实际成本等，应根据有关资料分析计算填列。

表12-20　工、料、机用量比较分析表

项　目	单　位	预算用量	实际用量	节（+）超（-）额	节超率（%）
一、人工	工日				
二、材料					
1. 钢材	t				
2. 木材	m³				
3. 水泥	t				
4. 红砖	千块				
5. 碎石	t				
……					
三、机械					
1. 起重机	台班				
2. 搅拌机	台班				

任务 12.5　期间费用的核算

知识目标

1. 掌握管理费用的概念及包括的内容。
2. 掌握财务费用、销售费用的概念及包括的内容。
3. 掌握管理费用、财务费用、销售费用账户的核算内容及使用方法。

能力目标

1. 能正确组织管理费用的核算并会登记管理费用明细账。
2. 能正确组织财务费用销售费用的核算并能登记财务费用销售费用明细账。

期间费用是指本期发生的、不能归于某项工程成本，而直接计入当期损益的各项费用。包括管理费用、财务费用和销售费用。

一、管理费用的核算

1. 管理费用的基本知识

管理费用的内容及核算方法

管理费用是指企业行政管理部门为组织和管理生产经营活动而发生的各种费用。它与企业产品的生产活动没有直接的联系，只是一种总体的、间接的对应关系。管理费用主要包括下列内容。

（1）公司经费。公司经费包括企业行政管理部门职工的工资及福利费等薪酬、物料消耗、低值易耗品摊销、办公费和差旅费等。

（2）工会经费。工会经费指按工资总额的 2% 计提并拨交工会的经费。

（3）董事会费。董事会费指企业最高权力机构董事会及其成员发生的津贴、会议费和差旅费等。

（4）聘请中介机构费。聘请中介机构费指企业聘请中介机构如会计师事务所、资产评估事务所来企业进行验资、审计、评估等支付给中介机构的费用。

（5）咨询费。咨询费指企业向有关咨询机构进行科学技术、经营管理咨询时所支付的费用，包括聘请技术顾问、经济顾问、法律顾问等支付的费用。

（6）诉讼费。诉讼费指企业因向法院起诉或应诉而发生的各项费用。

（7）业务招待费。业务招待费指企业为业务经营的合理需要而支付的招待费用。该费用在下列限额内据实列入管理费用：全年营业收入在1 500万元以下的，不超过年营业收入的5‰。全年营业收入超1 500万元（含1 500万元）不超过该部分营业收入的3‰。按所得税实施条例，企业发生的与生产经营活动有关的业务招待费支出，按照发生额的60%，从税前利润中扣除。

（8）税金。税金指企业按规定缴纳的房产税、车船使用税、土地使用税、印花税、矿产资源补偿费等。

（9）技术转让费。技术转让费指企业按照非专利技术转让合同的约定，使用非专利技术所支付的费用。

（10）研究与开发费。研究与开发费指企业研究开发新产品、新技术、新工艺所发生的新产品设计费、工艺规程制定费、设备调试费、原材料及半成品试验费、技术图书资料费、未纳入国家计划的中间试验费、研究人员的工资、研究设备的折旧、与新产品试制和技术研究有关的其他费用、试制失败发生的损失等。

（11）排污费。排污费指企业按环保部门的规定缴纳的排污费用。

（12）绿化费。指企业对本企业区域内进行绿化而发生的零星绿化费用。

（13）无形资产摊销。指企业分期摊销的无形资产价值，包括专利权、商标权、著作权、土地使用权、非专利技术等的摊销价值。若某项无形资产用于工程施工或用于其他生产活动，则其摊销额计入工程成本或其他资产的成本。

（14）企业在筹建期间内发生的开办费。企业在筹建期间内发生的开办费指企业在筹建期间发生的工资、办公费、培训费、差旅费、印刷费、注册登记费及不计入固定资产成本的借款费用等。

（15）其他管理费用。其他管理费用指企业发生的除以上各项费用之外应列入管理费用的其他各项支出。

2. 管理费用的核算

为了核算和监督管理费用的发生和结转情况，企业应设置"管理费用"账户。该账户属于损益类账户，其借方登记本期实际发生的各项管理费用，贷方登记期末转入"本年利润"账户的管理费用，结转后应无余额。本账户应按管理费用的组成内容设置明细账见表12-21，进行明细分类核算。

表12-21 管理费用明细账

年		凭证号数	摘要	借方							贷方	余额
月	日			招待费	公司经费	工会经费	职工教育经费	咨询费	税金	合计		
略	略	①	支付招待费	2 000						2 000		
		②	分配工资		10 000					10 000		

续表

年		凭证号数	摘要	借方						合计	贷方	余额
月	日			招待费	公司经费	工会经费	职工教育经费	咨询费	税金			
		③	提福利费			1 400				1 400		
		④	付咨询费					2 500		2 500		
		⑤	报差旅费		2 200					2 200		18 100
		⑥	结转管理费								18 100	0
		月 计		2 000	12 000	1 400		2 500		18 100	18 100	

【例12-22】 宏伟建筑工程公司6月管理费用发生情况如下：

① 以现金支付业务招待费2 000元。做会计分录如下：

借：管理费用——业务招待费　　　　　　　　　　　　2 000
　　应缴税费——应缴增值税（进项税额）　　　　　　　260
　　贷：库存现金　　　　　　　　　　　　　　　　　　　　2 260

② 本月分配行政管理人员工资10 000元。做会计分录如下：

借：管理费用——公司经费　　　　　　　　　　　　　10 000
　　贷：应付职工薪酬——工资　　　　　　　　　　　　　10 000

③ 按上述人员工资总额的14%计提职工福利费，做会计分录如下：

借：管理费用——福利费　　　　　　　　　　　　　　1 400
　　贷：应付职工薪酬——应付福利费　　　　　　　　　　1 400

④ 以现金支付技术咨询费2 500元。做会计分录如下：

借：管理费用——咨询费　　　　　　　　　　　　　　2 500
　　应缴税费——应缴增值税（进项税额）　　　　　　　325
　　贷：库存现金　　　　　　　　　　　　　　　　　　　　2 825

⑤ 公司管理人员张峰出差回来报销差旅费2 200元，原借款2 000元，补付现金200元。做会计分录如下：

借：管理费用——公司经费　　　　　　　　　　　　　2 200
　　贷：备用金——张峰　　　　　　　　　　　　　　　　2 000
　　　　库存现金　　　　　　　　　　　　　　　　　　　　200

⑥ 月末，将本月发生的管理费用全部计入当月损益，转入"本年利润"账户。做会计分录如下：

借：本年利润　　　　　　　　　　　　　　　　　　　18 100
　　贷：管理费用　　　　　　　　　　　　　　　　　　　18 100

根据上述会计分录登记管理费用明细账，见表12-21。

二、财务费用的核算

1. 财务费用的基本知识

财务费用指企业为筹集生产经营资金而发生的筹资费用。包括下列内容。

（1）利息支出。企业在施工生产经营过程中因向银行或其他金融机构借款或发行债券等所发生的利息支出（不包括应予资本化的利息）减去存款利息收入后的净额。包括短期借款利息、长期借款利息、应付票据利息、票据贴现利息、应付债券利息等。

（2）汇兑损失。企业在施工生产经营过程中发生的外币债权、债务等业务，由于汇率变动而发生的折合为记账本位币的汇兑损失减去汇兑收益后的净额，以及不同货币兑换汇率与企业账面汇率不同而发生的折合为记账本位币的汇兑损失减去汇兑收益后的净额。企业因购建固定资产所发生的应予以资本化的汇兑净损失，不包括在本项目内。

（3）金融机构手续费。企业在施工生产经营期间因筹集和办理各种结算业务等而支付给银行或其他金融机构的各种手续费。包括企业发行债券所支付的手续费（应予资本化的手续费除外）、开出汇票的银行手续费、调剂外汇手续费等。但企业发行股票所支付的手续费不包括在内。

（4）其他财务费用。除以上各项外企业因筹资而发生的其他费用，如企业发生的现金折扣或收到的现金折扣等。

2. 财务费用的核算

为了核算和监督财务费用的发生和结转情况，应设置"财务费用"账户。该账户属于损益类账户，其借方登记本期实际发生的各项财务费用，贷方登记本期发生的应冲减财务费用的利息收入和汇兑收益，以及期末转入"本年利润"账户的财务费用，结转后应无余额。本账户应按财务费用的组成内容设置明细账见表12-22，进行明细分类核算。

【例12-23】 宏伟建筑工程公司6月财务费用发生情况如下：

① 以转账方式支付银行短期借款利息2 000元。作会计分录如下：

借：财务费用——利息支出　　　　　　　　　2 000
　　贷：银行存款　　　　　　　　　　　　　　　　2 000

② 以转账方式支付银行电汇手续费100元。作会计分录如下：

借：财务费用——手续费　　　　　　　　　　100
　　贷：银行存款　　　　　　　　　　　　　　　　100

③ 收到银行转来的存款利息收入通知单，取得存款利息收入1 000元。作会计分录如下：

借：银行存款　　　　　　　　　　　　　　　1 000
　　贷：财务费用——利息收入　　　　　　　　　　1 000

④ 期末结转本月财务费用，作会计分录如下：

借：本年利润　　　　　　　　　　　　　　　1 100
　　贷：财务费用　　　　　　　　　　　　　　　　1 100

根据上述会计分录登记财务费用明细账，如表12-22。

表12-22　财务费用明细账

年		凭证号数	摘要	借方					贷方	余额
月	日			利息支出	手续费	汇兑损失	其他	合计		
		①	付贷款利息	2 000				2 000		
		②	付手续费		100			100		
		③	收存款利息	-1 000				-1 000		
		④	结转财务费用						1 100	0
			月计	1 000	100			1 100	1 100	

三、销售费用的核算

销售费用是指企业在销售产品、提供劳务等日常经营过程中发生的各项费用，以及专设销售机构的各项经费。包括保险费、包装费、展览费和广告费、商品维修费、预计产品质量保证损失、运输费、装卸费等，以及为销售本企业商品而专设的销售机构（含销售网点、售后服务网点等）的职工薪酬、业务费、折旧费等经营费用。

企业发生的销售费用，在"销售费用"账户核算，该账户属于损益类账户，其借方登记本期实际发生的各项销售费用，贷方登记期末转入"本年利润"账户的销售费用，结转后应无余额。本账户应按销售费用的组成项目设置明细账，进行明细分类核算。如果企业销售费用的发生额很少，可以不单独设置"销售费用"账户进行核算，实际发生的销售费用可并入到"管理费用"中进行核算。

知识梳理

企业在一定时期内为施工生产而发生的各种劳动消耗的货币表现称为生产费用，将生产费用归集到各成本核算对象及其相应的成本项目中，形成工程成本。

费用和成本是企业生产经营过程中发生的支出，生产费用是形成产品成本的基础，两者的经济内容是一致的，都需要用企业在生产经营过程中实现的收入来补偿。但两者也有一定的区别，生产费用是按一定期间归集的，成本则是按一定的核算对象归集计算的。

工程成本核算必须加强成本核算的基础工作，要划清不同的成本界限，按一定的成本核算程序进行工程成本的核算。

辅助生产成本的核算包括归集和分配两部分，辅助生产费用的分配方法有直接转销法和一次交互分配法等。

工程成本核算的内容包括人工费、材料费、机械使用费、其他直接费和间接费的核算，核算原则是凡能够分清受益对象的费用，直接计入有关的受益对象的成本，不能分清受益对象的费用，要采用一定的方法分配计入各受益对象的成本。为了正确计算工程实际成本，企业应设置"工程施工"账户来归集施工生产费用，并开设"工程成本明细账"和"工程成本卡"组织工程成本核算。

期间费用包括管理费用、财务费用和销售费用，它们是本期发生的、不能计入某项工程成本的、应直接计入损益的各项费用。

期末未完工程成本的计算方法有估量法和估价法等，期初期末未完工程的数量相差无几时，可以用未完工程的预算成本代替实际成本计算已完工程的实际成本，否则应将未完工程的预算成本调整为实际成本才能计算完工工程的实际成本。

竣工的工程应及时办理竣工决算，做到工完账清。

复习思考题

1. 什么是材料费？如何归集和分配材料费？
2. 什么是人工费？如何核算工程成本中的人工费？
3. 什么是辅助生产？如何归集和分配辅助生产费用？
4. 机械使用费包括哪些内容？如何归集和分配自有施工机械使用费？
5. 其他直接费的内容包括哪些？
6. 间接费用的内容包括哪些？如何分配施工间接费？
7. 工程成本结算的方式有哪些？
8. 建筑企业的期间费用包括哪些内容？

项目实训

实训项目一

【实训目的】能对间接费用业务进行核算。

【实训资料】

1. ABC公司本月发生下列有关间接费用的经济业务。

（1）分配本月份现场管理人员工资总额20 000元。

（2）发放职工福利费2 800元。

（3）施工单位管理用房屋的原值为500 000元，月折旧费为0.3%。

（4）发生固定资产修理费750元，增值税税率为13%，以银行存款支付。

（5）用银行存款支付差旅交通费2 000元，办公费800元。

（6）领用其他材料，计划成本6 000元，其中5 000元为交通车辆油料，1 000元为办公用消耗材料。本月份材料成本差异率为+1%。

（7）领用一次性摊销的工具500元。

（8）用银行存款支付防暑饮料款3 000元，增值税税率为13%。

（9）临时设施原值为40 000元，预计净残值率为4%，分20个月摊销。

（10）预提工程保修费3 000元。

2. 本月份各项建筑工程的直接费用为：甲工程400 000元，乙工程300 000元。按各工程的直接费比例分配间接费用。

【实训要求】1. 为各项经济业务编制会计分录。

2. 登记"间接费用明细账"。

3. 编制"间接费用分配表"。

实训项目二

【实训目的】能进行工程成本的核算。

【实训资料】ABC 公司第一项目部以单位工程为成本核算对象,本期承建甲、乙两个工程。本月发生以下经济业务,增值税税率为 13%。

1. 购入木材 20m³,买价和运杂费共 11 000 元,以银行存款支付,材料已验收入库。木材的计划成本为 500 元 /m³。

2. 购入红砖 50 000 块,货款 6 500 元,以银行存款支付,材料已验收入库。红砖的计划成本为 120 元 / 千块。

3. 购入水泥 30t,货款 16 500 元,以银行存款支付,材料已验收入库。红砖的计划成本为 520 元 /t。

4. 甲工程领用木材 10m³,乙工程领用 5m³。

5. 甲工程领用大堆材料 20 000,乙工程领用大堆材料 15 000。(均为计划成本)

6. 以银行存款的形式支付机械租赁费 14 000 元,共 70 个班台,其中甲工程 40 个班台,乙工程 30 个班台。

7. 项目部管理部门购买取暖煤 1 000 元,以银行存款的形式支付。

8. 甲、乙工程各领红砖 20 000 块。

9. 以银行存款支付施工现场二次材料搬运的其他直接费用 5 000 元,其中甲工程应负担 3 000 元,乙工程应负担 2 000 元。

10. 本月应分配工资如下:甲工程建安工人工资 15 000 元,乙工程建安工人工资 10 000 元,项目部管理人员工资 5 000 元,材料部门人员工资 2 000 元。

11. 发放福利费 4 480 元。

12. 以银行存款支付各种采购保管费 3 000 元。

13. 以现金支付职工探亲费 800 元。

14. 按月折旧率 0.8%,提取折旧,项目管理部门固定资产原值为 300 000 元,材料部门固定资产原值 40 000 元。

15. 期末将本月发生的采购保管费按各类材料的买价和运杂费按比例在个材料之间分配。

16. 结转本期购入材料的价差。

17. 分配发出材料应负担的价差,假定材料成本差异率为 2%。

18. 按各工程实际发生的直接费用分配项目部发生的间接费用。

19. 月末盘点,甲工程未完施工成本为 1 500 元,其中人工费 300 元,材料费 900 元,机械使用费 75 元,其他直接费 100 元,间接费 125 元;乙甲工程未完施工成本为 1 000 元,其中,人工费 250 元,材料费 500 元,机械使用费 60 元,其他直接费 90 元,间接费 100 元;计算已完工程实际成本。

【实训要求】1. 计算甲、乙工程本月发生的实际成本。
2. 为各项经济业务编制会计分录。

项目 12　工程成本核算实务测试题

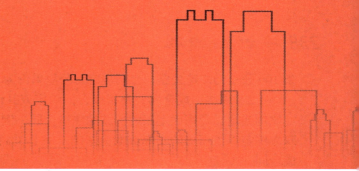

收入和利润核算实务

任务 13.1　建造合同收入的核算

知识目标

1. 掌握建造合同的概念、特征、种类。
2. 掌握建造合同收入的确认方法。
3. 掌握完工百分比的计算方法。
4. 掌握主营业务收入、主营业务成本、税金及附加、工程施工-合同毛利账户的核算内容及使用方法。

能力目标

1. 能计算各年合同的完工百分比。
2. 能确认各年的合同收入、合同毛利、合同费用。
3. 能对各年的合同收入、合同毛利、合同费用进行核算。

项目 13 课程思政阅读材料

一、建造合同的基本知识

1. 建造合同的概念及特征

建造合同,是指为建造一项或数项资产,或者在设计、技术、功能、最终用途等方面密切相关的资产而订立的合同。其中,资产是指房屋、道路、桥梁、水坝等建筑物,以及船舶、飞机、大型机械设备等。

建造合同属于经济合同范畴,是一种特殊类型的经济合同,其主要特征表现在以下几点。

① 针对性强,先有买主(即客户),后有标的(即资产),建造资产的工程范围、建设工期、工程质量和工程造价等内容在签订合同时已经确定。

② 建设工期长,资产的建造一般需要跨越一个甚至几个会计年度。

③ 建造的资产体积大,造价高。

④ 建造合同一般是不可撤销的合同。

2. 建造合同的类型

建造合同按合同价款确定方法的不同分为固定造价合同和成本加成合同。

(1) 固定造价合同。是指按照固定的合同价款或固定单价确定工程价款的建造合同。例如,宏伟建筑工程公司与 A 公司签订一项施工合同,合同规定建造商住楼造价为 3 000 万元,该项合同即是固定造价合同。又如,宏伟建筑公司与 B 公司签订一项施工合同,建造一条 100 公里的高速公路，合同规定每公里单价为 550 万元，则该项合同是固定造价合同。

（2）成本加成合同。是指以合同约定或其他方式议定的成本为基础，加上该成本的一定比例或定额费用确定工程价款的建造合同。例如，宏伟建筑公司为一工厂建造一栋厂房，双方约定以该厂房的实际成本为基础，加上 3% 的加成率计算合同价款，该合同就是成本加成合同。

固定造价合同和成本加成合同的最大区别在于它们所含风险的承担者不同，固定造价合同的风险主要由承包人承担，而成本加成合同的风险主要由发包人承担。

3. 建造合同收入的构成

建造合同收入一般包括两部分，即合同的初始收入和追加收入。

（1）合同的初始收入。初始收入是指建造承包商与客户在双方签订的建造合同中的合同总金额或总价款，它构成合同收入的基本内容。

（2）合同的追加收入。追加收入是指因合同变更、索赔、奖励等形成的收入，是承包商与建设单位双方在执行合同过程中由于合同变更、索赔、奖励等原因而形成的追加收入，该收入数额在双方签订的合同金额之外，施工单位不能随意确认该项收入，而必须经过建设单位和监理单位的签证同意后，才能作为建造合同收入。

① 合同变更收入。合同变更是指建设单位为改变合同规定的作业内容提出的调整。因合同变更而追加的收入应同时具备下列两个条件：其一，建设单位能够认可因变更而增加的收入；其二，收入能够可靠地计量。

② 索赔款收入。索赔款是指因建设单位或第三方的原因造成的，由建造承包商向建设单位或第三方收取的，用于补偿不包括在合同造价中的成本的款项。因索赔而追加的收入应同时具备下列两个条件：其一，根据谈判情况，预计对方能够同意这项索赔；其二，对方同意接受的金额能够可靠地计量。

③ 奖励款收入。奖励款是指工程达到或超过规定的合同标准时，建设单位同意支付给建造承包商的额外款项。因奖励而追加的收入，应同时具备下列两个条件：其一，根据目前合同完成情况，足以判断工程进度和工程质量能够达到或超过规定的标准；其二，奖励金额能够可靠地计量。

【例 13-1】 宏伟建筑公司 2019 年与 A 公司签订一份金额为 3 500 万元的固定造价合同，建造一座商住楼，合同规定建设工期为 30 个月，工程质量为合格。2020 年，A 公司改变部分设计，要求增加安装中央空调系统，并同意增加变更收入 300 万元；同时 A 公司要求宏伟建筑公司将该商住楼创建为优良工程，并同意支付优质工程奖 70 万元；另外，A 公司由于资金周转困难，要求宏伟建筑公司暂停施工 6 个月，工期顺延，并同意支付延误工期款 30 万元。

从以上资料分析，该项建造合同的初始收入为 3 500 万元，追加收入为 400 万元，其中变更收入 300 万元，索赔款收入 30 万元，奖励款收入 70 万元。因此，宏伟建筑公司 2020 年的合同总收入应为 3 900 万元。应该注意的是，如果该商住楼工程质量经认定未达到优良标准，则该建筑公司就不能确认此项奖励款收入。

二、建造合同收入和合同费用的确认

确认合同收入及合同费用总的原则是：判断建造合同的结果能否可靠估计，如果建造合同的结果能够可靠估计的，应当根据完工百分比法在资产负债表日确认合同收入和合同费用；如果建造合同的结果不能可靠估计的，要区别不同情况进行相应的处理。

1. 建造合同的结果能够可靠估计

判断建造合同的结果能够可靠估计的条件。建造合同的类型不同，判断其结果能够可靠地估计的前提条件也不同。

（1）固定造价合同的结果能否可靠地估计，必须同时满足以下四个条件。

① 合同总收入能够可靠计量。合同总收入一般根据建造承包商与客户订立的合同中的合同总金额来确定，如果在合同中明确规定了合同总金额，且订立的合同是合法的，则说明合同总收入能够可靠地计量；反之，则意味着合同总收入不能可靠计量。

② 与合同相关的经济利益很可能流入企业。经济利益是指直接或间接地流入企业的现金或现金等价物，表现为资产的增加，或表现为负债的减少，或两者兼而有之。与合同相关的经济利益能够流入企业意味着企业能够收回合同价款。合同价款能否收回，取决于双方能否正常履行合同，主要根据直接经验或从其他方面取得的信息进行判断。

③ 实际发生的合同成本能够清楚区分和可靠计量。为完成合同已经发生的合同成本能否清楚地区分和可靠地计量，关键在于建造承包商能否做好合同成本核算工作，能否准确计算合同成本。如果能够正确划分当期成本和下期成本的界限，能够划清已完工程成本和未完工程成本之间的界限，能够划清不同成本核算对象的界限，则说明已经发生的成本能够清楚地区分和可靠地计量，以便实际合同成本能够与以前的预计成本相比较，反之，则意味着不能够清楚地区分和可靠地计量。

④ 合同完工进度和为完成合同尚需发生的成本能够可靠确定。合同完工进度能够可靠确定，意味着建造承包商能够严格履行合同条款，已经或正在为完成合同而进行工程施工，并已完成了一定的工程量，达到了一定的工程形象进度，为将要完成的工程量能够作出科学、可靠的测定。为完成合同尚需发生的成本能否可靠确定，关键在于建造承包商是否已经建立了完善的内部成本核算制度和有效的内部财务预算及报告制度，能否对为完成合同尚需发生的合同成本作出可靠的估计。

（2）成本加成合同的结果能否可靠地估计，必须同时满足以下两个条件：与合同相关的经济利益很可能流入企业；实际发生的合同成本，能够清楚地区分并且能够可靠地计量。

2. 建造合同的结果不能可靠估计

在建造合同的结果不能可靠估计的情况下，企业不能采用完工百分比法确认合同收入和费用，而应区别以下两种情况进行处理。

（1）合同成本能够收回的，合同收入根据能够收回的实际合同成本加以确认，合同成本在其发生的当期确认为合同费用。

（2）合同成本不可能收回的，应在发生时立即确认为费用，不确认收入。若以后会计期间使建造合同结果不能可靠估计的不确定因素不复存在，则按前述方法确认与建造合同有关的收入和费用。

3. 完工百分比法

完工百分比法是根据合同完工进度确认合同收入和合同费用的方法。

（1）完工进度的确认方法。完工进度的确认方法有三种。

① 根据累计实际发生的合同成本占合同预计总成本的比例确定，该方法是一种投入衡量法，是确定合同完工进度较常用的方法。计算公式如下：

$$合同完工进度 = \frac{累计实际发生的合同成本}{合同预计总成本} \times 100\%$$

采用以上方法时，"累计实际发生的合同成本"不包括与合同未来活动相关的合同成本，如施工中尚未安装、使用或耗用的材料成本以及在分包工程的工作量完成之前预付给分包单位的款项。"合同预计总成本"是根据累计实际发生的合同成本和预计完成合同尚需发生的成本计算确定的，各年的预计总成本不一定相同。

② 根据已经完成的合同工作量占合同预计总工作量的比例确定，该方法是一种产出衡量法，适用于合同工作量容易确定的建造合同，如道路工程、土石方工程、砌筑工程等。计算公式如下：

$$合同完工进度 = \frac{已完成的合同工作量}{合同预计总工作量} \times 100\%$$

③ 已完合同工作的技术测量法，该方法是在无法根据上述两种方法确定合同完工进度时所采用的一种特殊的技术测量方法，适用于一些特殊的建造合同，如水下施工工程等，这种技术测量应由专业人员现场进行科学测定，而不是由建筑施工企业自行随意测定。

（2）按完工百分比法确认合同收入和费用。

在资产负债表日，企业应根据完工进度确认各期的合同收入和合同费用。计算方法如下：

当期确认的合同收入 = 合同总收入 × 完工进度 - 以前会计期间累计确认的合同收入

当期确认的合同毛利 =（合同总收入 - 合同预计总成本）× 完工进度 - 以前会计期间累计确认的合同毛利

当期确认的合同费用 = 当期确认的合同收入 - 当期确认的合同毛利

公式中的完工进度实际上是累计完工进度。

【例 13-2】 宏伟建筑工程公司签订了一项总金额为不含税 1 800 万元为期三年的建造合同，2018 年实际发生合同成本 600 万元，年末预计完成合同还需 900 万；2019 年实际发生合同成本 680 万元，年末预计完成合同还需 320 万元，假设 2020 年为完成合同又发生成本 320 万元，年末合同完工。公司各年合同收入和合同费用确认如下：

2018 年合同完工进度 =600/（600+900）×100%=40%

2018 年应确认的合同收入 =1 800×40%=720（万元）

2018 年应确认的合同毛利 =（1 800-600-900）×40%=120（万元）

2018 年应确认的合同费用 =720-120=600（万元）

2019 年合同完工进度 =（600+680）/（600+680+320）×100%=80%

2019 年应确认的合同收入 =1 800×80%-720=720（万元）

2019 年应确认的合同毛利 =（1 800-1 280-320）×80%-120=40（万元）

2019 年应确认的合同费用 =720-40=680（万元）

2020年应确认的合同收入 =1 800-720-720=360（万元）
2020年应确认的合同毛利 =（1 800-1 280-320）-120-40=40（万元）
2020年应确认的合同费用 =360-40=320（万元）

三、建造合同收入的核算

对建造合同收入核算时应设置如下账户。

（1）"主营业务收入"账户。本账户属于损益类账户，用来核算建筑企业当期确认的合同收入，其贷方登记企业当期确认的建造合同收入，借方登记期末转入"本年利润"账户的合同收入，结转后无余额。

（2）"主营业务成本"账户。本账户属于损益类账户，用来核算建筑企业当期确认的合同费用，其借方登记企业当期确认的合同费用，贷方登记期末转入"本年利润"账户的合同费用，结转后无余额。

（3）"工程施工——合同毛利"账户。本账户用来核算企业当期确认的合同毛利或损失。借方登记确认的合同毛利，贷方登记确认的合同损失，期末借方余额反映累计确认的毛利，期末贷方余额反映累计确认的亏损，工程竣工后，本账户和"工程施工——合同成本"账户一起与"工程结算"账户对冲结平。

【例13-3】 江滨市宏伟建筑工程公司于2019年签订了一项总金额为3 000 000元的建造合同。增值税税率为9%，工期为两年。该建造合同的结果能可靠地估计，在资产负债表日按完工百分比法确认合同收入和费用。有关资料见表13-1。

表13-1 建造合同资料

单位：元

项 目	2019年	2020年	合计
合同总价款			3 000 000
实际发生成本	1 000 000	1 550 000	2 550 000
估计至完工尚需投入成本	1 500 000		
已经结算的工程价款	1 100 000	1 90 000	3 000 000
实际收到价款	1 000 000	2 000 000	3 000 000

2019年宏伟建筑工程公司作如下会计分录：

发生实际成本：

借：工程施工——合同成本　　　　　　　　　　　　1 000 000
　　贷：原材料、应付职工薪酬等　　　　　　　　　　　　1 000 000

开出账单结算工程价款：

借：应收账款　　　　　　　　　　　　　　　　　　1 199 000
　　贷：工程结算　　　　　　　　　　　　　　　　　　　1 100 000
　　　　应缴税费——应缴增值税（销项税额）　　　　　　　99 000

收到工程价款：

借：银行存款 1 090 000
　　贷：应收账款 1 090 000

2019 年确认和计量当年的合同收入和费用：

　　合同完工进度 =1 000 000/（1 000 000+1 500 000）=40%
　　2019 年确认的合同收入 =3 000 000×40%=1 200 000（元）
　　2019 年确认的合同费用 =（1 000 000+1 500 000）×40%=1 000 000（元）
　　2019 年确认的毛利 =1 200 000-1 000 000=200 000（元）

2019 年年末确认收入和费用：

借：主营业务成本 1 000 000
　　工程施工——合同毛利 200 000
　　贷：主营业务收入 1 200 000

2020 年宏伟建筑工程公司作如下会计分录：

发生实际成本：

借：工程施工——合同成本 1 550 000
　　贷：原材料、应付职工薪酬等 1 550 000

开出账单结算工程价款：

借：应收账款 2 071 000
　　贷：工程结算 1 900 000
　　　　应缴税费——应缴增值税（销项税额） 171 000

收到工程价款：

借：银行存款 2 180 000
　　贷：应收账款 2 180 000

确认和计量当年的合同收入和费用：

　　2020 年年确认的合同收入 =3 000 000-1 200 000=1 800 000（元）
　　2020 年年确认的合同费用 =1 550 000（元）
　　2020 年年确认的毛利 =1 800 00-1 550 000=250 000（元）

2020 年末确认收入和费用：

借：主营业务成本 1 550 000
　　工程施工——合同毛利 250 000
　　贷：主营业务收入 1 800 000

合同完工时，应结清工程施工和工程结算账户：

借：工程结算 3 000 000
　　贷：工程施工——合同成本 2 550 000
　　　　　　　　——合同毛利 450 000

【例 13-4】 宏伟建筑工程公司与客户签订了一项总金额为 3 000 000 元的建造合同，第一年实际发生的工程成本为 100 万元，双方均能履行合同规定的义务。但年末时，建筑公司对该项工程的完工进度无法可靠估计，但客户能够履行合同，且当年发生的成本均能收回。在这种情况下，该公司不能采用完工百分比法确认收入，应将当年发生的成本金额同时确认为当年的收入和费用，当年不确认利润，会计分录如下：

借：主营业务成本　　　　　　　　　　　　　　1 000 000
　　贷：主营业务收入　　　　　　　　　　　　　　1 000 000

如果当年该公司与客户只办理工程价款结算 500 000 元，由于客户出现财务困难，其余款项可能收不回来。在这种情况下，该公司只能将 500 000 元确认为当年的主营业务收入，1 000 000 元确认为当年的费用。会计分录如下：

借：主营业务成本　　　　　　　　　　　　　　1 000 000
　　贷：主营业务收入　　　　　　　　　　　　　　500 000
　　　　工程施工——合同毛利　　　　　　　　　500 000

任务 13.2　其他业务收入的核算

知识目标

1. 掌握其他业务收入内容及其确认原则。
2. 掌握其他业务收入、其他业务成本账户的核算内容及使用方法。

能力目标

能对发生的其他业务收入与成本结转业务进行核算。

一、其他业务收入的基本知识

1. 其他业务收入的内容

建筑企业除从事建筑安装工程施工外，往往还从事一些其他经营活动，如销售材料、提供机械作业、运输作业等，由此取得的经营收入属于其他业务收入。主要包括销售商品取得收入、提供劳务取得的收入、让渡资产使用权取得的收入等。

2. 商品销售收入

企业销售商品时，必须同时符合以下 5 个条件，才能确认为收入。
① 企业已将商品所有权上的主要风险和报酬转移给购货方。
② 企业既没有保留通常与所有权相联系的继续管理权，也没有对已售出的商品实施有效控制。
③ 收入的金额能够可靠计量。
④ 相关经济利益很可能流入企业。
⑤ 相关的已发生的或将发生的成本能够可靠计量。

企业销售商品时，首先要判断销售业务是否符合商品销售收入确认的条件。符合条件的，应及时确认收入，并结转相关销售成本。对商品已经发出，但不符合收入确认条件的，应将发出商品的成本，通过"发出商品""分期收款发出商品"等账户核算。

采用预收款方式销售商品的，销售方直到收到最后一笔款项才将商品交付购货方，表明商品所有权上的主要风险和报酬只有在收到最后一笔款项时才转移给购货方，企业通常应在发出商品时确认收入，在此之前预收的货款应确认为预收账款。

在有商业折扣、现金折扣、销售折让、销货退回情况下，销售收入的确认应分析上述因素后重新确认。涉及商业折扣的，应当按照扣除商业折扣后的净额来确认销售商品收入金额。涉及现金折扣的，应当按照扣除现金折扣前的金额确定销售商品收入金额。涉及销售折让的，若发生在确认销售收入之前，应在确认销售收入时直接按扣除折让后的金额确认，否则应当在发生时冲减当期的销售商品收入。涉及销售退回的，若发生在企业确认收入之前的，应当将发出商品的成本转回；若发生在企业确认收入之后的，一般应冲减退回当月的销售收入，同时冲减退回当月的销售成本。如该项销售已经发生现金折扣或销售折让的，应在退回当月一并调整。

3. 提供劳务收入

劳务收入是指企业通过对外提供劳务实现的收入。如运输、机械修理等。对于一次完成的劳务或在同一会计年度内开始并完成的，其劳务收入应于劳务完成时确认，同时结转劳务的成本。若劳务的开始和完成分属于不同会计期间，其收入的确认采用完工百分比法确认，参照建造合同收入和费用的确认。其计算公式如下：

本期确认的收入 = 劳务收入 × 本期末止劳务的完成程度 - 以前会计期间累计已确认的收入

本期确认的费用 = 劳务总成本 × 本期末止劳务的完成程度 - 以前会计期间累计已确认的费用

4. 让渡资产使用权收入

让渡资产使用权收入主要包括利息收入、使用费收入和现金股利收入。利息收入主要是指金融企业对外贷款形成的利息收入，以及同业之间发生往来形成的利息收入。使用费收入主要是指企业转让无形资产（如专利权、商标权等）的使用权所形成的使用费收入。现金股利收入见长期股权投资的核算。这里主要介绍使用费收入。

让渡资产的使用权收入的确认原则如下：

（1）相关的经济利益很可能流入企业。企业应根据对方的信誉情况、当年的效益情况以及双方就结算方式、付款期限等达成的协议等方面进行判断。如果企业估计收入收回的可能性不大，就不应确认收入。

（2）收入的金额能够可靠计量。让渡资产使用权的收入金额，应按照有关合同或协议约定的收费时间和方法计算确定，利息收入根据合同或协议规定的存、贷款利率确定；使用费收入按与其资产使用者签订的合同或协议确定。现金股利收入，按被投资单位宣告的现金股利分配方案和持股比例确定。当收入的金额能够可靠地计量时，企业才能进行确认。

二、其他业务收入核算

为了核算和监督其他业务收入的发生情况应设置以下两个账户。

"其他业务收入"账户。核算企业从事工程施工以外的其他业务取得的收入，其贷方登记取得的各项其他业务收入，借方登记期末转入"本年利润"账户的其他业务收入总额，期末结转后应无余额。本账户应按其他业务的种类设置明细账进行明细核算。

"其他业务成本"账户。核算企业确认的除主营业务活动以外的其他经营活动发生的支出，包括销售材料的成本、出租固定资产的折旧、出租无形资产的摊销等。其借方登记实际发生的其他业务成本，贷方登记期末转入"本年利润"账户的其他业务成本总额，期末结转后应无余额。本账户应按其他业务的种类设置明细账进行明细核算。

【例13-5】 宏伟建筑工程公司所属的预制构件厂向某建筑公司销售空心板200立方米，销售价款84 800元（含6%的增值税），货物已发出，款项已收存银行。该批空心板的成本为60 000元。

确认销售收入时，作如下会计分录：
借：银行存款　　　　　　　　　　　　　　　　　　　　84 800
　　贷：其他业务收入　　　　　　　　　　　　　　　　　　　80 000
　　　　应缴税费——应缴增值税　　　　　　　　　　　　　　4 800

结转商品成本时，作如下会计分录：
借：其他业务成本　　　　　　　　　　　　　　　　　　60 000
　　贷：库存商品　　　　　　　　　　　　　　　　　　　　　60 000

计算并结转相关税金及附加时，作如下会计分录：
借：税金及附加　　　　　　　　　　　　　　　　　　　　　480
　　贷：应缴税费——城市维护建设税　　　　（4 800×7%）=336
　　　　其他应缴款——教育费附加　　　　　（4 800×3%）=144

【例13-6】 宏伟建筑工程公司附属的金属构件厂向乙企业销售一批金属构件，成本为38 000元，销售价款共计53 000元（含6%的增值税）。货到后，乙企业认为商品质量不符合要求，提出在价格上给予10%的折让。金属构件厂调查后同意了乙企业的要求，并办妥了有关手续。金属构件厂的会计处理如下：

确认销售收入时：
借：应收账款——乙企业　　　　　　　　　　　53 000
　　贷：其他业务收入　　　　　　　　　　　　　　　50 000
　　　　应缴税费——应缴增值税　　　　　　　　　　3 000

发生销售折让时：
借：其他业务收入　　　　　　　　　　　　　　5 000
　　应缴税费——应缴增值税　　　　　　　　　　　300
　　贷：应收账款——乙企业　　　　　　　　　　　　5 300

实际收到款项时：
借：银行存款　　　　　　　　　　　　　　　　47 700
　　贷：应收账款——乙企业　　　　　　　　　　　　47 700

结转销售成本时：
借：其他业务支出　　　　　　　　　　　　　　38 000
　　贷：库存商品　　　　　　　　　　　　　　　　　38 000

【例13-7】 假设上例中的产品因质量严重不合格被退回。会计处理如下：

冲减销售收入时：
借：其他业务收入　　　　　　　　　　　　　　50 000
　　应缴税费——应缴增值税　　　　　　　　　　3 000

　　　　贷：银行存款　　　　　　　　　　　　　　　　　　53 000
　　冲销已结转的销售成本时：
　　　　借：库存商品　　　　　　　　　　　　　　　　　　38 000
　　　　　　贷：其他业务支出　　　　　　　　　　　　　　　　38 000
　　销售退回业务中，由本企业负担的运杂费计入"销售费用"账户。

【例13-8】　宏伟建筑工程公司所属的汽车运输队对外提供运输劳务，本月发生运输作业成本2 200元，完成运输任务后，收到客户为支付运费签发的一张金额为3 800元的转账支票，增值税税率为9%。会计处理如下：

　　确认收入时：
　　　　借：银行存款　　　　　　　　　　　　　　　　　　3 800
　　　　　　贷：其他业务收入　　　　　　　　　　　　　　　 3 486.24
　　　　　　　　应缴税费——应缴增值税（销项税额）　　　　313.76
　　结转成本时：
　　　　借：其他业务支出　　　　　　　　　　　　　　　　2 200
　　　　　　贷：机械作业　　　　　　　　　　　　　　　　　2 200
　　计提税金及附加时：
　　　　借：税金及附加　　　　　　　　　　　　　　　　　31.37
　　　　　　贷：应缴税费——城市维护建设税　　　　　　　　21.96
　　　　　　　　其他应缴款——教育费附加　　　　　　　　　 9.41

【例13-9】　宏伟建筑工程公司将扩底灌注桩专利的使用权转让给市建一公司，转让期5年，每年收取使用费60 000元，增值税税率为6%。同时，派出两名技术人员进行技术指导，共支付费用5 800元。会计处理如下：

　　取得收入时：
　　　　借：银行存款　　　　　　　　　　　　　　　　　　63 600
　　　　　　贷：其他业务收入　　　　　　　　　　　　　　　60 000
　　　　　　　　应缴税费——应缴增值税（销项税额）　　　　3 600
　　发生费用时：
　　　　借：其他业务支出　　　　　　　　　　　　　　　　5 800
　　　　　　贷：银行存款　　　　　　　　　　　　　　　　　5 800

【例13-10】　宏伟建筑工程公司将一台装载机出租给市建二公司使用，租赁合同规定月租金为15 000元，增值税税率为9%，于月初支付。

　　企业收到租金时：
　　　　借：银行存款　　　　　　　　　　　　　　　　　　16 350
　　　　　　贷：其他业务收入　　　　　　　　　　　　　　　15 000
　　　　　　　　应缴税费——应缴增值税（销项税额）　　　　1 350
　　假设该装载机本月应计提折旧600元，作会计分录如下：
　　　　借：其他业务支出　　　　　　　　　　　　　　　　600
　　　　　　贷：累计折旧　　　　　　　　　　　　　　　　　600

任务 13.3　政府补助的核算

> **知识目标**
> 1. 掌握政府补助的概念、特征、分类。
> 2. 掌握政府补助的核算方法。

> **能力目标**
> 1. 能对与收益相关的政府补助进行核算。
> 2. 能对与资产相关的政府补助进行核算。

一、政府补助的基本知识

1. 政府补助的概念

政府补助指企业从政府无偿取得的货币性资产或非货币性资产，但不包括政府作为企业所有者投入的资本。其中定义中的"政府"包括各级政府及其机构，国际的类似组织也在其范围之内。定义中的"货币性资产"，是指企业持有的货币资金和将以固定或可确定的金额收取的资产。定义中的非货币性资产，是指货币资产以外的资产，包括存货、固定资产、无形资产、股权投资以及不准备持有至到期的债券投资等。

2. 政府补助的特征

（1）无偿的有条件性。政府向企业提供的补助属于非互惠交易，无偿性是基本特征。但通常会附有一定条件，主要包括两方面：

① 政策条件（即申报条件）。政府补助是政府为了鼓励或扶持某个行业、区域或领域的发展而给予企业的一种财政支持，具有很强的政策性。例如，政府向企业提供的产业技术研究与开发资金补助，其政策条件为企业申报的产品或技术必须是符合国家产业政策的新产品、新技术。

② 使用条件。企业已获批准取得政府补助的，应当按照政府相关文件等规定的用途使用政府补助。例如，企业从政府无偿取得的治污专项研究资金，必须用于相关政策文件中规定的专项治污项目。

（2）政府补助的形式，可以是货币形式和非货币形式，形成企业的收益。

（3）政府补助来源于政府。

（4）政府资本性投入不属于政府补助。企业收到的政府以投资者身份投入的资本性拨款，由于政府享有企业相应的所有权和分配权，政府与企业之间是投资者与被投资者的关系，对政府财政部门拨付的这部分资本性投入无论采用何种形式，均不属于政府补助。

需说明的是，增值税出口退税不属于政府补助，其实质上是政府归还企业事先垫付的资金。

3. 政府补助的分类

政府补助按补助内容划分，其主要形式可分为财政拨款、财政贴息、税收返还和无偿划拨非货币性资产等。

按是否存在限制条件，可分为附条件的政府补助和无条件的政府补助。

按补助对象划分，可分为与资产相关的政府补助和与收益相关的政府补助。

二、政府补助的会计处理

1. 与收益相关的政府补助

收到与收益相关的政府补助时，按实际收到或应收的金额借记"银行存款""其他应收款"等，贷记"营业外收入""递延收益"。其中用于补偿企业已发生的相关费用或损失记入"营业外收入"，用于补偿企业以后期间的相关费用或损失的，记入"递延收益"。在发生相关费用或损失的未来期间，按应补偿的金额，借记"递延收益"，贷记"营业外收入"。

【例13-11】 宏伟建筑工程公司承建大型市政工程，向建设银行贷款6 000万元，假设同期银行贷款利率为5%。2020年1月1日，公司收到财政部门拨付的补贴款75万元，用于偿还企业2020年一季度建设银行的贷款利息。

2020年1月1日收到财政贴息时：
借：银行存款　　　　　　　　　　　　　　　　　750 000
　　贷：递延收益　　　　　　　　　　　　　　　　　750 000

2020年1、2、3月将财政贴息计入当期损益时：
借：递延收益　　　　　　　　　　　　　　　　　250 000
　　贷：营业外收入　　　　　　　　　　　　　　　　250 000

2. 与资产相关的政府补助

收到与资产相关的政府补助在实际工作中较少出现，如用于购买固定资产或无形资产的财政拨款，应先按实际收的款项借记"银行存款"，贷记"递延收益"；用政府补助购建长期资产时，通过"在建工程"等账户归集，贷记"银行存款"，完成后转为固定资产或无形资产；在该资产可供使用时起，按照该资产预计使用年限，将递延收益平均分摊转入当期收益，借记"递延收益"，贷记"营业外收入"；相关资产在使用寿命结束时或提前被处置时，尚未分摊的递延收益余额一次性转入资产处置当期收益，借记"递延收益"，贷记"营业外收入"。

【例13-12】 2010年1月1日，政府拨付宏伟建筑工程公司510万元财政拨款，用于购买大型施工设备一台。2010年1月31日，公司购入不需安装的大型设备，实际成本600万元，其中90万元以自有资金支付，该设备使用寿命10年，采用直线法计提折旧，残值率10%。2020年1月31日，公司出售该设备，取得价款350万元。假定不考虑其他因素，相关的会计处理如下：

2010年1月1日，收到财政拨款时：
借：银行存款　　　　　　　　　　　　　　　　5 100 000
　　贷：递延收益　　　　　　　　　　　　　　　　5 100 000

2010年1月31日，公司购入设备时：

借：固定资产　　　　　　　　　　　　　　　　　6 000 000
　　贷：银行存款　　　　　　　　　　　　　　　　　　6 000 000

2010年2月起每月计提折旧，同时分摊递延收益时：

借：机械作业　　　　　　　　　　　　　　　　　　45 000
　　贷：累计折旧　　　　　　　　　　　　　　　　　　　4 5000
借：递延收益　　　　　　　　　　　　　　　　　　42 500
　　贷：营业外收入　　　　　　　　　　　　　　　　　　42 500

2020年1月31日，公司出售该设备时：

借：固定资产清理　　　　　　　　　　　　　　　3 300 000
　　累计折旧　　　　　　　　　　　　　　　　　2 700 000
　　贷：固定资产　　　　　　　　　　　　　　　　　　6 000 000
借：银行存款　　　　　　　　　　　　　　　　　3 500 000
　　贷：固定资产清理　　　　　　　　　　　　　　　　3 300 000
　　　　营业外收入　　　　　　　　　　　　　　　　　　200 000
借：递延收益　　　　　　　　　　　　　　　　　2 550 000
　　贷：营业外收入　　　　　　　　　　　　　　　　　2 550 0000

3. 综合性项目的政府补助

企业对于综合性项目的政府补助，应将其分解为与资产相关的部分和收益相关的部分，分别进行会计处理；难以区分的，将政府补助整体归类为与收益相关的政府补助，视情况不同计入当期损益，或在项目期内分期确认为当期收益。

【例13-13】 2018年1月1日，宏伟建筑工程公司下属房地产公司开发市政府重点工程，工期2年，向建设银行贷款6 000万元，同期银行贷款利率5%。政府同意拨付200万元作为贴息资金，分别于2019年1月1日拨付120万元和2020年1月1日拨付80万元。

会计处理如下：

2018年1月1日，收到资金时：

借：银行存款　　　　　　　　　　　　　　　　　1 200 000
　　贷：递延收益　　　　　　　　　　　　　　　　　　1 200 000

2019年1月1日起在项目期内分配递延收益时：

借：递延收益　　　　　　　　　　　　　　　　　　100 000
　　贷：营业外收入　　　　　　　　　　　　　　　　　　100 000

2020年1月1日，收到资金时：

借：银行存款　　　　　　　　　　　　　　　　　　800 000
　　贷：营业外收入　　　　　　　　　　　　　　　　　　800 000

任务 13.4　所得税的核算

知识目标

1. 掌握当期所得税、应纳税所得额的计算方法。
2. 掌握递延所得税资产与递延所得税负债的确认与会计处理方法。

能力目标

能进行所得税纳税调整。

一、当期所得税的计算与会计处理

当期所得税是指企业按照税法规定计算确定的针对当期发生的交易和事项，应缴纳的所得税金额，即当期应缴所得税。

企业在确定当期应缴所得税时，对于当期发生的交易或事项，会计处理与税收处理不同的是，应在会计利润的基础上，按照适用税收法规的规定进行调整，计算出当期应纳税所得额，按照应纳税所得额与适用所得税税率计算确定当期应缴所得税。

当期应缴所得税＝应纳税所得额×所得税税率
应纳税所得额＝税前会计利润＋纳税调整增加额－纳税调整减少额

"纳税调整增加额"包括税法规定允许扣除项目中，企业已计入当期费用但超过税法规定扣除标准的金额，及企业已计入当期损失但税法规定不允许扣除项目的金额。"纳税调整减少额"包括按税法规定允许弥补的亏损和准予免税的项目，如国债利息收入等。

【例 13-14】　宏伟建筑工程公司 2020 年度利润表中利润总额为 3 000 万元，该公司适用的所得税税率为 25%。2020 年会计处理与税收处理存在差别的有：

① 2020 年 1 月开始计提折旧的一项固定资产，成本为 1 500 万元，使用年限为 10 年，净残值为 0，会计处理按双倍余额递减法计提折旧，税收处理按直线法计提折旧。假定税法规定的使用年限及净残值与会计规定相同。

② 向关联企业捐赠现金 500 万元。假定按照税法规定，企业向关联方的捐赠不允许税前扣除。

③ 当期取得作为交易性金融资产核算的股票投资成本为 800 万元。2020 年 12 月 31 日的公允价值为 1 200 万元。税法规定，以公允价值计量的金融资产持有期间市价变动不计入应纳税所得额。

④ 违反环保法规定应支付罚款 250 万元。

⑤ 期末对持有的存货计提了 75 万元的存货跌价准备。

分析：2020 年度当期应缴所得税：

应纳税所得额＝3 000+150+500-400+250+75＝3 575（万元）
应缴所得税＝3 575×25%＝893.75（万元）

借：所得税费用——当期所得税费用　　　　　　　8 937 500
　　贷：应缴税费——应缴所得税　　　　　　　　　　　　8 937 500

二、资产和负债的计税基础和暂时性差异

企业缴纳所得税，首先需要确认缴纳所得税的计税基础。因此企业在取得资产、负债时应当确定其计税基础。

资产的计税基础是指企业收回资产账面价值过程中，计算应纳税所得额时按照税法规定可以自应税经济利益中抵扣的金额。通常情况下资产在取得时其入账价值与计税基础是相同的，后续计量过程中因企业会计准则规定与税法规定不同，可能产生资产的账面价值与其计税基础的差异。负债的计税基础是指负债的账面价值减去未来期间计算应纳税所得额时按照税法规定可予抵扣的金额。短期借款、应付票据、应付账款等负债的确认和偿还，通常不会对当期损益和应纳税所得额产生影响，其计税基础即为账面价值，但在某些情况下，负债的确认可能会影响损益，并影响不同期间的应纳税所得额，使其计税基础与账面价值之间产生差额。

暂时性差异是指资产或负债的账面价值与其计税基础之间的差额；未作为资产和负债确认的项目，按照税法规定可以确定其计税基础的，该计税基础与其账面价值之间的差额也属于暂时性差异。按照暂时性差异对未来期间应税金额的影响，分为应纳税暂时性差异和可抵扣暂时性差异。

应纳税暂时性差异是指在确定未来收回资产或清偿负债期间的应纳税所得额时，将导致产生应税金额的暂时性差异。资产的账面价值大于其计税基础或是负债的账面价值小于其计税基础时，会产生应纳税暂性差异。

可抵扣暂时性差异是指在确定未来收回资产或清偿负债期间的应纳税所得额时，将导致产生可抵扣金额的暂时性差异。资产的账面价值小于其计税基础或是负债的账面价值大于其计税基础时，会产生可抵扣暂时性差异。

对于暂时性差异，采用资产负债表法进行所得税的相关账务处理，步骤如下：第一，确定产生暂时性差异的项目；第二，确定各年的暂时性差异；第三，确定该差异对纳税的影响，即确定各年度递延所得税资产或负债在会计期末的账面价值；第四，根据各年度会计期末递延所得税资产或负债的账面价值确定各年度应提取的递延所得税资产或负债的金额，相应也就确定了各年度该暂时性差异对所得税的影响；第五，用暂时性差异对所得税的影响来调整无差别计价基数下的账务处理，最终得出综合的账务处理程序。

三、递延所得税资产与递延所得税负债的确认与会计处理

在计算出应缴所得税后，如何确定所得税费用，关键是确定暂时性差异影响额。在债务法下，对于可抵减暂时性差异的影响额应确认为递延所得税资产，对于应纳税暂时性差异的影响额应确认为递延所得税负债。

所得税费用（或收益）＝当期应缴所得税＋递延所得税费用（－递延所得税收益）

递延所得税费用＝递延所得税负债增加额＋递延所得税资产减少额

递延所得税收益＝递延所得税负债减少额＋递延所得税资产增加额

1. 递延所得税资产的确认

确认因可抵扣暂时性差异产生的递延所得税资产应以未来期间可能取得的应纳税所得额为限。在可抵扣暂时性差异转回的未来期间内，企业无法产生足够的应纳税所得额用以利用

可抵扣暂时性差异的影响，使得与可抵扣暂时性差异相关的经济利益无法实现的，不应确认递延所得税资产；企业有明确的证据表明其于可抵扣暂时性差异转回的未来期间能够产生足够的应纳税所得额，进而利用可抵扣暂时性差异的，则应以可能取得的应纳税所得额为限，确认相关的递延所得税资产。

在判断企业于可抵扣暂时性差异转回的未来期间是否能够产生足够的应纳税所得额时，应考虑企业在未来期间通过正常的生产经营活动能够实现的应纳税所得额以及以前期间产生的应纳税暂时性差异在未来期间转回时将增加的应纳税所得额。

例如，对于按照税法规定可以结转以后年度的未弥补亏损和税款抵减，应视同可抵扣暂时性差异处理。在有关的亏损或税款抵减金额得到税务部门的认可或预计能够得到税务部门的认可且预计可利用可弥补亏损或税款抵减的未来期间内能够取得足够的应纳税所得额时，除准则中规定不予确认的情况外，应当以很可能取得的应纳税所得额为限，确认相应的递延所得税资产，同时减少确认当期的所得税费用。

2. 递延所得税资产的会计处理

确认递延所得税资产时，应当以预期收回该资产期间的适用所得税税率为基础计算确定。无论相关的可抵扣暂时性差异转回期间如何，递延所得税资产均不要求折现。

企业在确认了递延所得税资产以后，资产负债表日，应当对递延所得税资产的账面价值进行复核。如果未来期间很可能无法取得足够的应纳税所得额用以利用可抵扣暂时性差异带来的利益，应当减记递延所得税资产的账面价值。减记的递延所得税资产，除原确认时记入所有者权益的递延所得税资产，其减记金额亦应记入所有者权益外，其他的情况均应增加所得税费用。

因无法取得足够的应纳税所得额利用可抵扣暂时性差异减记递延所得税资产账面价值的，以后期间根据新的环境和情况判断能够产生足够的应纳税所得额利用可抵扣暂时性差异，使得递延所得税资产包含的经济利益能够实现的，应相应恢复递延所得税资产的账面价值。

企业应设置"递延所得税资产"科目核算企业确认的可抵扣暂时性差异产生的递延所得税资产。在资产负债表日，企业确认的递延所得税资产，借记本科目，贷记"所得税费用－递延所得税费用"科目。资产负债表日递延所得税资产的应有余额大于其账面余额的，应按其差额确认，借记本科目，贷记"所得税费用－递延所得税费用"科目。反之，则作相反的会计分录。

3. 递延所得税负债的确认

企业在确认因应纳税暂时性差异产生的递延所得税负债时，除所得税准则中明确规定可不确认递延所得税负债的情况以外，企业对于所有的应纳税暂时性差异均应确认相关的递延所得税负债。除与直接计入所有者权益的交易或事项以及企业合并中取得资产、负债相关的以外，在确认递延所得税负债的同时，应增加利润表中的所得税费用。

【例13-15】宏伟建筑工程公司于2019年12月6日购入某项设备，取得成本为500万元，会计采用年限平均法计提折旧，使用年限为10年，净残值为零。因该资产常年处于强震动状态，计税时按双倍余额递减法计列折旧，使用年限及净残值与会计相同。宏伟建筑工程公司适用的所得税税率为25%。假定该企业不存在其他会计与税收处理的差异。分析：

2020年资产负债表日，该项固定资产按照会计规定计提的折旧额为50万元，计税时允许扣除的折旧额为100万元，则该固定资产的账面价值450万元与其计税基础400万元的差额构成应纳税暂时性差异，企业应确认相关的递延所得税负债。

4. 递延所得税负债的会计处理

所得税准则规定，资产负债表日，对于递延所得税负债，应当根据适用税法规定，按照预期收回该资产或清偿该负债期间的适用税率计量。即递延所得税负债应以相关应纳税暂时性差异转回期间按照税法规定适用的所得税税率计量。无论应纳税暂时性差异的转回期间如何，相关的递延所得税负债不要求折现。

企业应设置"递延所得税负债"科目核算企业确认的应纳税暂时性差异产生的所得税负债。在资产负债表日，企业确认的递延所得税负债，借记"所得税费用-递延所得税费用"科目，贷记本科目。资产负债表日递延所得税负债的应有余额大于其账面余额的，应按其差额确认，借记"所得税费用-递延所得税费用"科目，贷记本科目。反之，则作相反的会计分录。

【例13-16】 宏伟建筑工程公司于2014年12月底购入一台机器设备，成本为525 000元，预计使用年限为6年，预计净残值为零。会计上按直线法计提折旧，因该设备符合税法规定的税收优惠条件，计税时可采用年数总和法计提折旧，假定税法规定的使用年限及净残值均与会计相同，各会计期间均未对固定资产计提减值准备，除该项固定资产产生的会计与税收之间的差异外，不存在其他会计与税收的差异。公司每年因固定资产账面价值与计税基础不同应予确认的递延所得税情况见表13-2。

表13-2 宏伟建筑公司每年应予确认的递延所得税情况   单位：元

年份 项目	2015	2016	2017	2018	2019	2020
实际成本	525 000	525 000	525 000	525 000	525 000	525 000
累计会计折旧	87 500	175 000	262 500	350 000	437 000	525 000
账面价值	437 000	350 000	262 500	175 000	87 500	0
累计计税折旧	150 000	275 000	375 000	450 000	500 000	525 000
计税基础	375 000	250 000	150 000	75 000	25 000	0
暂时性差异	62 500	100 000	112 500	100 000	62 500	0
适用税率/%	25	25	25	25	25	25
递延所得税负债余额	15 625	25 000	28 125	25 000	15 625	0

该项固定资产各年度账面价值与计税基础确定如下：

2015年资产负债表日：

账面价值 = 实际成本 - 会计折旧 =525 000-87 500=437 500（元）

计税基础 = 实际成本 - 税前扣除的折旧额 =525 000-150 000=375 000（元）

因账面价值437 500元大于其计税基础375 000元，两者之间产生的62 500元差异会增加未来期间的应纳税所得额和应缴所得税，属于应纳税暂时性差异，应确认与其相关的递延所得税负债15 625元（62 500×25%），会计处理如下：

  借：所得税费用   15 625
    贷：递延所得税负债   15 625

2016年资产负债表日：

  账面价值=525 000-87 500-87 500=350 000（元）

  计税基础=实际成本－累计已税前扣除的折旧额=525 000-275 000=250 000（元）

  因账面价值350 000元大于其计税基础100 000元，两者之间产生的差异为应纳税暂时性差异，应确认与其相关的递延所得税负债25 000元，但递延所得税负债的期初余额为15 625元，当期应进一步确认递延所得税负债9 375元，会计处理如下：

  借：所得税费用   9 375
    贷：递延所得税负债   9 375

2017年资产负债表日：

  账面价值=525 000-262 500=262 500（元）

  计税基础=525 000-375 000=150 000（元）

  因账面价值262 500元大于其计税基础150 000元，两者之间产生的差异为应纳税暂时性差异，应确认与其相关的递延所得税负债28 125元，但递延所得税负债的期初余额为25 000元，当期应进一步确认递延所得税负债3 125元，会计处理如下：

  借：所得税费用   3 125
    贷：递延所得税负债   3 125

2018年资产负债表日：

  账面价值=525 000-350 000=175 000（元）

  计税基础=525 000-450 000=75 000（元）

  因账面价值175 000元大于其计税基础75 000元，两者之间为应纳税暂时性差异，应确认与其相关的递延所得税负债25 000元，但递延所得税负债的期初余额为28 125元，当期应转回原已确认递延所得税负债3 125元，会计处理如下：

  借：递延所得税负债   3 125
    贷：所得税费用   3 125

2019年资产负债表日：

  账面价值=525 000-437 500=87 500（元）

  计税基础=525 000-500 000=25 000（元）

  因其账面价值87 500元大于计税基础25 000元，两者之间的差异为应纳税暂时性差异，应确认与其相关的递延所得税负债15 625元，但递延所得税负债的期初余额为25 000元，当期应转回递延所得税负债9 375元，会计处理如下

  借：递延所得税负债   9 375
    贷：所得税费用   9 375

2020年资产负债表日：

  该项固定资产的账面价值及计税基础均为零，两者之间不存在暂时性差异，原已确认的与该项资产相关的递延所得税负债应予全额转回，会计处理如下：

  借：递延所得税负债   15 625
    贷：所得税费用   15 625

任务 13.5 利润及其分配的核算

知识目标

1. 掌握利润的概念及利润的构成。
2. 掌握本年利润账户的核算内容及使用方法。
3. 掌握利润分配的顺序。
4. 掌握利润分配账户的核算内容及使用方法。

能力目标

1. 能结转本年的全部损益类账户，并计算出本年利润、净利润。
2. 能对实现的利润按顺序进行利润分配的核算。

一、利润的基本知识

利润是企业在一定期间的经营成果，是衡量企业经营管理水平、评价企业经济效益的重要指标。企业的利润由三个层次的利润构成。

1. 营业利润

营业利润是指施工企业在一定时期内从事生产经营活动实现的利润，是企业利润的主要来源，其计算公式如下：

营业利润＝营业收入－营业成本－营业税金及附加－销售费用－管理费用－财务费用－资产减值损失＋公允价值变动收益（－公允价值变动损失）＋投资收益（－投资损失）

营业收入是指企业经营业务所确认的收入总额，包括主营业务收入和其他业务收入。

营业成本是指企业经营业务所发生的实际成本总额，包括主营业务成本和其他业务成本。

资产减值损失是指企业计提各项资产减值准备所形成的损失。

公允价值变动收益（或损失）是指企业交易性金融资产等公允价值变动形成的应计入当期损益的利得（或损失）。

投资收益（或损失）是指企业以各种方式对外投资所取得的收益（或发生的损失）。

2. 利润总额

利润总额是指企业在一定会计期间实现的利润，它由营业利润、营业外收入、营业外支出组成。其计算公式如下：

利润总额＝营业利润＋营业外收入－营业外支出

营业外收入是指企业发生的与其日常活动无直接关系的各项利得，它并不是企业经营资金耗费所产生的，一般不需企业付出代价，是一种纯收入，不可能也不需要与有关费用进行配比，是直接计入利润的利得。营业外收入主要包括以下各项：处置非流动资产利得、非货币性资产交换利得、债务重组利得、罚没利得、政府补助利得、盘盈利得、捐赠利得、确实无法支付而按规定程序经批准后转作营业外收入的应付款项等。

营业外支出是指企业发生的与其日常活动无直接关系的各项损失，营业外支出主要包括以下各项：处置非流动资产损失、非货币性资产交换损失、债务重组损失、公益性捐赠支出、非常损失、盘亏损失等。

3. 净利润

企业的利润总额减去所得税费用后的差额即为净利润，所得税费用是指企业确认的应从当期利润总额中扣除的所得税费用。其计算公式如下：

净利润 = 利润总额 − 所得税费用

二、利润形成的核算

利润形成业务

本年利润的形成与企业各损益类账户相关，为了核算本年度实现的利润或发生的亏损，企业应设置"本年利润"账户。它属于所有者权益类账户，贷方登记期末从"主营业务收入""其他业务收入""投资收益""营业外收入""补贴收入"等损益类账户转入的各种收入的数额，借方登记期末从"主营业务成本""营业税金及附加""其他业务成本""管理费用""财务费用""销售费用""营业外支出""所得税"等账户转入的成本、费用和支出的数额，期末贷方余额表示累计实现的净利润，若为借方余额则表示发生的亏损。年度终了，应将本账户的余额全部转入"利润分配——未分配利润"账户，年终结转后，本账户应无余额。

【例13-17】 宏伟建筑工程公司2020年1月末各损益类账户结账前的余额见表13-3。期末，结转各种收入，作会计分录如下：

表13-3　1月末各损益类账户结账前余额　　　　　　　　　　　　单位：元

会计账户	余　额	结账前余额方向
主营业务收入	1 000 000	贷方
主营业务成本	6 00 000	借方
营业税金及附加	9 900	借方
其他业务收入	60 000	借方
其他业务支出	35 000	借方
管理费用	30 000	借方
财务费用	8 000	借方
投资收益	150 000	贷方
营业外收入	38 000	贷方
营业外支出	17 100	借方

借：主营业务收入　　　　　　　　　　　　1 000 000
　　其他业务收入　　　　　　　　　　　　　 60 000
　　投资收益　　　　　　　　　　　　　　　150 000
　　营业外收入　　　　　　　　　　　　　　 38 000
　　贷：本年利润　　　　　　　　　　　　1 248 000
结转各种成本、费用及损失，作会计分录如下：
借：本年利润　　　　　　　　　　　　　　700 000
　　贷：主营业务成本　　　　　　　　　　 600 000

主营业务税金及附加　　　　　　　　　　　9 900
　　其他业务支出　　　　　　　　　　　　　35 000
　　管理费用　　　　　　　　　　　　　　　30 000
　　财务费用　　　　　　　　　　　　　　　 8 000
　　营业外支出　　　　　　　　　　　　　　17 100
　　　　计算本月利润总额=1 248 000-700 000=548 000（元）
　　结转本月所得税费用137 000元，作会计分录如下：
　　借：本年利润　　　　　　　　　　　　137 000
　　　　贷：所得税　　　　　　　　　　　　　　137 000
　　　　计算本月净利润=548 000-137 000=411 000（元）
　　假设宏伟建筑工程公司2020年12月1日"本年利润"账户有贷方余额3 989 00元，则全年实现的净利润为3 989 000+411 000=4 400 000（元）。

三、利润分配的分配顺序

利润分配是指企业按照国家规定、企业章程和投资协议等，对企业当年可供分配的利润，在国家、企业和投资者之间的分配。国家以税收的形式分配一部分利润，企业以提取公积金的形式留存一部分利润，投资者按其出资比例对剩余的利润进行分配。企业当年实现的利润总额并不一定是可供分配的利润，要按照国家规定作相应调整后，依法缴纳企业所得税，缴纳所得税后的净利润，按照下列顺序分配。

利润分配

1. 弥补以前年度亏损

企业发生的年度亏损，可以用下一年度的税前利润弥补，下一年度利润不足弥补的，可以在5年内延续弥补。5年内弥补不足的，用税后利润弥补。弥补的原则是先亏损的先弥补，后亏损的后弥补。这里需要特别指出的是各年度发生的亏损额，是指按税法规定调整后的企业会计报表中的亏损额。

2. 提取法定盈余公积金

法定盈余公积按照税后利润扣除补亏后的余额的10%提取，当法定盈余公积达到注册资本的50%时，可以不再提取。股份有限公司可以按股东大会的意见及企业的需要和可能，在提取法定盈余公积金后，提取一定比例的任意盈余公积。上述二者的区别在于其各自计提的依据不同，但其用途均可用于以下几个方面：弥补亏损；转增资本；分派利润或股利。

3. 向投资者分配利润或股利

企业实现的利润在扣除上述项目后，再加上以前年度未分配的利润，即为可供投资者分配的利润，对于股份有限公司而言，可供投资者分配的利润还应按下列顺序进行分配：应付优先股股利；应付普通股股利；转作资本（或股本）的普通股股利。

可供投资者分配的利润在经过上述分配后的余额，即为未分配利润（或未弥补亏损）。未分配利润可留待以后年度进行分配。企业如发生亏损，可以按规定由以后年度利润进行弥补。

四、利润分配的核算

企业应设置"利润分配"账户,核算企业净利润的分配(或亏损的弥补)及历年分配(或弥补)后的结存余额。该账户属于所有者权益类账户,借方登记分配的利润数额或年末转入的本年亏损额,贷方登记年末转入的本年净利润或用盈余公积弥补亏损的数额;年末贷方余额表示历年结存的未分配利润,若为借方余额表示历年累计的未弥补亏损。本账户应设置以下明细账户。

"提取法定盈余公积"明细账户。核算按规定提取的法定盈余公积。其借方登记提取的法定盈余公积,贷方登记年末转入"未分配利润"明细账户的金额,年末无余额。

"提取任意盈余公积"明细账户。核算按规定提取的任意盈余公积。其借方登记提取的任意盈余公积,贷方登记年末转入"未分配利润"明细账户的金额,年末无余额。

"应付股利或利润"明细账户。核算分配给投资者的现金股利或利润。其借方登记分配给投资者股利或利润,贷方登记年末转入"未分配利润"明细账户的金额,年末结转后应无余额。

"转作股本的股利"明细账户。核算企业按规定分配给股东的股票股利。其借方登记分配给投资者的股票股利,贷方登记年末转入"未分配利润"明细账户的金额,年末结转后本账户应无余额。

"盈余公积补亏"明细账户。核算用盈余公积弥补亏损数。其贷方用盈余公积弥补亏损的数额,借方登记年末转入"未分配利润"明细账户的金额,年末结转后应无余额。

"未分配利润"明细账户。核算企业累计尚未分配的利润(或尚未弥补的亏损)。年度终了,企业将本年度实现的净利润自"本年利润"账户转入"利润分配——未分配利润"明细账户的贷方,如为亏损,则转入"利润分配——未分配利润"明细账户的借方。同时将利润分配账户所属其他明细账户的余额转入"未分配利润"明细账户。年终结转后,除"未分配利润"明细账户外,"利润分配"账户所属的其他明细账户均无余额。"利润分配——未分配利润"明细账户的年末贷方余额为累计未分配的利润,如为借方余额则为累计未弥补的亏损。

【例13-18】 依【例13-17】可知,宏伟建筑工程公司2020年实现净利润440万元,年末按10%的比例提取法定盈余公积金,并向投资者分配利润100万元。会计处理如下:

计提法定盈余公积金44万元时:

借:利润分配——提取法定盈余公积 440 000
　　贷:盈余公积——法定盈余公积 440 000

向投资者分配利润100万元时:

借:利润分配——应付普通股股利 1 000 000
　　贷:应付股利 1 000 0000

结转本年实现的净利润4 400 000元时:

借:本年利润 4 400 000
　　贷:利润分配——未分配利润 4 400 000

结转"利润分配"账户各明细账户的余额时:

借:利润分配——未分配利润 1 440 000
　　贷:利润分配——提取法定盈余公积 440 000

　　　　　　利润分配——应付普通股股利　　　　　　　　　　　　1 000 000
　　经过以上账务处理，年末"利润分配——未分配利润"账户有贷方余额2 960 000元，为该企业累计未分配利润（假设企业以前年度无未分配利润）。

知识梳理

　　建造合同收入是企业的主营业务收入，包括合同中规定的初始收入和因合同变更、索赔、奖励等形成的追加收入，合同收入和费用的确认，与建造合同的结果能否可靠估计有一定的联系，当建造合同的结果能够可靠估计时，企业应采用完工百分比法确认合同收入和合同费用，完工百分比的计算方法有投入衡量法、产出衡量法和实地测量法。

　　其他业务收入主要包括商品销售收入、提供劳务收入和让渡资产使用权收入。

　　利润是企业在一定会计期间的经营成果。利润的计算包括三个层次：营业利润、利润总额、净利润。其中营业利润是考核经营者经营业绩的主要指标。

　　利润分配是指企业在国家、投资者和企业之间对实现利润所进行的分配，分配时，必须兼顾各方的利益，按规定的分配程序进行分配。

　　当期所得税是指企业按照税法规定计算确定的针对当期发生的交易和事项，应缴纳给税务部门的所得税金额，即当期应缴所得税。当期所得税以适用的税收法规为基础计算确定。当期应缴所得税 = 应纳税所得额 × 所得税税率

　　应纳税所得额在会计利润的基础上，按照适用税收法规的规定进行调整，计算出当期应纳税所得额。应纳税所得额 = 税前会计利润 + 纳税调整增加额 - 纳税调整减少额

复习思考题

1. 建造合同收入的内容包括哪些？各部分收入如何确认？
2. 确认建造合同收入的方法有哪些？各适用于什么条件？
3. 确定建造合同完工百分比（完工进度）的方法有哪些？
4. 如何按完工百分比法确认建造合同的收入和费用？
5. 施工企业的其他业务收入包括哪些内容？各如何进行核算？
6. 什么是利润？如何计算营业利润、利润总额和净利润？
7. 利润分配的程序怎样？

项目实训

实训项目一

　　【实训目的】能对建造合同收入和费用确认业务进行核算。
　　【实训资料】ABC公司签订了一项总金额为200万元的建造合同（不含税，增值税税

率为9%），合同规定的工期为三年，该建造合同的结果能够可靠地估计，在资产负债表日按完工百分比法确认合同收入和费用。如表13-4所示。

表13-4　ABC建筑公司相关资料

年份 项目	2018	2019	2020	合计
合同总价款				2 000 000
实际发生成本	450 000	734 000	566 000	1 750 000
估计至完工需投入资本	1 050 000	666 000		
已结算的金额	400 000	700 000	900 000	2 000 000

【实训要求】1. 确定各年的合同完工进度。
2. 计算各年的合同收入、合同费用和合同毛利。
3. 编制各年结算工程款、确定收入、费用和计提税金的会计分录。

实训项目二

【实训目的】能进行其他业务收入的核算。

【实训资料】ABC公司附属的预制构件厂被核定为增值税的小规模纳税人，适用6%的征收率。2020年5月发生下列经济业务。

1. 向岭南建筑公司发出大型屋面板100m^3，不含税售价260元/m^3，款尚未收到。
2. 经公司批准，将不需用的某规格钢材14t出售给市建筑机械厂，含税售价4 770元/t，以托收承付结算方式办理结算。
3. 向市建一公司发出多孔板200m^3，不含税售价240元/m^3，款已收存银行。
4. 向市第一机床厂销售空心板60m^3，每立方米不含税售价300元，款已收存银行。
5. 月终结转上述销售商品、材料的实际成本。钢材的实际单位成本为4 000元/t，大型屋面板的实际单位成本为258元/m^3，多孔板的实际单位成本为200元/m^3，空心板的实际单位成本为250元/m^3。
6. 按规定计算上述销售产品、材料应缴纳的城市维护建设税和教育费附加。

【实训要求】根据上述资料编制会计分录。

实训项目三

【实训目的】能进行利润形成的核算。

【实训资料】ABC公司2020年12月"本年利润"账户的月初余额为3 787 300元，2020年12月31日各损益类账户发生额如下

会计账户	结账前余额（元）
主营业务收入	900 000（贷方）
主营业务成本	500 000（借方）
税金及附加	29 700（借方）
管理费用	50 000（借方）
财务费用	8 000（借方）

投资收益	15 000	（贷方）
营业外收入	35 000	（贷方）
营业外支出	18 000	（借方）
所得税费用	113 619	（借方）

【实训要求】1. 编制结转本月各损益类账户发生额的会计分录。

2. 编制计算并结转所得税的会计分录。

3. 登记"本年利润"账户。

4. 计算本月营业利润、利润总额和净利润。

项目 13　收入和利润核算实务测试题

项目 14

财务报表编制实务

任务 14.1 财务报表的基本知识

知识目标

1. 掌握财务报表的概念及组成。
2. 掌握财务报表的编制目的。
3. 掌握财务报表的分类。

项目 14 课程思政阅读材料

一、财务报表的概念及组成

财务报表是对企业财务状况、经营成果和现金流量的结构性表述。主要包括资产负债表、利润表、现金流量表、股东权益（或所有者权益）变动表。

财务报表的编制目的是反映企业管理层受托责任的履行情况，向财务报表使用者提供与企业财务状况、经营成果和现金流量等有关的会计信息，有助于报表使用者作出经济决策。报表使用者有投资者、债权人、政府及其有关部门和社会公众等。财务报表是在日常会计核算资料的基础上定期编制的，向信息使用者提供信息的重要手段，及时、准确地编制财务报表，对满足信息使用者的需要，提高企业管理水平，具有十分重要意义。

二、财务报表的分类

1. 按编制时间分类

财务报表按编制时间分为中期财务报表和年度财务报表。

中期财务报表简称中报，指短于一个完整的会计年度的财务报表，包括月度、季度和半年度财务报表。月度财务报表是指月份终了编制的财务报表，应于月份终了 10 天内报出；季度财务报表是指季度终了编制的财务报表，应于季度终了 15 天内报出；半年度财务报表是指每个会计年度的前六个月结束后编制的财务报表，应于会计中期结束后的 60 天内报出。月度和季度财务报表至少应当包括资产负债表和利润表；半年度财务报表应当包括资产负债表、利润表、现金流量表及附注。

年度财务报表是指年度终了编制的财务报表，应于年度结束后4个月内报出。我国现行财务报表中，均要编制年度财务报表，并且要经过注册会计师审计。

2. 按用途分类

财务报表按用途不同分为向外提供的财务报表和企业内部管理需要的财务报表。

企业向外提供的财务报表由财政部统一规定，主要有资产负债表、利润表、现金流量表。企业内部管理需要的财务报表由企业根据实际需要自行设计确定，主要有成本报表和费用报表。成本报表包括工程成本表、竣工工程成本表、施工间接费用明细表等；费用报表包括管理费用明细表、财务费用明细表等。

3. 按反映内容分类

财务报表按反映的内容，可分为静态报表和动态报表。

静态报表是反映企业特定日期财务状况的报表，如资产负债表。它是对企业期末（月末、季末、半年度末、年末）的资产、负债及所有者权益所处状态的描述，提供的是时点指标。动态报表是反映企业一定时期资金运动情况的报表，如利润表，它反映企业某一时期（月份、季度、半年度、年度）资金耗费与收回的情况；现金流量表反映企业某一会计期间现金流入与流出的情况。动态报表的特点是对某项资金在一定期间的"发生额"情况进行反映，提供的是时期指标。

4. 按会计主体分类

财务报表按编报主体不同，可分为个别财务报表和合并财务报表。

个别财务报表是以单个企业为会计主体编制的报表，反映单个企业自身的财务状况和经营成果；合并报表是以通过控股关系组成的企业集团为会计主体编制的报表，它是在母公司与子公司单独编制的个别报表的基础上由母公司编制的，反映的是整个企业集团的财务状况和经营成果。

任务 14.2　资产负债表的编制

知识目标

1. 掌握资产负债表的概念、作用和结构。
2. 掌握资产负债表的结构。
3. 掌握资产负债表年初数和期末数的填列方法。

能力目标

1. 能编制资产负债表。
2. 能读懂资产负债表。

一、资产负债表的基本知识

1. 资产负债表的概念

资产负债表是反映企业在某一特定日期财务状况的会计报表。它根据"资产 = 负债 + 所有者权益"这一会计等式，依据一定的分类标准和顺序，把企业在一定日期的资产、负债及所有者权益项目加以适当排列，并根据账户记录编制而成。该表集中反映了企业在某一特定日期所拥有的或控制的经济资源、对外所承担的债务以及所有者对企业净资产的要求权。

2. 资产负债表的作用

① 提供某一特定日期企业的资产总额及其分布与结构，表明企业拥有或控制的资源及其分布情况。

② 反映某一特定日期企业的负债总额及其结构，表明企业未来需要用于偿还债务的资产或劳务数量。

③ 反映企业所有者权益的构成情况，表明所有者在企业资产中享有的经济利益。

④ 提供进行财务分析的基本资料。

3. 资产负债表的结构

资产负债表包括表首和正表两部分。表首部分概括说明报表名称、编制单位、编制日期、报表编号、货币名称、计量单位等。正表部分是报表的主体，列示了反映财务状况的三个项目即资产、负债、所有者权益。我国的资产负债表采用账户式格式，左方列示资产项目，右方列示负债和所有者权益项目。根据"资产＝负债＋所有者权益"这一会计等式，资产各项目的合计等于负债和所有者权益各项目的合计数。

其格式见表 14-1。

表14-1 资产负债表

编制单位： 　　　　　　　年 月 日 　　　　　　　单位：元

资　产	期末数	年初数	负债和所有者权益	期末数	年初数
流动资产：			流动负债：		
货币资金			短期借款		
交易性金融资产			交易性金融负债		
应收票据			应付票据		
应收账款			应付账款		
预付账款			预收账款		
应收利息			应付职工薪酬		
应收股利			应缴税费		
其他应收款			应付利息		
存货			应付股利		
待摊费用			其他应付款		
一年内到期的非流动资产			预提费用		
其他流动资产			一年内到期的非流动负债		
流动资产合计			其他流动负债		
非流动资产：			流动负债合计		
可供出售金融资产			非流动负债：		
持有至到期投资			长期借款		
长期应收款			应付债券		

续表

资　产	期末数	年初数	负债和所有者权益	期末数	年初数
长期股权投资			长期应付款		
投资性房地产			递延所得税负债		
固定资产			其他非流动负债		
在建工程			非流动负债合计		
工程物资			负债合计		
固定资产清理			所有者权益		
无形资产			实收资本（或股本）		
长期待摊费用			资本公积		
商誉			减：库存股		
长期待摊费用			盈余公积		
递延所得税资产			未分配利润		
其他非流动资产			减：库存股		
非流动资产合计			所有者权益合计		
资产总计			负债和所有者权益总计		

二、资产负债表的编制方法

1. 年初数的填列

资产负债表"年初数"栏内各项目的数字，应根据上年年末资产负债表的"期末数"栏内所列数字填列。如果本年度资产负债表规定的各个项目的名称和内容同上年度不一致，则按编报当年的口径对上年年末资产负债表各项目的名称和数字进行调整，填入本表"年初数"栏内。

2. 期末数的填列

本表"期末数"栏内数据的取得方法有以下几种。

① 根据总账科目余额直接填列。如"短期借款""交易性金融资产"等项目可直接根据其总账科目的期末余额填列。

② 根据总账科目余额计算填列。如"货币资金"项目需要根据"库存现金""银行存款""其他货币资金"总账科目期末余额合计数计算填列。

③ 根据明细科目余额计算填列。如"应收账款"项目需要根据"应收账款""预收账款"科目所属相关明细科目期末借方余额计算填列。

④ 根据总账科目和明细科目余额分析计算填列。如"长期借款"项目需要根据"长期借款"总账科目期末余额，扣除"长期借款"科目所属明细科目中反映的将于1年内到期长期借款部分分析计算填列。

⑤ 综合运用上述填列方法分析填列。如"存货"项目，需要根据"原材料""委托加工物资""周转材料""材料采购""在途物资""材料成本差异""发出商品"等总账科目期末余额的分析汇总数，再减去"存货跌价准备"科目余额后的净额填列。

3. 资产负债表各项目的填列方法

① "货币资金"项目，反映企业期末持有的库存现金、银行存款和其他货币资金等总额。应根据"库存现金""银行存款""其他货币资金"总账科目的期末余额合计数填列。

② "交易性金融资产"项目，反映企业为交易目的所持有的债券投资的净值。本项目应根据"交易性金融资产"科目期末余额填列。

③ "应收票据"项目，反映因销售商品、提供劳务等而收到的未到期收款、也未向银行贴现的应收票据，包括商业承兑汇票和银行承兑汇票。本项目应根据"应收票据"科目的期末余额填列。已向银行贴现和已背书转让的应收票据不包括在本项目内，其中已贴现的商业承兑汇票应在会计报表附注中单独披露。

④ "应收账款"项目，反映企业因销售商品和提供劳务等经营活动而应向购买单位收取的各种款项，减去已计提的坏账准备后的净额。本项目应根据"应收账款"科目所属各明细科目的期末借方余额合计，减去"坏账准备"科目中有关应收账款计提的坏账准备期末余额后的金额填列。如"应收账款"科目所属明细科目期末有贷方余额，应在"预收账款"项目内填列。

⑤ "预付账款"项目，反映企业按合同规定预付给供应单位的款项。本项目应根据"预付账款"科目所属各明细科目的期末借方余额合计填列。如"预付账款"科目所属有关明细科目期末贷方有余额的，应在"应付账款"项目内填列，"应付账款"科目所属明细科目有借方余额的，也在本项目填列。

⑥ "应收利息"项目，反映企业因债权投资而应收取的利息。企业购入到期还本付息债券应收的利息，不包括在本项目内。本项目应根据"应收利息"科目的期末余额填列。

⑦ "应收股利"项目，反映企业因股权投资而应收取的现金股利，企业应收其他单位的利润，也包括在本项目内。本项目应根据"应收股利"科目的期末余额填列。

⑧ "其他应收款"项目，反映企业对其他单位和个人的应收和暂付的款项，减去已计提的坏账准备后的净额。本项目应根据"其他应收款"科目的期末余额减去"坏账准备"科目中有关其他应收款计提的坏账准备期末余额后的金额填列。

⑨ "存货"项目，反映企业期末在库、在途和在加工中的各项存货的可变现净值，包括各种材料、在产品、半成品、产成品、商品、委托加工物资等。本项目应根据"物资采购""原材料""库存商品""委托加工物资""周转材料""材料成本差异""在途物资""材料采购"等科目的期末借方余额之和，扣减"存货跌价准备"科目期末贷方余额，加上"工程施工"科目的期末余额减去"工程结算"科目期末余额的金额填列，如"工程施工"期末余额小于"工程结算"期末余额，其差额应在"应付账款"项目反映。

⑩ "待摊费用"项目，反映企业已经支出但应由以后各期分期摊销的费用。本项目根据"待摊费用"科目的期末余额填列。"预提费用"科目期末如有借方余额，以及"长期待摊费用"科目将于1年内到期的部分，也在本项目内反映。

⑪ "一年内到期的非流动资产"项目，反映企业将于一年内到期的非流动资产。本项目应根据有关科目的期末余额分析计算填列。

⑫ "其他流动资产"项目，反映企业除以上流动资产项目外的其他流动资产。本项目应根据有关科目的期末余额填列，重点碳排放企业的"碳排放权资产"科目的借方余额在本项目列示。

【知识拓展】扫描二维码查看《碳排放权交易有关会计处理暂行规定》。

《碳排放权交易有关会计处理暂行规定》

⑬ "可供出售金额资产"项目，反映企业持有的划分为可供出售金融资产的证券。本项目根据"可供出售金额资产"科目的期末余额减去"已提资产减值准备"科目的金额填列。

⑭ "持有至到期投资"项目，反映企业持有的划分为持有至到期投资的证券。本项目根据"持有至到期投资"科目的期末余额，减去"持有至到期投资减值准备"科目的期末余额后填列。

⑮ "长期应收款"项目，反映企业持有的长期应收款的可收回金额。本项目应根据"长期应收款"科目的期末余额，减去"坏账准备"科目所属相关明细科目期末余额，再减去"未确认融资收益"科目期末余额后的金额分析计算填列。

⑯ "长期股权投资"项目，反映企业不准备在1年内（含1年）变现的各种股权性质的投资的可收回金额。本项目应根据"长期股权投资"科目的期末余额减去"长期投资减值准备"科目中有关股权投资减值准备期末余额后的金额填列。

⑰ "投资性房地产"项目，反映企业持有的投资性房地产。本项目应根据"投资性房地产"科目的期末余额，减去"累计折旧""固定资产减值准备"所属相关明细科目期末余额后的金额分析计算填列。

⑱ "固定资产"项目，反映企业的固定资产可收回金额。本项目应根据"固定资产"科目的期末余额，减去"累计折旧""固定资产减值准备"科目期末余额后的金额分析填列。

⑲ "在建工程"项目，反映企业期末各项未完工程的实际支出，包括交付安装的设备价值，未完建筑安装工程已经耗用的材料、工资和费用支出、预付分包工程的价款、已经建筑安装完毕但尚未交付使用的工程等的可收回金额。本项目应根据"在建工程"科目的期末余额分析计算填列。

⑳ "工程物资"项目，反映企业各项工程尚未使用的工程物资的实际成本。本项目应根据"工程物资"科目的期末余额填列。

㉑ "固定资产清理"项目，反映企业因出售、毁损、报废等原因转入清理但尚未清理完毕的固定资产的账面价值，以及固定资产清理过程中所发生的清理费用和变价收入等各项金额的差额。本项目应根据"固定资产清理"科目的期末借方余额填列。如"固定资产清理"科目期末为贷方余额，以"-"号填列。

㉒ "无形资产"项目，反映企业各项无形资产的期末可收回金额。本项目应根据"无形资产"科目的期末余额，减去"累计摊销""无形资产减值准备"等科目期末余额后的金额填列。

㉓ "长期待摊费用"项目，反映企业尚未摊销的摊销期限在1年以上（不含1年）的各种费用。本项目应根据"长期待摊费用"科目的期末余额减去1年内（含1年）摊销的数额后的金额填列。

㉔ "递延所得税资产"项目，反映企业确认的递延所得税资产。本项目应根据"递延所得税资产"科目期末余额分析填列。

㉕ "其他非流动资产"项目，反映企业除以上资产以外的其他长期资产。本项目应根据有关科目的期末余额填列。

㉖ "短期借款"项目，反映企业借入尚未归还的1年期以下（含1年）的借款。本项目应根据"短期借款"科目的期末余额填列。

㉗ "交易性金融负债"科目，反映企业为交易而发生的金融负债，包括以公允价值计量且其变动计入当期损益的金融负债。本项目应根据"交易性金融负债"等科目的期末余额分

析填列。

㉘ "应付票据"科目，反映企业为了因购买原材料、商品和接受劳务等开出、承兑的尚未到期付款的应付票据的价值，包括银行承兑汇票和商业承兑汇票。本项目应根据"应付票据"科目的期末余额填列。

㉙ "应付账款"项目，反映企业购买原材料、商品和接受劳务供应等应付给供应单位的款项。本项目应根据"应付账款"科目所属各有关明细科目的期末贷方余额合计填列。如"应付账款"科目所属各明细科目期末有借方余额，计入"预付账款"项目。

㉚ "预收账款"科目，反映企业按合同规定预收购买单位的款项。本项目应根据"预收账款"科目所属各有关明细科目的期末贷方余额合计填列。"预收账款"科目所属有关明细科目有借方余额的，应在"应收账款"项目内填列。"应收账款"科目所属明细科目有贷方余额的，也应包括在本项目内。

㉛ "应付职工薪酬"项目，反映企业按规定应付而未付的职工薪酬。本项目应根据"应付职工薪酬"科目期末贷方余额填列。如"应付职工薪酬"科目期末有借方余额，以"-"号填列。

㉜ "应缴税费"项目，反映企业按税法规定期末未交、多交或未抵扣的各种税费。本项目应根据"应缴税费"科目的期末贷方余额填列。如"应缴税费"科目期末为借方余额，以"-"号填列。

㉝ "应付利息"项目，反映企业按合同约定应付而未付的利息。本项目应根据"应付利息"科目的期末贷方余额填列。

㉞ "应付股利"项目，反映企业尚未支付的现金股利或利润。本项目应根据"应付股利"科目的期末余额填列。

㉟ "其他应付款"项目，反映企业所有应付和暂收其他单位和个人的款项。本项目应根据"其他应付款"科目的期末余额填列。

㊱ "预提费用"项目，反映企业所有已经预提计入成本费用而尚未支付的各项费用。本项目应根据"预提费用"科目的期末贷方余额填列。如"预提费用"科目期末为借方余额，应合并在"待摊费用"项目内反映，不包括在本项目内。

㊲ "一年内到期的非流动负债"项目，反映企业承担的一年内到期的非流动负债。本项目应根据有关科目的期末余额分析计算填列。

㊳ "其他流动负债"项目，反映企业除以上流动负债以外的其他流动负债。本项目应根据有关科目的期末余额分析计算填列。

㊴ "长期借款"项目，反映企业借入尚未归还的一年期以上（不含一年）的借款本息。本项目应根据"长期借款"科目的期末余额填列。

㊵ "应付债券"项目，反映企业发行的尚未偿还的各种长期债券的本息。本项目应根据"应付债券"科目期末余额填列。

㊶ "长期应付款"项目，反映企业除长期借款和应付债券以外的其他各种长期应付款。本项目应根据"长期应付款"科目的期末余额，减去"未确认融资费用"科目期末余额后的金额填列。

㊷ "专项应付款"项目，反映企业取得政府作为企业所有者投入的具有专项或特定用途的款项。本项目根据"专项应付款"科目的期末余额填列。

㊸ "递延所得税负债"项目，反映企业确认的递延所得税负债。本项目应根据"递延所

得税负债"科目期末余额分析填列。

㊹ "其他非流动负债"项目,反映企业除以上非流动负债项目以外的其他非流动负债。本项目应根据有关科目的期末余额分析计算填列。

㊺ "实收资本(或股本)"项目,反映企业各投资者实际投入的资本(或股本)总额。本项目应根据"实收资本(或股本)"科目的期末余额填列。

㊻ "资本公积"项目,反映企业资本公积的期末余额。本项目应根据"资本公积"科目的期末余额填列。

㊼ "盈余公积"项目,反映企业盈余公积的期末余额。本项目应根据"盈余公积"科目的期末余额填列。

㊽ "未分配利润"项目,反映企业尚未分配的利润总数。本项目应根据"本年利润"科目和"利润分配"科目的余额计算填列。未弥补的亏损,在本项目内以"−"号填列。

任务 14.3 利润表的编制

利润表编制业务

知识目标
1. 掌握资产负债表的概念、作用和结构。
2. 掌握利润表的结构。
3. 掌握利润表的编制方法。

能力目标
1. 能编制利润表。
2. 能读懂利润表。

一、利润表的基本知识

1. 利润表的概念

利润表是反映企业在一定期间经营成果的会计报表。它把一定期间的营业收入与其同一会计期间相关的营业费用进行配比,计算出这一会计期间的净利润(或亏损)。表中的数据是动态数据,动态反映了企业的财务成果。

2. 利润表的作用

(1) 反映企业的经营成果。利润表反映了企业的收入实现和费用耗费情况,反映企业生产经营活动的最终财务成果。

(2) 有助于考核企业的经营绩效。利润表提供的利润指标是一项综合性信息,是企业生产经营过程中各方面工作成果的综合体现。通过收入、成本与费用、利润的实际数与企业的计划数对比,可以考核企业利润计划的完成情况,对企业管理者经营绩效作出评价。

(3) 可以分析和预测企业利润发展的趋势及获利能力。通过比较企业在不同时期、或同行业不同企业在相同时期的利润表所提供的有关指标,可以分析企业未来的利润发展趋势,评价企业的获利能力,有助于企业的投资者、债权人作出合理决策。

3. 利润表的结构

利润表一般包括表首和正表两部分。其中,表首概括说明报表名称、编制单位、编制日期、报表编号、货币名称、计量单位;正表是利润表的主体,反映形成经营成果的各个项目和计算过程。目前我国企业的利润表采用多步式结构,通过对当期的收入、费用、支出项目按性质加以归类,按利润形成的主要环节列示一些中间性利润指标,从营业收入开始,依次计算营业利润、利润总额、净利润和每股净收益。其格式见表14-2。

表14-2　利润表

编制单位：　　　　　　　　　　　　　年　月　　　　　　　　　　　　　　单位：元

项　目	本月数	本年累计数
一、营业收入		
减：营业成本		
税金及附加		
销售费用		
管理费用		
财务费用		
资产减值损失		
加：公允价值变动损益（损失以"-"填列）		
投资收益（损失以"-"填列）		
其中：对联营企业和合营企业的投资收益		
二、营业利润（损失以"-"填列）		
加：营业外收入		
减：营业外支出		
其中：非流动资产处置净损失		
三、利润总额（损失以"-"填列）		
减：所得税费用		
四、净利润（净亏损以"-"填列）		
五、每股收益		
（一）基本每股收益		
（二）稀释每股收益		

二、利润表的编制

1. 利润表的编制方法

表中的"本月数"栏反映各项目本月实际发生数,根据各账户本期发生额填列,中期和年度报表此栏为"上年累计数",根据上年本表"本年累计数"填列,如果上年报表项目名称和内容同本年度不一致,按编报当年的口径对上年报表进行调整后填入。本表"本年累计数"栏反映各项目自年初起至报告期末止的累计实际发生数。

2. 利润表各项目的填列方法

① "营业收入"项目,反映企业经营活动所取得的收入总额。本项目应根据"主营业务

收入""其他业务收入"等科目的发生额分析填列。

② "营业成本"项目，反映企业经营活动发生的实际成本。本项目应根据"主营业务成本""其他业务成本"等科目的发生额分析填列。

③ "税金及附加"项目，反映企业经营业务应负担的增值税、城市维护建设税、和教育费附加等。本项目应根据"税金及附加"科目的发生额分析填列。

④ "销售费用"项目，反映企业在销售商品过程中发生的包装费、广告费等费用和专设的销售机构发生的经营费用。本项目应根据"销售费用"科目的发生额分析填列。

⑤ "管理费用"项目，反映企业为组织和管理生产经营发生的管理费用。本项目应根据"管理费用"科目的发生额分析填列。

⑥ "财务费用"项目，反映企业筹集生产经营所需资金等而发生的筹资费用。本项目应根据"财务费用"科目的发生额分析填列。

⑦ "资产减值损失"项目，反映企业各项资产发生的减值损失。本项目应根据"资产减值损失"科目的发生额分析填列。

⑧ "公允价值变动损益"项目，反映企业确认的交易性金融资产或交易性金融负债的公允价值变动净收益。本项目应根据"公允价值变动损益"科目的发生额分析填列，如为净损失，以"-"号填列。

⑨ "投资收益"项目，反映企业以各种方式对外投资所取得的收益。本项目应根据"投资收益"科目的发生额分析填列，如为净损失，以"-"号填列。

⑩ "营业外收入"项目，反映企业发生的与其经营活动无直接关系的各项收入。其中，处置非流动资产净损失，应当单独列示。本项目应根据"营业外收入"科目的发生额分析填列。

⑪ "营业外支出"项目，反映企业发生的与其经营活动无直接关系的各项支出。其中，处置非流动资产净损失，应当单独列示。本项目应根据"营业外支出"科目的发生额分析填列。

⑫ "利润总额"项目，反映企业实现的利润总额。如为亏损总额，以"-"号填列。

⑬ "所得税费用"项目，反映企业根据应纳税所得额计算确认的应从当期利润总额中除的所得税费用。本项目应根据"所得税"科目的发生额分析填列。

⑭ "净利润"项目，反映企业实现的净利润。如为亏损总额，以"-"号填列。

⑮ "基本每股收益"项目，反映税后利润与普通股总股数的比率。"稀释每股收益"项目，反映净利润与普通股股数及潜在普通股股数之和的比率。

任务 14.4　现金流量表的编制

知识目标

1. 掌握现金流量、现金等价物的概念。
2. 掌握现金流量分类。
3. 掌握现金流量表的概念、作用及结构。
4. 掌握现金流量表的编制方法。

能力目标

能读懂现金流量表。

一、现金流量表的基本知识

1. 现金流量表的概念

现金流量表是指反映企业在一定会计期间的现金及现金等价物流入和流出的会计报表。它是以现金为基础编制的反映企业财务状况变动情况的动态报表，用以表明企业获得现金和现金等价物的能力。

2. 现金及现金等价物

这里的现金是指广义上的现金，包括库存现金、可以随时用于支付的存款以及现金等价物。其中，现金等价物是指企业持有的期限短、流动性强、易于转换为已知金额的现金、价值变动风险很小的投资。现金等价物虽然不是现金，但其支付能力与现金的差别不大，可视为现金，通常指企业购买的在 3 个月或更短时间内即可到期或即可转换为现金的投资。企业应当根据经营特点等具体情况，确定现金等价物的范围，并在会计报表附注中披露确定现金等价物的会计政策，并一贯保持这一标准。

一般情况下，企业从银行提取现金、用现金购买短期到期的国库券等现金和现金等价物之间的转换不产生现金流量。

3. 现金流量及其分类

现金流量是指某一段时期内企业以货币金额表示的现金流入和现金流出的数量。现金流入量和流出量的差额，称为现金净流量。现金流量信息能够表明企业经营状况是否良好、资金是否紧缺、企业偿付能力大小，从而为企业管理者、投资者、债权人等报表使用者提供非常有用的信息。现金流量按照企业经营业务的性质分为三类。

（1）经营活动产生的现金流量。经营活动是指企业投资活动和筹资活动以外的所有交易和事项。企业的经营活动包括：承发包工程、提供劳务、经营性租赁、购买材料、接受劳务、缴纳税费等。经营活动产生的现金流入有：承包工程、销售商品、提供劳务、经营性租赁等收到的现金；收到的税费返还；收到的其他与经营活动有关的现金等。经营活动产生的现金流出有：发包工程、购买商品、接受劳务等支付的现金；支付给职工以及为职工支付的现金；支付的各项税费；支付的其他与经营活动有关的现金等。

（2）投资活动产生的现金流量。投资活动是指企业长期资产的购买和不包括在现金等价物范围内的投资及其处置活动。这里所指的长期资产是指固定资产、临时设施、在建工程、无形资产、其他长期资产等持有期限在一年或一个营业周期以上的资产。之所以将包括在现金等价物范围内的投资排除在外，是因为已经将其视为了现金。投资活动产生的现金流入有：收回投资、取得投资收益所收到的现金；处置固定资产、临时设施、无形资产和其他长期资产等而收到的现金净额；收到的其他与投资活动有关的现金等。投资活动产生的现金流出有：投资所支付的现金；购买固定资产、临时设施、无形资产和其他长期资产所支付的现金；支付的其他与投资活动有关的现金等。

（3）筹资活动产生的现金流量。筹资活动是指导致企业资本及债务规模和构成发生变化的活动。这里所说的资本，是指实收资本或股本、资本溢价或股本溢价及与资本有关的现金流入和流出项目，包括吸收投资、发行股票、分配利润等。债务是指企业对外举债所借入的款项，如发行债券、向金融机构借入款项及偿还债务等。筹资活动产生的现金流入有：吸收投资所收到的现金；借款所收到的现金；收到的其他与筹资活动有关的现金等。筹资活动产生的现金流出有：偿还债务所支付的现金；发生筹资费用所支付的现金；分配股利、利润或偿付利息所支付的现金；支付的其他与筹资活动有关的现金等。

4. 现金流量表的作用

现金流量表可为企业管理当局改善企业财务状况，为投资者、债权人及其他报表使用者正确评价企业财务状况和预测企业发展情况提供会计信息。

① 可使企业管理当局掌握现金流量信息，搞好资金调度，最大限度地提高资金使用效率，化解财务风险。

② 可使投资者、债权人了解企业较真实的财务状况，预测企业的支付能力、偿债能力和未来发展情况。

③ 可使经济管理部门对企业的财务活动进行监督。

5. 现金流量表的结构

现金流量表包括正表和补充资料两部分。正表是现金流量表的主体，依次分为反映经营活动产生的现金流量、投资活动产生的现金流量和筹资活动产生的现金流量，最后汇总反映企业现金及现金等价物的净增加额。补充资料包括将净利润调节为经营活动的现金流量；不涉及现金收支的投资和筹资活动；现金及现金等价物的净增加额。

现金流量表的基本格式见表 14-3。

表14-3　现金流量表

编制单位：　　　　　　　　　　　年　月　　　　　　　　　　　单位：元

项　目	本期金额	上期金额
一、经营活动产生的现金流量：		
承包工程、销售商品、提供劳务收到的现金		
收到的税费返还		
收到其他与经营活动有关的现金		
经营活动现金流入小计		
发包工程、购买商品、接受劳务支付的现金		
支付给职工以及为职工支付的现金		
支付的各项税费		
支付其他与经营活动有关的现金		
经营活动现金流出小计		
经营活动产生的现金流量净额		
二、投资活动产生的现金流量：		
收回投资收到的现金		
取得投资收益收到的现金		
处置固定资产、临时设施、无形资产和其他长期资产收回的现金净额		
处置子公司及其他营业单位收到的现金净额		
收到其他与投资活动有关的现金		
投资活动现金流入小计		
购建固定资产、临时设施、无形资产和其他长期资产支付的现金		
投资支付的现金		
取得子公司及其他营业单位支付的现金净额		
支付其他与投资活动有关的现金		

续表

项　　目	本期金额	上期金额
投资活动现金流出小计		
投资活动产生的现金流量净额		
三、筹资活动产生的现金流量：		
吸收投资收到的现金		
取得借款收到的现金		
收到其他与筹资活动有关的现金		
筹资活动现金流入小计		
偿还债务支付的现金		
分配股利、利润或偿付利息支付的现金		
支付其他与筹资活动有关的现金		
筹资活动现金流出小计		
筹资活动产生的现金流量净额		
四、汇率变动对现金及现金等价物的影响		
五、现金及现金等价物净增加额		
加：期初现金及现金等价物余额		
六、期末现金及现金等价物余额		
1．将净利润调节为经营活动现金流量：		
净利润		
加：资产减值准备		
固定资产折旧、临时设施摊销		
无形资产摊销		
长期待摊费用摊销		
处置固定资产、无形资产和其他长期资产的损失（收益以"-"号填列）		
固定资产报废损失（收益以"-"号填列）		
公允价值变动损失（收益以"-"号填列）		
财务费用（收益以"-"号填列）		
投资损失（收益以"-"号填列）		
递延所得税资产减少（增加以"-"号填列）		
递延所得税负债增加（减少以"-"号填列）		
存货的减少（增加以"-"号填列）		
经营性应收项目的减少（增加以"-"号填列）		
经营性应付项目的增加（减少以"-"号填列）		
其他		
经营活动产生的现金流量净额		
2．不涉及现金收支的重大投资和筹资活动：		
债务转为资本		
一年内到期的可转换公司债券		
融资租入固定资产		
3．现金及现金等价物净变动情况：		
现金的期末余额		
减：现金的期初余额		
加：现金等价物的期末余额		
减：现金等价物的期初余额		
现金及现金等价物净增加额		

二、现金流量表的编制

编制现金流量表时，经营活动产生现金流量的列报方法有两种：直接法和间接法。

直接法是通过现金收入和现金支出的主要项目直接反映来自企业经营活动的现金流量。在实务中，一般以利润表中的主营业务收入为起算点，调整与经营活动有关项目的增减变动，然后计算出经营活动的现金流量。间接法是以本期净利润为起算点，通过调整不涉及现金的收入、费用、营业外收支以及应收应付等有关项目的增减变动，计算出经营活动现金流量的一种方法。在现行会计准则中，要求企业按直接法编制现金流量表，并在补充资料中披露，按间接法将净利润调整为经营活动现金流量的信息。

1. 经营活动产生的现金流量的项目的内容和填列方法

（1）"销售商品、提供劳务收到的现金"项目，反映企业销售商品、提供劳务收到的现金（包括销售收入和应向购买者收取的增值税销项税额），即无论何时销售，只要在本期收现，均计入本项目，包括本期销售商品提供劳务收到的现金、前期销售商品、提供劳务本期收到的现金和本期的预收账款，减去本期退回的商品支付的现金，加当期收回前期核销坏账损失的现金。企业销售材料和代购代销业务收到的现金，也在本项目反映。本项目可以根据"库存现金""银行存款""应收账款""应收票据""预收账款""主营业务收入""其他业务收入"等科目的记录分析填列。

（2）"收到的税费返还"项目，反映企业收到返还的各种税费，即企业上交后而由税务机关或政府其他部门返还的增值税、企业所得税、消费税、关税及教育费附加等。本项目可根据"库存现金""银行存款""税金及附加"等科目的记录分析填列。

（3）"收到其他与经营活动有关的现金"项目，反映企业收到的其他与经营活动有关的现金流入，包括罚款收入、流动资产损失中由个人赔偿的现金收入等。本项目可根据"营业外收入""库存现金""银行存款"等科目的记录分析填列。

（4）"购买商品、接受劳务支付的现金"项目，反映企业购买商品、接受劳务支付的现金（包括增值税进项税额），包括本期购买商品、接受劳务支付的现金、本期支付的前期购买商品、接受劳务的应付款及为购买商品而预付的现金，本期发生的购货退回收到的现金应从本项目中扣除。本项目可以根据"库存现金""银行存款""应付账款""应付票据""预付账款"等科目的记录分析填列。

（5）"支付给职工以及为职工支付的现金"项目，反映企业本期实际支付给职工的工资、奖金、各种津贴和补贴等薪酬，由在建工程、无形资产负担的职工薪酬以及支付的离退休人员的薪酬除外。本项目可以根据"应付职工薪酬""库存现金""银行存款"等科目的记录分析填列。

（6）"支付的各项税费"项目，反映企业当期发生上缴税务机关的各种税费，包括企业本期发生并支付的、本期支付以前各期发生的以及预交的教育费附加、矿产资源补偿费、印花税、房产税、土地使用税、车船使用税等税费，不包括计入固定资产价值、实际支付的耕地占用税、本期退回的增值税、所得税。本科目可以根据"库存现金""银行存款""应缴税费"等科目的记录分析填列。

（7）"支付的其他与经营活动有关的现金"项目，反映企业其他与经营活动有关的现金流出，包括支付的罚款支出、支付的差旅费、业务招待费、保险费等现金支出等。本项目可以根据有关账户的记录分析填列。

2. 投资活动产生的现金流量的项目的内容和填列方法

（1）"收回投资收到的现金"项目，反映企业出售、转让或到期收回除现金等价物以外的交易性金融资产、长期股权投资而收到的现金，以及收回长期债权投资本金而收到的现金，但长期债权投资收回的利息及收回的非现金资产不包括在本项目。本项目可以根据"库存现金""银行存款""交易性金融资产""长期股权投资""持有至到期投资"等科目的记录分析填列。

（2）"取得投资收益收到的现金"项目，反映企业因股权性投资而分得的现金股利，从子公司、联营企业或合营企业分回利润而收到的现金，以及因债权性投资而取得的现金利息收入，不包括股票股利。本项目可以根据"投资收益""库存现金""银行存款"等科目的记录分析填列。

（3）"处置固定资产、无形资产和其他长期资产收回的现金净额"项目，反映企业出售、报废固定资产、无形资产和其他长期资产所取得的现金（包括因资产毁损而收到的保险赔偿收入），减去为处置这些资产而支付的有关费用后的净额，但现金净额为负数的除外。本项目可以根据"固定资产清理""固定资产""无形资产""库存现金""银行存款"等科目的记录分析填列。

（4）"处置子公司及其他营业单位收到的现金净额"项目，反映企业处置子公司及其他营业单位所取得的现金减去相关处置费用后的净额。

（5）"收到其他与投资活动有关的现金"项目，反映企业除上述（1）至（4）各项目外收到的其他与投资活动有关的现金流入。本项目可以根据有关科目的记录分析填列。

（6）"购建固定资产、无形资产和其他长期资产支付的现金"项目，反映企业购买、建造固定资产、取得无形资产和其他长期资产所支付的现金及增值税款、支付的应由在建工程和无形资产负担的职工薪酬现金支出，不包括为购建固定资产而发生的借款利息资本化的部分、融资租入固定资产支付的租赁费。本科目可以根据"固定资产""无形资产""在建工程""库存现金""银行存款""其他货币资金"等科目的记录分析填列。

（7）"投资支付的现金"项目，反映企业取得的除现金等价物以外的权益性投资和债权性投资所支付的现金以及支付的佣金、手续费等附加费用。本项目可以根据"交易性金融资产""长期股权投资""持有至有期投资""库存现金""银行存款"等科目的记录分析填列。

（8）"取得子公司及其他营业单位支付的现金净额"项目，反映企业购买子公司及其他营业单位购买出价中以现金支付的部分，减去子公司或其他营业单位持有的现金和现金等价物后的净额。

（9）"支付其他与投资活动有关的现金"项目，反映企业除上述（6）至（8）各项目外支付的其他与投资活动有关的现金流出。本项目可以根据有关科目的记录分析填列。

3. 筹资活动产生的现金流量的项目的内容和填列方法

（1）"吸收投资收到的现金"项目，反映企业以发行股票、债券等方式筹集资金实际收到的款项，减去直接支付给金融企业的佣金、手续费、宣传费、咨询费、印刷费等发行费用后的净额。本项目可以根据"实收资本""库存现金""银行存款"等科目的记录分析填列。

（2）"取得借款收到的现金"项目，反映企业举借各种短期、长期借款而收到的现金。本项目可以根据"短期借款""长期借款""库存现金""银行存款"等科目的记录分析填列。

（3）"收到其他与筹资活动有关的现金"项目，反映企业除上述（1）、（2）项目外，收到的其他与筹资活动有关的现金流入。本项目可以根据有关科目的记录分析填列。

（4）"偿还债务支付的现金"项目，反映企业以现金偿还债务的本金，包括偿还的借款本金和债券本金。本项目可以根据"短期借款""长期借款""库存现金""银行存款"等科目的记录分析填列。

（5）"分配股利、利润或偿付利息支付的现金"项目，反映企业实际支付的现金股利、支付给其他投资单位的利润或用现金支付的借款利息、债券利息。本项目可以根据"应付股利""财务费用""长期借款""库存现金""银行存款"等科目的记录分析填列。

（6）"支付其他与筹资活动有关的现金"项目，反映企业除上述（4）、（5）项目外，支付的其他与筹资活动有关的现金流出，本项目可以根据有关科目的记录分析填列。

4. "汇率变动对现金的影响"项目填列方法

"汇率变动对现金的影响"项目，反映企业外币现金流量及境外子公司的现金流量折算为记账本位币时，所采用的现金流量发生日的汇率或平均汇率折算为人民币金额与"现金及现金等价物净增加额"中外币现金净增加额按期末汇率折算为人民币金额之间的差额。可以通过会计报表附注中"现金及现金等价物净增加额"数额与报表中"经营活动产生的现金流量净额""投资活动产生的现金流量净额""筹资活动产生的现金流量净额"三项之和比较，其差额即为"汇率变动对现金的影响"。

5. "现金及现金等价物净增加额"项目填列方法

"现金及现金等价物净增加额"项目，是期末现金及现金等价物余额与期初现金及现金等价物余额的差额，它与经营活动产生的现金流量净额、投资活动产生的现金流量净额、筹资活动产生的现金流量净额、汇率变动对现金的影响之和相等。

任务 14.5　所有者权益变动表的编制

知识目标
1. 掌握所有者权益变动表的概念、结构。
2. 掌握所有者权益变动表编制方法。

能力目标
能读懂所有者权益变动表。

所有者权益变动表是反映企业构成所有者权益各组成部分当期的增减变动情况的会计报表，属于年度报表。当期损益、直接计入所有者权益的利得和损失、与所有者的资本交易导致的所有者权益的变动，应当分别列示。其格式与内容见表14-4。

表14-4 所有者权益（股东权益）增减变动表

编制单位： 年度 单位：元

项　目	本年金额					上年金额				
	实收资本或股本	资本公积	减：库存股	盈余公积	未分配利润	所有者权益合计	实收资本或股本	资本公积	减：库存股	盈余公积	未分配利润	所有者权益合计
一、上年年末余额											
加：会计政策变更											
前期差错更正											
二、本年年初余额											
三、本年增减变动金额（减少以"-"号填列）											
（一）净利润											
（二）直接计入所有者权益的利得和损失											
1．可供出售金融资产公允价值变动净额											
2．权益法下被投资单位其他所有者权益变动的影响											
3．与计入所有者权益项目相关的所得税影响											
4．其他											
上述（一）和（二）小计											
（三）所有者投入和减少资本											
1．所有者投入资本											
2．股份支付计入所有者权益的金额											
3．其他											
（四）利润分配											
1．提取盈余公积											
2．对所有者（或股东）的分配											
3．其他											
（五）所有者权益内部结转											
1．资本公积转增资本（或股本）											
2．盈余公积转增资本（或股本）											
3．盈余公积弥补亏损											
4．其他											
四、本年年末余额											

表中单独列报的项目有净利润、直接计入所有者权益的利得和损失项目及其总额、会计政策变更和差错更正的累积影响金额、所有者投入资本和向所有者分配利润等，按照规定提

取的盈余公积、实收资本（或股本）、资本公积、盈余公积、未分配利润的期初和期末余额及其调节情况。

表中各项目应当根据"实收资本（或股本）""资本公积""盈余公积""未分配利润"科目总账及明细账的发生额分析填列。

任务 14.6　会计报表附注的编制

知识目标

1. 掌握会计报表附注的概念。
2. 掌握会计报表附注的组成内容。

能力目标

能读懂会计报表附注。

一、会计报表附注的概述

会计报表附注是对财务报表以外其他应当在财务报告中披露的相关信息和资料的说明，包括财务信息和非财务信息。财务信息是对财务报表中重要项目所做的补充说明；非财务信息包括对过去或未来财务信息有关的事项的说明，如或有事项、资产负债表日后事项、关联方关系及其交易等内容。

二、会计报表附注应当编制的内容

附注是财务报表的重要组成部分。企业应当按照规定披露附注信息，主要包括下列内容。

1. 企业的基本情况

① 企业注册地、组织形式和总部地址。
② 企业的业务性质和主要经营活动。
③ 母公司以及集团最终母公司的名称。
④ 财务报告的批准报出者和财务报告批准报出日。

2. 财务报表的编制基础

3. 遵循企业会计准则的声明

企业应当声明编制的财务报表符合企业会计准则的要求真实、完整地反映了企业的财务状况、经营成果和现金流量等有关信息。

4. 重要会计政策和会计估计

企业应当披露采用的重要会计政策和会计估计，不重要的会计政策和会计估计可以不披露。在披露重要会计政策和会计估计时，应当披露重要会计政策的确定依据和财务报表项目的计量基础，以及会计估计中所采用的关键假设和不确定因素。

5. 会计政策和会计估计变更以及差错更正的说明

企业应当按照《企业会计准则第28号——会计政策，会计估计变更和差错更正》及其应用指南的规定，披露会计政策和会计变更以及差错更正的有关情况。

6. 报表重要项目的说明

企业对报表重要项目的说明，应当按照资产负债表、利润表、现金流量表、所有者权益变动表及其项目列示的顺序，采用文字和数字描述相结合的方式进行披露。报表重要项目的明细金额合计，应当与报表项目金额相衔接。

7. 或有事项

按照《企业会计准则第 13 号——或有事项》第十四条和第十五条的相关规定进行披露。

8. 资产负债表日后事项

① 每项重要的资产负债表日后非调整事项的性质、内容，以及其对财务状况和经营成果的影响。无法作出估计的，应当说明原因。

② 资产负债表日后，企业利润分配方案中拟分配的以及经审议批准宣告发放的股或利润。

9. 关联方关系及其交易

知识梳理

企业的财务报表由资产负债表、利润表、现金流量表、所有者权益变动表、附注及应当在财务报告中披露的相关信息和资料组成。

资产负债表是根据"资产＝负债＋所有者权益"这一会计平衡等式编制，反映企业某一特定日期全部资产、负债和所有者权益情况的会计报表。能提供某一特定日期企业的资产总额及其分布与结构及取得来源。它是根据会计账户的期末余额填列。

利润表是反映企业一定期间经营成果的报表，它把一定期间的收入与其相关的费用进行配比，计算企业的净利润（或亏损）。它是根据损益类账户的累计发生额填列。

现金流量表是反映企业在一定会计期间现金和现金等价物流入和流出的报表。按照经济业务的性质，企业一定期间内产生的现金流量包括经营活动产生的现金流量、投资活动产生的现金流量、筹资活动产生的现金流量三部分。

会计报表附注是财务报表的重要组成部分，是对会计报表所作的进一步的解释和说明，从而有助于企业财务会计报告使用者理解和使用。

复习思考题

1. 什么是财务报表？财务报表能够给使用者提供哪些信息？
2. 建筑企业的财务报表包括哪些组成部分？
3. 财务报表如何分类？
4. 财务报表的编制要求有哪些？
5. 什么是资产负债表？资产负债表的作用是什么？其结构有何特点？
6. 简述利润表的性质和作用有哪些？
7. 什么是现金流量表？其主要作用是什么？
8. 财务报表附注主要包括哪些方面的内容？

项目实训

实训项目一

【实训目的】能编制资产负债表。

【实训资料】ABC 公司 2020 年 12 月 31 日有关账户的余额见表 14-5。

表14-5　ABC公司2020年12月31日账户的余额　　　　　　　　单位：元

会计科目	借方余额	贷方余额
库存现金	1 000	
银行存款	855 000	
其他货币资金	150 000	
交易性金融资产	115 000	
应收票据	246 000	
应收账款	700 000	
坏账准备		9 000
预付账款	100 000	
其他应收款	5 000	
材料采购	200 000	
原材料	1 000 000	
周转材料	400 000	
材料成本差异	28 000	
其他应收款	2 000	
持有至到期投资	300 000	
固定资产	2 300 000	
累计折旧	700 000	
在建工程	900 000	
长期待摊费用	140 000	
固定资产清理	8 000	200 000
短期借款		200 000
应付票据		506 000
应付账款		50 000
其他应付款		1 730 000
应缴税费		200 000
应付股利		2 000
长期借款（其中一年内到期借款 300 000 元）		4000 000
实收资本		303 000
盈余公积		100 000
利润分配——未分配利润		
工程施工	550 000	
合　计	8 000 000	80 000 000

【实训要求】编制 ABC 公司 2020 年 12 月 31 日的资产负债表（年初数略）。

实训项目二

【实训目的】能编制利润表。

【实训资料】

1. ABC 公司 2020 年年初"利润分配——未分配利润"账户有贷方余额 500 000 元。

2. 假设 2020 年 12 月 21 日，该公司有关损益类账户的本年累计发生额见表 14-6。

表14-6　损益类账户发生额　　　　　　　　　　　　　单位：元

会计账户	借方累计	贷方累计
主营业务收入		5 000 000
主营业务成本	21 000 000	
税金及附加	825 000	
其他业务收入		2 800 000
其他业务成本	2 300 000	
管理费用	900 000	
财务费用	150 000	
投资收益		200 000
营业外收入	10 000	
营业外支出	12 000	
所得税费用	935 550	

3. 该企业按净利润的 10% 提取法定盈余公积金，按净利润的 5% 提取任意盈余公积金，分配投资者利润 1 200 000 元。

【实训要求】编制该公司 2020 年度的利润表。

项目 14　财务报表编制实务测试题

参考文献

［1］中华人民共和国财政部．企业会计准则应用指南．北京：中国财政经济出版社，2006.
［2］于主镭．新企业会计实务讲解．北京：机械工业出版社，2007.
［3］财政部会计资格评价中心．中级会计实务．北京：经济科学出版社，2010.
［4］张志凤，许群，郝建国．房地产开发企业会计实务．北京：中国市场出版社，2008.
［5］中国注册会计师协会．会计．北京：中国财政经济出版社，2011.
［6］全国注册税务师执业资格考试教材编写组．财务与会计．北京：中国税务出版社：2011.
［7］杨全德．财务会计实务．北京：中国财政经济出版社，2008.
［8］林见明．建筑企业会计．2版．北京：中国建筑工业出版社，2009.
［9］黄庆阳．施工企业会计．武汉：武汉理工大学出版社，2009.
［10］牛文丽．建筑施工企业会计．2版．北京：机械工业出版社，2009.
［11］余恕莲．企业财务会计．北京：北京大学出版社，2010.
［12］汪静．财务会计．北京：人民邮电出版社，2010.
［13］余文青．施工企业会计．上海：立信会计出版社，2007.
［14］陈斯雯．新编施工企业会计实务．北京：企业管理出版社，2006.
［15］徐佳芳，胡晓娟、王珊，等．建筑施工企业会计．2版．北京：中国建筑工业出版社，2008.
［16］马素华，李爱华，徐彬，等．建筑施工企业会计．北京：机械工业出版社，2011.
［17］刘永泽，陈立军．中级财务会计．大连：东北财经大学出版社，2007.
［18］中国注册会计师协会．税法．北京：经济科学出版社，2011.